社會心理學

Social Psychology

林仁和◎著

內容介紹

　　《社會心理學》是為修習與教授「社會心理學」課程的學生和老師所撰寫的教科書，同時，也是一本為有興趣研究社會心理學的個人或團體（例如，媽媽教室讀書會、成長小組等）修習社會問題與自我成長相關課程所預備的參考書。本書的規劃設計是按照一學期二學分或三學分的教學與學習需要，分為十一章，附錄一篇。每章分為四個部分：本章重點、內容、摘要、思考問題。

　　第一章：社會心理學──掌握現代生活的必修課程。包括四個主題：社會心理學的重要性、社會心理學的發展、社會化與社會心理、社會心理學的應用。

　　第二章：健康的生活──發揮個人生活的美好境界。包括四個主題：健康生活的重要性、發展健康的生活、健康生活的實踐、心理測驗：你的心理健康嗎？

　　第三章：自我的發展──建立認識自己的成長基礎。包括三個主題：自我發展的重要性、開創個人的自我發展、個人自我發展的實踐。

　　第四章：人格的理解──塑造個人形象的無形力量。包括三個主題：人格問題的重要性、人格的形成與發展、發展完整的人格。

　　第五章：認知的理解──進行推測外界的判斷歷程。包括四個主題：認知問題的重要性、人類認知的發展、認知的有效應用、心理測驗：你的自我啟發性如何？

　　第六章：思維的理解──反應外界刺激的活動基石。包括三個主題：思維問題的重要性、人類的思維發展、思維的有效應用。

第七章：動機的理解——滿足人類需求的內在驅力。包括四個主題：動機問題的重要性、理解動機的觀點、動機與需要層次、動機的有效應用。

第八章：態度的理解——建立衡量外界的價值觀念。包括四個主題：態度問題的重要性、態度的測量、態度的轉變、態度轉變的有效操作。

第九章：情緒的理解——建構情感管理的有效機制。包括四個主題：情緒問題的重要性、人類的情緒發展、情緒的有效運用、心理測驗：你善於克制自己嗎？。

第十章：學習的理解——挑戰自我發展的重要途徑。包括四個主題：有效學習的重要性、學習的原理與過程、有效學習的應用、心理測驗：你的左腦還是右腦佔優勢？

第十一章：和諧的社會——整合人類共同的生活體驗。包括三個主題：和諧社會的重要性、發展和諧社會的途徑、和諧社會的實踐。

為了配合讀者們對社會心理學的實用性需求，本書的撰寫以實務為取向。參考資料主要來自筆者多年來在聯合國UNDP服務期間主持相關工作坊（workshop），以及在東海大學社工系與公共行政研究班教授「社會心理學」課程所蒐集與累積的，因此，許多資料，包括個案的原始來源，則難以詳細考證。在知識的傳播與發展過程中，雖然有過不少著名英雄人物，但更多的無名英雄在默默的貢獻。當我們分享這些寶貴知識時，當心存感謝。

林仁和

目次

1

社會心理學

——掌握現代生活的必修課程——

社會心理學的重要性

　　我們的社會是由許多單個的個體所組成的，社會中的每個個體：一方面受該所屬的影響，另一方面，則個體又對這個社會發生著作用。因此，社會心理學既研究個體心理活動如何在特定的社會生活條件下，接受其他人或團體的影響，同時也研究個體心理活動，又如何影響社會中的其他人或團體。

　　在「社會心理學的重要性」這個部分，我們將討論兩個項目：社會心理學的意義、個人與社會的相互作用。

一、社會心理學的意義

　　社會心理學，是從社會與個體相互作用的觀點出發，研究特定社會生活條件下個體心理活動中所發生與發展，以及其變化規律的學科。

　　人類的社會是一種有組織的社會，這種有組織的社會若從結構上看，可以分為「宏觀結構」與「微觀結構」兩方面。

(一) 宏觀結構

　　宏觀結構的社會，是指國家、民族、階級等；微觀結構的社會，則是指家庭、學校、社區、工廠等單位。宏觀結構的社會與個體的相互作用是間接的，微觀結構的社會與個體的相互作用則是直接的。一般專家認為，宏觀結構的社會是透過微觀結構的社會對個體發生作用。然而，微觀結構的社會則扮演支持性的角色，讓宏觀結構的社會發展得更完善。

(二) 微觀結構

　　與此同時，個體也透過微觀結構的社會對宏觀結構的社會發

生作用。作為個體的人一旦降臨於人世間，必然落入到一個具體的家庭內，隨後進入某一個學校、工廠等單位；而任何一個家庭、學校、工廠等單位總是處於由特定的政治、經濟、文化等許多因素交織起來的社會關係的網絡之中。於是，社會的宏觀世界就透過微觀世界，在個人社會化的過程中，對個體施予一定的影響。

一個人從嬰兒、幼兒，一直到青少年，被其家庭與學校施以一定的道德規範的影響，從而變成一個社會人。家庭中的父母與學校中的教師對孩子所提出的行為規範與要求，反映了它所處的國家、民族、階級與社區的要求標準。

同樣的，個體也是透過本人所在單位的具體社會實踐與發展對宏觀結構的社會產生反作用，從而使自己的心理面貌也隨之發生巨大變化。例如：

> 在社會經濟制度改革的熱潮中，台灣某個行業企業負責人提出了一項先進的改革方案，帶動了其他相關企業的革新，從而對台灣的現代化建設作出了貢獻。而這個企業負責人在推廣和普及其改革經驗的過程中，自身的心理面貌也發生了新的變化。

二、個人與社會的相互作用

社會心理學十分重視研究社會與個體的相互作用，也就是研究社會生活中人與人之間的相互作用。在這個相互影響過程中，其媒介物是具有社會意義的社會刺激物——語言。人們生活的大部分時間是處於相互交往之中，人都有合群的需要，喜歡與周圍的人一起生活，從而發生作用。

在人們以語言爲工具的相互作用過程中，於是產生了社會心理現象，這就是社會心理學所要研究的對象。這個個人與社會的相互作用的過程中，則牽涉到社會情境與社會心理兩個層次。

(一) 社會情境

社會心理學最關心的乃是個體發展中所需的社會情境或社會環境，也就是特別重視個體與社會環境之間互動關係中的情況。

以一個小孩不愼摔倒爲例：

> 同樣是摔倒，同樣是感到疼痛，但在不同的場合，不同的社會背景下，孩子會發生不同反應。孩子如果在家裏摔倒了，看到、聽到或想像到媽媽來安慰自己，多半會哭叫起來；如果孩子在學校裡摔倒了，他看到、聽到或想像到老師或同伴來鼓勵自己，多半會堅強地爬起來，而不哭，以顯示自己的勇敢。

另外，以前面個案而言，同樣是跌倒受傷，在不同的社會情境下其疼痛感覺的程度也是不同的，因爲他所受到的暗示方向不同，疼痛反應也不同：前者，被暗示爲痛得厲害，後者，則被暗示爲不怕痛。這不同的社會心理反應，是受當時的社會情境所制約的。

所以說，人們的思想、感情以及行動，往往受社會上他人的思想、感情與行動的影響；同時，人們也對社會上的其他人發生影響。社會心理學，就是研究社會生活中人與人之間的相互關係及其相互影響的。

對於相互影響這個關鍵，我們可以理解爲：個人對其他人和團體、其他人和團體對個人之間的相互影響，即相互作用——雙方既是影響者，又是被影響者。這種相互作用，有時是有目的與

有意識地進行著，有時是無意識地、潛移默化地進行的。

(二) 心理因素

社會心理學雖然強調個人與社會互動中的情境影響，但是，在相同的情境下，由於人們當時的內在心理因素不同，必然會發生不同的反應。這個心理因素，也是社會心理學研究的重點之一。

個人內在的心理因素，主要是指個人的各種心理特徵，例如，性格、氣質、能力、興趣、需要等，這些心理特徵都能對其心理活動發生一定的影響。然而，個人的個性的傾向，包括：信念、理想、價值觀與世界觀等，對一個人的社會心理活動發生著最深刻的影響。

以美國2001年9月11日紐約世貿大廈被自殺式民航飛機撞毀為例，歹徒的自殺行為以及事件發生後，美國人民的強烈報復心理，這正好印證，包括歹徒與美國個人與社會之間的相互影響，以及所發展出來的可能結果。

社會心理學的發展

從廣泛意義上講，社會心理學包容了組織、文化、民族、宗教、法制、宣傳、軍事、政治各方面的心理學內容。若從狹義的角度看，它特指人在社會交往中的一般心理活動規律。因為人是社會的動物，他既有個體的心理特質，又有社會群體的特點，因此，社會心理學是社會學、人類學、心理學的綜合學科，又是個體心理學的伸延和發展。

一、發展的背景

社會心理學思想源遠流長。在中國古代，特別是春秋戰國時期，諸子百家的學說，特別是《管子》一書都蘊藏著豐富的社會心理學思想。在古希臘，諸如：蘇格拉底、柏拉圖及亞里士多德等人都曾提出過許多社會心理學的觀點。近代，社會心理學的思想則散見在心理學、社會學、犯罪學、語言學及人類學等許多學科之中。

（一）早期背景

十九世紀後半朔，不少學者如 M・拉扎魯斯（M. Lazarus）、H・斯湯達爾（H. Steinthal）和W・馮特（W. Wundt）等對民族心理的研究，S・西蓋爾（S. Sighele） 和G・雷朋（G. Le Bon）對群眾心理的研究，都曾作了創立獨自的社會心理學的嘗試。

社會心理學真正作為一門獨證學科是在1908年，這一年同時出版了兩本以社會心理學為題的著作，一是英國心理學家W・麥獨孤（W. McDougall）的《社會心理學緒論》，一是美國社會學家羅斯（A. Ross）的《社會心理學》。麥獨孤的社會心理學是從個體心理的角度出發的，羅斯的社會心理學則從群體心理的角度出發的。這樣便形成了西方社會心理學兩種不同趨向的體系。他們被公認是社會心理學領域的創作人。

起初，社會心理學研究只以實驗研究為主，可以較隨意地選擇一些對象，以測試人的合群心理、侵犯攻擊心理等。雖然研究者力圖想找出做為社會人的具有普遍性的心理定式和規律，但實際上這種研究與社會環境仍有較大距離。

（二）中期發展

第一次世界大戰後，西方社會心理學在美國和德國得到進一

步發展。莫德（W. Moede）、閔斯特伯格（H. Munsterberg）及伯特（F. A Port）等把實驗方法引進社會心理學並進行了大量的實驗室實驗，使社會心理學被認為是一門實驗科學。然而，社會心理學過分強調實驗方法，把個體心理學研究方法機械地搬到社會心理學之中，這樣，必然使社會心理學脫離真正客觀的社會實際過程。

第二次世界大戰以後，研究專家們開始注意到在政治、經濟、軍事諸社會問題中心理因素產生了不可忽視的作用，因此，認為當從人的心理著手，可以找到社會發展及社會危機的原因和出路。德國法蘭克福研究所的學者透過分析新政府上台的社會心理狀態，認為這根源於不斷膨脹的人之「攻擊心理」。於是，社會心理學的定義被明確為：研究與其他個體相聯繫的個體行為的科學，研究群體情境中的個體。

（三）近期發展

二十世紀六十年代以後，由於工業化的社會快速發展而影響個人、家庭與社區的質與量的劇變，一些美國社會心理學家特別針對犯罪、吸毒、酗酒、性變態、自殺、精神失常——這些工業社會自我崩潰趨勢問題，提出社會心理學要研究個體在其他個體影響下的各種行為。於是，社會心理學的實用性發展又邁向一個新的里程碑。

至此，標誌著社會心理學開始形成自身完整的科學體系。其探索的三個方向如下：

1.探索引起個體的目的、態度和行為變化的因素。

2.探索群體和社會因素對個體的影響。

3.探索人際關係，例如，合群、吸引、模仿、利他、攻擊、群體團聚力等。

　　上述這一切，都是社會心理學研究中的一個重要傾向。

二、研究的方向

　　一般而言，社會心理學的研究主要包括：人際關係心理、群體心理和社會個體心理三個方面。此外，健康的個人生活與和諧的社會生活也逐漸成為另一個社會心理學的研究新方向。

(一) 人際關係心理

　　在人與人的交往過程中，既有認知瞭解的成分，又有情緒行為的內容。言談交歡好惡的行為背後，人人都揣著一顆自己的心，在那裡迅速作出喜愛或討厭的種種反應和判斷。這裡有因態度、信念、價值觀的關係而產生相互影響的一方面，也有因某種理念的不同而產生討厭的另方面。或者，由於經常接近，能夠預知和瞭解他人的行為，在心理上發生適度的反應。或者，產生一種補償性的吸引關係，為一定的目的和需要而交往。這種目的和需要可以是物質的，也可以是精神的，例如，希望被人稱讚、同情和安慰等。

　　還有一種，則是儀表的吸引。有人在實驗中，給被試者看三個大學生的照片，一個有外貌的吸引力，一個相貌一般，第三個無吸引力，請被試者作出評價，估計出這三個人未來的幸福與否？結果，所有美好的預言全落在第一張照片的人上，無論男人評價女人，還是女人評價男人，或是男評男，女評女，結果都一樣。這說明儀表在人際交往中是首要效應。

　　此外，人之間還有攻擊和侵犯心理，如何加以協調，也是社會心理研究的重要內容。

（二）群體心理

有話說：物以類聚，人以群分。人的群體可以分成：家庭、單位、社區和社交等模式，也可以分為：政治組織的、經濟利益的、階級制度的等集團，還可以分為：自然的、實驗的、無組織的等大小群體。一個顯著特點是，群體內成員在心理上有一定的聯繫，並相互產生影響。

另外，群體的吸引力主要在於：興趣、價值、目標的合意與一致性；群體的社會地位和影響——能使成員有一種安全感，減少他們的寂寞、焦慮和分離感等。總之，群體心理是個體心理的聚合，由不同群體的構成、發展、規範、價值認同、制裁體制中，可以發現一個個閃亮的心理情境，它們反射著社會生活的每個方面和每一角落。群體心理是社會心理研究的又一重要內容。

（三）個體心理

作為個體的人，在出生之後，即開始了社會化的過程，這個過程既包括個人的交往活動，也包括自我意識的發展。對個體心理研究，佛洛伊德學說影響很大。他認為社會化實際上是「人性本能」遭到「社會現實壓抑」，於是其能量只能轉向其他途徑，從而創造了文學藝術和社會文明。這個性本能實際上涵蓋了——人的全部快樂本能，它與需要的本能，共同推動了人類的文明發展。

然後，文明經常壓制著心理慾求，並且社會越發達，文明越進步，人的心理壓抑也越嚴重。後來，馬爾庫塞等人加以修正，他們認為，心理壓抑與文明發展不同步，在一個物質匱乏的社會，這種壓抑是必要的，因為它可以促使人們去勤奮工作，創造財富，而在一個富裕的社會裡，這種壓抑變成多餘。他們希望以此途徑來尋找醫治社會和個體病態心理的方法。當然，這種理論又導致西方的性慾解放、女權主義等思潮，帶來的又是各種新的

問題。

　　除了上述三個研究項目之外，還有一些學者則希望透過社會化研究，為造就個人的健康、完美的個性尋求助力，以便促成發展更和諧的社會生活。

三、實際的應用

　　社會心理學研究中，還有一個實用性的任務：促成發展一個更和諧的社會生活。為了達成這個重要的任務，下列三個議題提供探索之參考：處境與問題、三個困境、兩個難題。

(一) 處境與問題

　　社會心理學的實際應用，首先涉及到探索社會生活的不同處境以及回應在不同處境的社會人所提出的問題。

　　下面是社會心理學在應用上經常涉及四個探索層面：

1.探索企業部門如何調動人員的積極性，如何處理各部門的人際關係，以及選拔領導人、形成先進集體、培養良好的心理等狀況。

2.涉及進行青少年違法犯罪的社會心理問題研究，如青少年的小群體家庭、班級、朋友的影響，反社會團體為何成為他們的心理參照等。

3.進一步涉及教育領域的研究，例如，師生溝通和交往、校風班風形成，以及學校與家長互動關係等。

4.其他還包括：婚姻家庭、商品銷售、旅遊等領域中，都有社會心理學的研究內容及應用。

　　與此同時，心理學家更進一步的嘗試回答在不同處境社會人

提出的問題，內容包括：人們對別人的信念和行為所產生的影響，人是怎樣的接受他人的影響，以及為何會接受他人的影響。於是，社會心理學的研究就提出了下列相關問題：

1.這些影響究竟是什麼？

2.增加或減少社會影響效果的變因是什麼？

3.這些影響的效果是永久的還是短暫的？

4.那些變因能增加或減少社會影響效果的長久性嗎？

5.是否同樣的原則既適合於台北市中學教師的態度，又適合於農村小男孩對玩具鼓的偏愛嗎？

6.一個人怎樣才能喜歡另一個人？

7.喜歡賽車和某種牌子的麥片是否具有同樣的心理過程？

8.一個人對一個民族或種族集團的偏見是如何形成的？

9.它是與喜愛或討厭的形成過程相同呢？

10.還是包含著完全不同的心理過程？

上列問題差不多涵括了社會心理學的全部問題。

（二）三個困境

根據上面所提的處境與問題，乘坐在工業化社會快車之上的現代人，無論是已開發國家還是發展中國家的人民，其心理特點有許多共同和一致的地方。以下是三個比較典型的困境，需要社會心理學的研究提供助力。

無心自主：人們總是沒完沒了地忙，除了身體外，還有心靈。卓別林在他的電影中表現的是大機器生產對於人的異化的悲哀，現在，這種情況越發嚴重，人們每時每刻總得有事做，或得想著有事，甚至不敢閒下來。每當一有空閒，便得跳舞去、唱歌

去、搓麻將洗牌去、養鳥去。閒下來便會覺得寂寞難耐和無聊，心靈意志被長期地扭曲。

本來，人是自然之子，但這時候，對於生養自己的環境，美麗的氣候景物變遷卻相當漠視。什麼春夏秋冬、花雨雲月，都不再讓他們動心。個人的生存意志牢牢地牽著他們從生到死，甚至很多人已很少留意過藍天、白雲或月亮是什麼樣子。於是，吃飯的時候眼睛看著電視，腦子裡還想著其他，飯菜是什麼滋味，不曾留意。走路的時候想著忙，看書的時候想著忙，睡覺的時候還想著沒完沒了的事情。閒下來時還得去找著忙，不然就會生出病來。這才是閒也無聊，忙也無聊，心像是浮在水面不能自主。

感受孤獨：孤獨是現代人的第二個心病。別看人們一天到晚地忙著，但心卻在孤獨，我們不相信一位退休官員當在家中有了事做，就會充實得叫好，我們照樣能看出孤獨二字。本來，人類的科技能力已達到上太空遊覽，人類的認知範圍在不斷拓展，但人的心靈空間卻愈來愈狹小。甚至有這樣的笑話，同為大廈鄰居很多年，相互竟不知道對方的姓名，竊賊開著汽車去盜運鄰居的家財，而另一家竟以為是鄰居在搬家。

人類需要交往就像需要空氣和水一樣重要，如果將心靈隔絕和封閉在一個個狹窄的空間裡，這種人不生病才怪。有信仰的人還可以對神靈或組織去傾訴和交流，什麼都不信的人，就只有承受孤獨的無奈和痛苦。許多人使用麻醉藥劑、逃避和遺忘的工具，於是安眠藥與電視成為他們不能離開的伴侶，但電視打開著，孤獨照樣還要來。

感受偏見：還有各種原因造成的偏見——人對人的偏見和人對種族的偏見是現代人心理上的又一大魔障。一位一直生活在美國鄉下的某位家庭主婦，從未接觸過真正的、活著的黑人，但他卻知道黑人無能、懶情而不上進。這是阿倫森《社會心理學入門》

中的一個例子，它說明偏見可能來自實際感受，也可能來自歷史，或者來自於宣傳。

在人際交往中，偏見往往會左右人的心理判斷，從而使自己的行為偏向錯誤方現。譬如：

你剛搬了新居，有一位人敲門進來，自稱是你的鄰居，表示很高興能認識你。你們談得很投機，你也覺得很喜歡這個人。臨走時，這人拿出一張名片，說自己是保險公司的，以後需要什麼保險可以找他。這一下你會怎麼想，覺得他是來交朋友的？還是來推銷保險的？偏見來了，讓你立刻和他疏遠三分。

另外，一種是因喜歡而生成的偏見，譬如，喜歡某人，便總會在自己心上尋找一些理由為其的不當行為辯護。足球場上的球迷對自己球隊的喜歡，也會產生偏見，甚至會製造出許多事端來。許多足球比賽場上所發生的悲劇，足以證明這個問題的嚴重性。

偏見是一種心理的較量，也是一種心理的磨難。對自己弱點的敏感只有使自己沉重、疲勞和厭倦，卻又使人難以擺脫，乃至形成一種恐懼心理。本來，一種坦率的交往是最及時、簡便而有效的交往方式，可是，人們總難做到這點，問題也就一直存在著。

人際交往中的敏感心理又是現代人心理上的問題之一。人之所以比動物高級，是在於能使用複雜的語言交流複雜的信息。但人與人之間也往往因為語言和所傳達的信息而發生誤解，甚至發生在至親好友之間。

在一個充滿競爭的社會裡，多數人想的是首先怎樣保護自

己，交往中需要不動聲色，藏而不露，對傷害自己的人要麼躲開，要麼反攻一擊，這一擊必須要突然和有力。這就等於在心理上設了一道防線，防線上掛著響鈴，別人一碰線，自己馬上就會警覺地豎起耳朵。但是，我們大多數人的一生中，總要花費很多時間和別人交往，受別人影響，也影響別人——別人使他高興或氣惱，他也使別人氣惱或高興。即使在吃飯、走路、做夢時，他會闖進別人心中，別人也會闖進他的心裡。

我們始終強調，心態的轉變是一個社會發生轉型的根本力量。西方社會從文藝復興和思想啓蒙以來的各種思潮，包括：精神分析、愛慾解放、女權主義以及行爲科學、解構理論、存在主義等等，都是一種心態結構操縱下，生活方式和價值信仰發生變化的表現——見證著是這一系列的心理需求不斷交合與替代，推動著社會秩序的變化發展。

(三) 兩個難題

台灣作爲一個傳統的社會，一直共同擁有的思想、經典、文獻塑造了人們共同的行爲規範和價值形態。包括：權威政治、血緣家庭、男性中心、孝道倫理、面具人格——這些觀念是個人心上最深的烙印，由此伸延出來的士大夫、等級貴賤、官師治教、財富聚斂、權利獨佔——也成爲國人的一種恆常心態，直到今天，它還是制約人心的重要力量。在國際化過程中，西方的價值觀挑戰了台灣傳統社會，於是，外來的觀點也堂而皇之地在台灣人的心理上植根競長。

我們可以從兩方面進行概括：一方面，台灣社會尚未完全脫開舊的體制模式，而事實上這也不可能，因此，傳統的文化習性仍像一個巨大的陰影伴隨著國人的心靈，尤其是傳統的負面心態在有些人的心理上還有極大的誘惑力；另一方面，台灣社會又提早遭遇到西方社會正在遭遇的各種問題，這使國人的心態趨變愈

加複雜和迷亂。

　　如果概括一下，在台灣人們的心理特點中最容易滑向極端的主要有兩點：

　　其一、是迷信心理。有外國人感嘆到，到了台灣，第一感到到處是牆與鐵窗，第二感到到處是廟與神，這話接近眞實。儘管已是二十一世紀時代，現代化的高速汽車、飛機在地上天上奔馳，電腦網路也走進了普通人家，但迷信的幽靈在國人心理上仍時隱時現地遊蕩。台灣人喜歡比附，小到個人私事，大到政治與國家大事，總能夠與一些玄秘荒誕的事聯繫起來。這種心理也有傳統，歷史上很多次動亂或起事都是利用這種心理開始的。

　　其二、是從衆心理——人的盲從心理。這是人類共有的問題，笑話講，當觀光船發生海難，船長對乘客下令跳逃生。他對德國人說：這是命令，德國人毫不猶豫地跳進了大海；他又對法國人說：跳下去，你的情人在下面，法國人也不再猶豫地跳下去；對日本人說：大和民族是世界上最優秀而勇敢的民族，日本人跳進了大海。最後只剩下一個台灣人了，他總是不肯跳下，最後船長騙他說：你的朋友都在下面了，於是他便跳進了大海。這裡諷喻的正是人的「從衆心理」。

　　在台灣人們的處世哲學中，從衆是一條重要的行爲心理原則，所謂：槍打出頭鳥，是懼怕出頭的風險，所謂：天蹋下來有大家撐著，也是以爲從衆是安全的選擇。從衆心理往往會成爲一種心理惰性，與退守、自保和不敢冒險相聯繫。有時候，它又是盲從的同義語，一旦盲動起來，理性便很難控制。這個問題，以選舉時的群衆運動，最爲明顯。

　　總之，以社會心理學理論去分析每一個社會的人，可以歸納出這樣一個定理：

1. 人是社會的人，社會從一個人出生之日起，便開始影響這個人的身心全部，直到他老死去。
2. 處在社會中的人，或者孤獨，或者從眾；或者迷信，或者偏見。他影響了人，人也影響了他，並且人們又都渴望和需要這種影響。
3. 你站在橋上看風景，看風景的人從窗口看你──一位是自覺的，一位並不自覺，但影響卻是相互的。

　　研究社會心理學，自然不能忽略視域中的一切現象，但特別應該留意群體心理問題，因為大大小小的社會群體，都是由共同的心理取向而形成的，這種心理可能代表一種社會心理趨動的方向，它既可以為現有秩序──提供一種維繫與存在的依據，又可以凝結成一種力量，將現有的秩序徹底顛倒。

社會化與社會心理

　　個人是如何適應社會？又如何形成具有獨特行為方式的主體？這實質上就是人的社會化問題。

　　社會化，是社會心理學研究的一個重要課題，同時，它也是發展心理學、性格心理學研究的重要課題。社會化問題不僅是心理學者，而且也是社會學者、文化人類學者共同關心的問題，但各個學科都是從自己的角度出發來探討的。於是，心理學者關心的三個問題是：

自然的人如何變成社會的人？
個體在發展過程中受到了什麼樣的社會影響？
為什麼個體在社會化過程中都具有不同於他人的獨特個性？

這些問題牽涉到個人社會化過程本身的心理機制。社會學者與文化人類學者，則看重於研究社會是如何將個人培養成為一定的社會成員，他們關心的是在同一社會環境影響下人們所表現出來的共同的行為模式。

一、社會化的過程

在特定的社會與文化環境中，個體形成適應於該社會與文化的人格，掌握該社會所公認的行為方式——這叫做社會化。個體的社會化是一個過程，是經過個體與社會環境的相互作用而實現的，它是一個逐步內化的過程。

(一) 內化過程

人類，作為一個生物體的個人，剛從母胎裏分娩出來，就被置身於一個複雜的社會環境之中，任何時代的社會都會使用種種方法對他施加影響，使其成為一個符合該社會要求的成員，使他懂得什麼是正確的，是被社會所提倡與鼓勵的；什麼是錯誤的，是被社會所禁止與反對的。

於此同時，個人也隨時隨地對當前的社會環境以其自身的獨特方式作出種種反應，反作用於環境，從而表現出了人的主觀能動性。由此可見，個人的成長與發展就是經歷一系列的社會化的結果。個人成為一個怎樣的人，這取決於他的周圍環境對他的影響，以及他本人對周圍環境反作用的行為方式。

因此，個人的社會化是一個極為複雜的過程，因為每個人從來到社會的第一天起，就必然生活在一個具有某種關係，包括：社區關係、階級關係、親屬關係等等的社會環境裏，而在不同的社會歷史條件下，社會化的內容是不同的，因為不同的社會有不同的社會規範與行為標準，對人們的要求也不同。

　　社會環境對於人的影響，是透過各種直接與間接的管道進行的。因此，個人對社會要求的認識與掌握可能是自覺的、積極的與主動的，也可能是不自覺的、消極的與被動的。這也就是說：個人的社會化有時是有意識、有目的地進行的，有時是無意識、潛移默化進行的。

　　總而言之，社會化是在一定的社會環境的影響下，不管個人喜歡還是不喜歡，總是會在他身上實現的。它是個體掌握和積極再現社會經驗，社會聯繫和社會關係系統的過程。透過社會化，個體獲得在社會中進行正常活動所必須的品質，價值、信念以及社會所贊許的行為方式。

(二) 相互作用

　　除了內化過程之外，社會化也是人們學會共同生活和彼此有效相互作用的過程。它要求人們掌握人際關係的技能，形成一定的社會規範、社會角色和社會職能並且獲得順利實現這些所必須的技能和技巧。

　　換言之，社會化過程是在一定社會環境中，個體在心理和生理兩方面的發展，而形成適應該社會的個性並掌握社會認可的行為方式的過程。它包括：學習、適應、交流等人類個體藉以發展自己的社會屬性，參與社會生活的一切過程。其中有些過程貫串於個體的一生，如透過大眾傳播媒介獲得必要的信息過程；另一些則在人生的某個特定階段起作用，如個體成為老人或病人時，降低適應社會期望於他的某些應有行為的過程。

　　多種學科都參與這一過程的研究，但重點不同：人類學家著重於文化的傳遞；心理學家著眼於衝動的控制；社會學家則注重角色的學習。許多社會科學家認為早期社會化是決定兒童日後的社會地位和社會生活參與程度的關鍵因素。因此，有人探究了不同社會階層的個體進行不同的社會化訓練及其效果，並援引特殊

兒童的訓練結果來解釋諸如成就動機、權力慾等現象。社會科學
家們對個體品德的獲得研究甚多。

例如，佛洛伊德認為，職責、情感、義務和愛好是品德獲得
問題的中心要素，因此他們強調社會化過程中個體與父母交往的
重要性，透過這種交往，社會的文化價值成為個體品性的基本成
分。但米德（G. H. Mead）和J‧皮亞傑等人則比較注重道德社會
化的理智方面，即道德推理和道德判斷，因而他們強調和同伴交
往的重要性，把與同伴的交往看成是個體發展其原則性、合作精
神的途徑。

社會化過程不是個體消極接受社會影響的單向過程。個體接
受社會影響的同時，也積極地反作用於社會環境，因此社會化過
程是個體與社會環境相互作用的過程。即使處於嬰兒期的個體，
也是各不相同的，可能對同樣的外部影響產生不同的反應；隨著
個體的成長，其對外來影響的反作用也日益顯示出主觀能動性。

二、社會化的特點

個體在社會化的內化過程與相互作用之後，逐漸形成具有以
下四個共同特點：遺傳化基礎、個性化過程、具有共同性、以一
生完成。

（一）遺傳化基礎

人之所以為人，從生物學意義上而言，正是由於物種在漫長
的進化過程中，不斷分化並使其遺傳素質表現出自身發展所特有
的趨勢，從而為發展成為一個「社會人」提供了可能性。

動物，即使是類人猿，由於其自身所具備的遺傳素質不同於
人類，它們雖然長期生活在人類的社會中，也掌握了某些類似於
人類的行為方式，但最終還是個動物。例如：

在狼窩裏長大的人——「狼孩」，雖然從小生活在動物的環
境中，當他回到人類社會，在一定程度上所以能夠恢復人的
行為，除了周圍環境對他的影響外，就他自身而言，就是因
為他是人類遺傳信息的攜帶者。在他體內內在地存在著由上
代所遺傳給他的心理活動和行動方式的結構與機能。因此，
只要花一定的社會條件的影響下，這些先天的由人類進化而
來的潛能就能轉變為現實。

由此可見，人類的遺傳素質，乃是一種由上代為下代提供有
利於人類從事社會活動的特殊素質。我們可以認為，這種素質對
於人類來說，已經不完全具有生物學意義，它是透過人類長期社
會實踐而不斷受到社會影響的，並為適應人的活動而逐漸形成與
發展起來的一種特殊功能。

因此，這種素質本身也就包含了人類實踐活動的社會因素，
並且以生物體內的物化形式，包括：遺傳信息，大腦中樞系統的
結構、功能等，遺傳給後代。所以，人類這些特殊素質體現了它
對環境因素的內化作用，從而為人的社會化奠定了生物學基礎。

(二) 個性化過程

社會化是隨著個人所具備的條件，包括：遺傳的特性、生理
需要和狀態，而有選擇性地形成的。人們即使生長在相同的環境
中，但他們的社會行為和意識是不同的，這是因為個人遺傳的特
點，某個瞬間的生理需要和狀態不同的緣故。

社會化過程與內容，由於個人的特點，包括：性別、年齡、
智力、性格、體質等，而結果則不完全一樣。即使在同一個社會
中，由於性別、年齡、智力、性格、體質等不同，社會對人們所
容許的行動的範圍和能夠完成的課題也是不同的。生長在同一家
庭中的雙胞胎，雖然他們的遺傳素質完全一樣 （同卵雙胞胎），

根據心理學家的研究與生活實踐提供的資料表明，由於他們的出生順序而決定了他們不同的社會角色：出生早數十分鐘均為兄或姐，遲數十分鐘均為弟或妹。

由此可見，社會對他們的要求則稍有差別，從而使雙胞胎兄弟或姐妹的社會化有所不同。此外，個人在社會化的生活道路上，一方面要按照其性別，年齡，根據社會規範而行動，另一方面，還必須解決自己面臨的任務，以實現其發展。因此，每個人的社會化過程是不同的。

社會化的目標，是將每一個社會成員培養成為適合所屬社會需要的人。社會化了的個人，是精神健康的成人，不僅獲得了能夠適應外界情境的各種行為方式，有統一的人格，還必須能積極地支配環境。這也就是說，一方面能靈活適應社會生活，同時還懷有積極的需要及活生生的人格。這種社會化包括著被個人內心實現的、來自社會方面的價值觀的一致。因此，社會化不是把人變成為一模一樣的人的過程，而是個性化的過程。

（三）具有共同性

個人透過社會化，既有共性也有個性。如國籍不同，國民性也不同，台灣人有勤勞的傳統，家庭觀念較重；美國人富有進取性，家庭觀念比較淡薄等。而同一國家、同一民族，其成員一般都有一些共同的心理傾向。

社會心理學家勒溫認為，同一個國家的國民有相同的人格特徵，並作了國民性的分析。他比較了美國人與德國人的人格特徵。勒溫根據場合的理論，提出了個人的生活空間概念，這個生活空間是由環境和人組成。生活空間中的個人、環境和人的行為全部是相互依存的，只要其中一方有變化，其他方面就會發生相應變化。勒溫還認為：作為一個整體的個人，其內部包括著相互依存的各個部分。

　　於是，個人的心理活動可以分為下列部分：

1.一部分是與外界環境接觸的知覺運動領域，一部分是內部的人格領域。
2.而人格領域內可進一步分為比較表面的外層和中心深層。
3.這個中心深層又可以進一步分為與各部機能相聯繫的不同區域。
4.人的心理的各個領域之間是相互制約相互影響的，所以人有個別差異。

（四）以一生完成

　　個體從嬰兒期開始，經過兒童期、青年期、成年期到老年期，都在不斷地進行社會化，最終以個人的一生來完成。

　　國外有研究證明：學前期是接受社會化的最佳時期，但以後的各個時期都在繼續完成社會化。個體生理的發展與智力的發展，到青年期或青年期以後基本上達到了頂點，以後明顯的下降，但成年期以後，社會化還在發展，還能解決許多問題。

　　於是，哈維哈斯特提出，成人期發展的課題有：習慣於與合作者協同生活、管理孩子、對職業生活的適應、完成市民的社會責任等。他還提出，老年期的發展課題，如自己與同年齡的人大量地交往、自覺承擔社會義務等。

　　總之，社會化並非一般人所認知的專屬學齡的兒童教育，更是牽涉到貫穿個人一生的整個生活進程。

社會心理學的應用

社會化是透過個人和與之有關的其他個人和團體的相互作用而形成的。

個人的行為，是按照社會規範、透過與其他人的相互作用而來滿足在一定時間、地點、條件下的個人需要的過程。因此可以說，社會化因素就是影響個體的全部社會環境。例如：

一、家庭的影響，包括：父母條件及其教育方式。
二、社會地位的影響，包括：階級、階層、身份。
三、社會文化的影響，包括：政治、經濟、風俗、傳統等。
四、學校的影響。包括：教師、團體、教材等。
五、居住條件的影響，包括：城市、農村、社區等。

上述諸種影響歸納起來，可以分為三個主要方面的影響，即社會文化、學校與家庭三方面因素的影響。

一、社會文化作用

社會文化，包括：政治、經濟、國家的宣傳體系、宗教、團體、風俗、習慣、傳統以及生產力水準等等。在同一文化圈內。人生各時期的發展。包括下列六個階段：

(一) 幼兒期

內容包括學習走路、學習吃固體的食物、學習說話、學習大小便的方法、懂得脾氣的好壞，學習控制自己的脾氣、獲得生理上的安定、形成有關社會與事物的簡單概念、與父母、兄弟姐妹及他人建立情感、學習區分善惡。

(二) 兒童期

內容包括學習一般性遊戲中必要的動作技能、培養對於自身有機體的健康的態度、和同伴建立良好關係、學習男孩或女孩角色、發展讀、寫、算的基礎能力、發展日常生活必要的概念、發展道德性及價值判斷的標準、發展人格的獨立性、發展對於社會各個單位和各個團體的態度。

(三) 青年期

內容包括學習與同年齡男女的新交際、學習男性與女性的社會角色、認識自己的生理結構、有效地保護自己的機體、從父母和其他的成人那裏獨立地體驗情緒、有信心實現經濟獨立、準備選擇職業、作結婚與組織家庭的準備、發展作爲一個市民的必要的知識與態度、追求並實現有社會性質的行爲、學習作爲行動指南的價值與倫理體系。

(四) 壯年初期

內容包括：選擇配偶、學會與配偶一起生活、家庭中添了第一個孩子、教養孩子、管理家庭、就職、擔負起市民的責任、尋找合適的社會團體。

(五) 中年期

內容包括形成作爲市民的社會責任、建立一定的經濟生活水準，並且維護這種水準。幫助十幾歲的孩子成爲一個能被人信賴的幸福的成人、充實成人的業餘生活、接受並適應中年期生理方面的變化、照顧年老的雙親。

(六) 老年期

內容包括適應體力與健康的衰退、適應退休和收入的減少、適應配偶的死亡、與自己年齡相近的人建立快活而親密的關係、

承擔市民的社會義務、對於物質生活的滿足方面要求降低。

生活著的人們，都具有共同的人格特點，即所謂典型人格。

文化人類學家米德，觀察了新幾內亞三個原始部落社會中人們的行為，發現不同的社會文化因素的不同影響，而同一個文化圈內生活著的人們都具有共同的行為方式與人格傾向。例如：

住在山地上的人，傳統上一向和平相處，因此該地居民人與人之間很合作，性格溫和、對人親切；住在河岸的土人，由於傳統上好鬥、殘酷，不論男女，其性格極為相似，因而當地居民也是相互攻擊，不合作，佔有慾望很強；住在湖邊的土人正處於母系社會，男女性別分化得很明確，女性支配男性，握有經濟大權，男子在家帶領孩子，有自卑感，在陌生人面前顯得靦腆。

二、學校教育作用

學校的作用，主要是把社會規範、道德的價值觀以及歷代所累積下來的知識、技能傳授給下一代。學校有一定的教育方針、培養目標，有計畫、有步驟地對下一代施加影響，以使學生實現社會化作用。

學校透過教材、教師人格、教育方式、考試與考核、學生的各種組織——學生會、活動隊伍、興趣小組等等對學生的社會化發生影響。其中以教師與教材的影響最大，尤其是基礎課教材特別重要。

在學校教育影響的同時，國家的宣傳機構、法律機構等也從中加以配合，使學生變成符合社會要求的社會人。

三、家庭親子影響

父母對子女社會化的影響大於其他人，包括教師與同學的影響。父母的行為是孩子學習的榜樣，對孩子的行為起著積極性的模仿榜樣與消極性潛移默化的作用。

兒童的家庭生活、幼稚園以及學校生活對他的社會化都產生深刻的影響。家庭環境的影響具有特殊意義，兒童在家庭中生活的時間很長，約佔其全部生活時間的三分之二。兒童首先受到的是家庭環境的影響，然後才是幼兒園及學校的影響。外國已有研究表明，學前期是接受社會化的最佳時期，這就足以證明家庭影響對個人社會化的重要性。

家庭父母的教育方式與教養態度對子女人格的影響尤為重大。鮑爾特溫把父母對子女的教養態度分為四種類型：

（一）專制型

父母不理解孩子的需要，常用命令和指責來強迫孩子服從。

（二）溺愛型

父母用過份的感情來滿足子女的要求，對子女千依百順。

（三）放任型

父母在強迫命令的同時，常常也會相對的討厭孩子而放任不管。

（四）民主型

父母能充分理解孩子的興趣與要求，經常向他們提供足夠的信息，並引導孩子自己作出選擇與決定，父母對孩子表現為冷靜與愛護。

另一位兒童心理專家拉特克研究了父母教養態度、家庭氣氛

和孩子人格形成的關係，結果報告提供參考。拉特克認為：

（一）家庭限制很少的孩子，和家庭束縛很多的孩子相比，
　　　競爭心少，但很重視朋友之間的友誼。

（二）家庭中很寬恕的孩子，與家庭嚴厲管教的孩子相比，
　　　更加能體貼別人，並對其他人的批評很敏感。

（三）對孩子教養方面，父母平均分擔責任的孩子，往往適
　　　合當領導工作。兄弟關係和諧協調的孩子，其情緒比
　　　較穩定。

（四）民主家庭的孩子比專制家庭的孩子更富有同情心，人
　　　際關係協調，情緒安定。

　　　父母的教育方式與教養態度固然決定於他們自己的做法與想
法，但從中也反映了當時社會的價值觀與傳統的行為方式，家庭
中父母都會以當地文化傳統以及當時的現實情況為指導的原則。

　　　綜上所述，個人的社會化，受到社會文化、學校教育、家庭
父母的影響，這些影響因素，就是社會化的媒介物。由於不同社
會制度下的社會化媒介物不同，個體社會化過程中受到的影響也
有所差異。

　　　社會化對每個人來說都是存在的，但在有些人身上卻表現出
社會化的障礙現象，即未能按照社會預期要求而正常地內化。除
了生理的智力發育不全與精神疾病等原因外，主要是由於社會化
過程的缺陷所致。

　　　社會化──個體從自然狀態向社會狀態的轉變是一個系統的
過程，它要求不同年齡階段的人，必須在社會所認可的行為標準
中形成自身的行為模式，使之成為符合社會要求的社會一員。但
由於種種客觀原因而造成對社會行為規範的模糊認識，以致形成
不符合社會要求的缺陷行為──偏差行為。

摘要

　　本章根據「社會心理學——掌握現代生活的必修課程」主題，討論四個議題項目：社會心理學的重要性、社會心理學的發展、社會化與社會心理、社會心理學的應用。

　　第一部分：社會心理學的重要性。內容包括兩個項目：何謂社會心理學、個人與社會的相互作用。

　　第二部分：社會心理學的發展。內容包括三個項目：發展的背景、研究的方向、實際的應用。

　　第三部分：社會化與社會心理。內容包括兩個項目：社會化的過程、社會化的特點。

　　第四部分：社會心理學的應用。內容包括三個項目：社會文化作用、學校教育作用、家庭親子影響。

思考問題

1.請從宏觀結構與微觀結構的觀點說明社會心理學的意義。

2.請從社會心理學的觀點說明個人與社會互動的兩種作用。

3.請舉例說明社會心理學發展的三個重要階段。

4.請從人際關係心理、群眾心理以及個體心理的觀點說明研究社會心理的方向。

5. 請舉例說明社會心理學實際應用的處境與問題。

6. 請舉例說明社會心理學實際應用的三個困境。

7. 請舉例說明社會心理學實際應用的兩個難題。

8. 請從社會心理學的觀點解釋個人社會化的過程。

9. 請舉例說明個人社會化的四個特點。

10.請舉例說明社會心理學應用的三種途徑,

11.請從社會文化作用的觀點說明社會心理學的應用。

12.請從家庭親子影響的觀點說明社會心理學的應用。

2

健康的生活

——發揮個人生活的美好境界——

健康生活的重要性

　　心理學在人類爲提高、改進生活的努力中展示了廣闊的發展前景。作爲一門應用科學，社會心理學提出各種理論、模式、方法和新的發現等，以加強對人類和人類發展趨勢的瞭解，並提供有效的助力。

　　人類對和諧社會生活與幸福生活的追求，早在人類存在之初就有了，我們將繼續這一美好的追求。基於和諧社會有賴於健康個人生活的凝聚爲基礎，我們將進行健康生活重要性的探索。

一、健康的社會人

　　我們大家都有機會接觸和瞭解某些心理健康的人。這些人的行爲表現往往有與衆不同之處。在我們對大學生的一項調查中，詢問了他們對什麼樣的人是心理健康的人的看法，下面列舉的一些看法是比較典型的例子提供參考。

　　一個人這樣說道：

　　我認爲他／她心理上很健康是因爲他活潑、樂觀、熱愛生活，以及他的開朗善良的性格。我喜歡他對生活的態度。他無論做什麼事都能全神貫注；他活躍敏感，對細枝末節都很注意。如果他／她遭到挫折、未達到目標，他就繼續努力，或是試用新的方法來解決問題。他思維活躍敏銳，又有相當強烈的幽默感。他不僅機智聰明，而且總是用幽默的態度去看待，或是試圖去看待任何事情。

　　此外，他身體健康，這個我也覺得是重要的因素。他很聰明，很願意學習。他什麼都想試一下，但又有足夠的明智

知道什麼時候該著手、知道什麼時候住手。他善於說話也善於傾聽，既肯施予，也能接受，而不需要根據什麼人的提示才作出反應——他是一個活生生的人！

另一個看法是這麼說的：

他是個很受人歡迎的人；認識他的人都很喜歡他。他的個性很招人愛。我想他之所以這麼受人喜歡，是因為他無論碰見誰，總是儘可能從好的、積極的方面看待他人。他從來不根據第一印象判斷人。他談論別人時總是講人家好的地方。自從我認識他以後，從來沒有聽到他說過別人的壞話。他對生活的態度和看法是積極向上的。他熱愛大自然，也熱愛室外活動。

二、健康的社會生活

在這裡，你可能會問：上面這些評論的看法跟我自己又有什麼關係呢？

從根本上來說，對你很重要的是，要熟悉瞭解心理健康的人的特性，這是有很實際的理由：

（一）我們學習更為熱愛生活。

（二）我們對生活的種種方面會有更積極反應。

（三）學習與別人之間有深刻的、持久的人際聯繫。

（四）我們由於達到了自我實現的目標，而往往過著更為幸福的生活。

（五）我們的家庭和孩子也更為幸福愉快。

（六）我們在學習或工作中，也表現得更為出色。

總之，健康的人往往從生活中學習獲取得要更多些。研究結果表明，人是能夠透過學習而成為更健康的人。因此，思考一下對這些理想的人類特徵的研究和理論，包括：合理的、試驗的、多為科學的發現所支持的解釋──這對我們大家來說，都是非常有意義的。

發展健康的生活

在這一部分我們要討論那些心理健康的人的一些重要特點，他們被亞伯拉罕‧H‧馬斯洛稱為──自我實現型的健康人。這些特點由馬斯洛、阿瑟‧W‧庫姆斯和卡爾‧R‧羅傑斯這些人本主義的、以人為中心的心理學家，各自獨立進行的研究所揭示。

對這些極為令人振奮而有益的生活方式的詳細描述，將向我們提供一些切實可行的途徑，使我們朝著充分實現人生的潛能方向前進。我們所知道的希望，是一回事；而實際能夠去做的，又是一回事。然而，改變人的行為的必不可少的第一步是：透過適當的信息，使人心理上有所準備，這就好像一個農夫精心耕作，使得播下去的種子獲得充分生長一樣。

一、發展自我實現

根據馬斯洛的觀點，發展自我實現的健康人，必要進行實踐包括下列十個重要項目：

(一) 接受的能力

馬斯洛發現，心理健康的人大多能夠接受自己；事實上，他們都熱愛自己。換言之，他們有一種積極的自我概念（self-concept），包括一個人對自己的感覺、認識與看法。他們常常認為自己是為人所歡迎的、有能力的人，他們生活於這一世界，並能為之作出自己的貢獻。這種接受的能力，包括接受自己、別人和自然的能力。

馬斯洛還發現，這種人也往往能接受他人。在對自己有良好感覺的同時，他們也能接受他人的行為、思想，儘管他或她與自己的看法並不一致。一般來說，心理健康的人具有對人、對世界表示接受認可的能力。這種能力早期常常見於兒童身上，他們能夠接受現實的生活，而且有時甚至令父母感到尷尬的是，他們把這一切感受都誠實與毫無保留地說出來。他們往往是客觀世界的觀察者，而不是評判者。

(二) 深厚的人際關係

馬斯洛又發現，這一類型人的另一特點是，他們往往很喜歡與人們接近。因為他們對自己有良好的感覺，他們也就能夠與別人建立深厚的友誼關係。值得注意的是，馬斯洛還發現，這樣一類牢固的關係一般僅見於與少數幾個人，而非在普遍的人際交往中，因為，單是與一個人建立深切的關係，也需要相當的時間與耐心。

此外，心理極為健康的人多半對人相當慈愛、耐心，對兒童與老人尤為如此。他們不僅具有、而且顯示出對他人的同情心。

(三) 對現實的充分知覺

此時，我們也可以說：真正健康的人不必為面對現實世界的困境，以及生活在這一世界中的所不如意的事件，而逃避與欺騙

自己。正因為他們有著良好的自我意識，他們不需要用假面具來遮蔽自己，歪曲現實。

他們對現實世界及人們的知覺（perception）是客觀的、如實的，這樣的知覺就使得他們能根據正確的信息採取行動。其結果是：他們往往能完成更多的事情——而不是「原地兜圈」。當問題一產生，他們便能夠有效地予以解決，因為他們依據的是實際情況，而不是自己的主觀願望來作出決策。

（四）常新的鑑賞力

在馬斯洛實驗的受試者，他們也往往始終對生活抱著熱愛和欣賞的態度。他們對生活中各方面的事物、活動都會作出積極的反應，好像這一切他們都是第一次經歷似的新鮮事務。

馬斯洛是這樣描述的：

> 自我實現的健康人有一種奇異的欣賞能力——他們對生活中一切善的、美好的事物，都帶著天真和新鮮的感覺，並一而再、再而三地欣賞之；他們對許多感到敬畏、愉快、奇妙，甚至狂喜的事物，然而，這一切對別人來說，可能早已顯得平淡而無意義。對前者來說，每一次日落都好像是第一次看到的那麼壯麗，每一朵鮮花都是那麼美麗可愛，儘管他已見過千萬朵鮮花了。他看到的第一千個新生嬰兒還是如同第一次看到時那樣感到奇妙而不可思議。

（五）獨立的自主性

他們對自己的良好感覺，導致個人的自我信任。因此，那些最健康的人依靠自己的頓悟力來判斷是非，並決定在一定條件下應採取什麼行動。因此，他們的自主性，包括獨立的思考和行

動，往往更強烈，更多地依據自己的行為和價值標準，而不是過分地考慮他人的意願或社會上他人的生活反應，來作出判斷、決策。

馬斯洛是這樣闡釋他的觀點的：自我實現型的人其特點之一，是他們對自然和社會環境的相對獨立性，這種相對於環境的獨立性，表示了面對嚴重打擊、刺激、挫折、剝奪等惡劣環境而顯示出的相對鎮靜態度。在使得其他人可能自殺的境況下，這一類的人卻能保持相當的鎮靜。因此，他們也被稱為「自我控制」型人。

(六) 富有創造性

心理健康的人似乎對自己從事的任何事情都抱有一種創造性的態度。那些既對自己、也對別人抱有安全感的人，能夠用新的、與眾不同的方法來完成任務、解決問題，他們不認為需要像平時許多人習慣的那樣，老是墨守成規，機械地一再以同樣的方法重複去面對許多新事物。

馬斯洛這樣評說道：在我們的一部分被試者身上所顯現的創造性，並不表現於著書、譜曲、藝術品的製作等方面，而是總是見於較為普通、平凡的事情上。我們可以說，這麼一種特別的創造性，作為健康人格的表現之一，在他從事的任何活動中，都會有所體現。

從這個意義來說，我們可以找到有創造性的各行各業人士，包括：鞋匠、木匠、廚師、鐵匠、農夫。無論一個人從事什麼活動，他總抱著一定的態度，一定的精神，這種態度或精神來自於、並且反映了他的性格特點。即使在一個孩童身上，我們也能看到其創造性的特點。

(七) 助人的使命感

自我實現的人總會把幫助那些正在受苦受難、需要得到關懷的人作為自己生活的使命。他們具有這麼一種珍貴的品質，把自己從短視眼光中解放出來，擺脫了只為個人需要的滿足而生存的思想。他們學會了穿別人的鞋走路，能夠體諒與感受他人的飢餓痛苦。他們學會了在飢餓者得食、悲苦者得福時才會感到愉快、滿足的思想方法。

這一類的人似乎已經學會了把自己的愛從自身、家庭、親屬轉向全人類。正如慈愛的母親在餵食嗷嗷待哺的嬰兒時感到無比歡欣一樣，自我實現的人似乎在與他人分享幸福中，體驗到了更深刻的幸福感受。

(八) 深厚的友誼

自我實現的人具有一種「一體感」或「同理心」──即與人類一致感的意識。似乎可以說，他們會透過將人類分成各個階層、團體的種種表面差別，例如，財富、宗教、出生地、膚色等等差別，進而去發現人類所共有的東西。他們顯然很重視自己在這方面的發現。他們真誠地相信，所有的人本質上是善良的，是值得他們去愛的。

此外，自我實現的人具有一種帶同情心的幽默感。幽默被認為是一種正面觀察與處理他人的不可思議、矛盾行為的能力。同情的幽默，是指在令人不快甚至痛苦的情況下作出正確評價與分析，並用幽默機智的語言予以表達、但又不使人在身心上受到創傷的一種能力。

這樣的幽默感是健康的，因為它是在緊張的時刻，使他人心理得到鬆弛的有力形式。同時，在人際關係與溝通的過程中，也扮演了重要的助力。

（九）強烈的倫理意識

　　自我實現的人對別人的權利與對自己的權利一樣表示關切。他們的道德基準線把全人類都包括在內。他們似乎受到心靈深處最高尚規律的制約，要求對一切人，不管其國籍、種族、宗教與政治信仰如何，無論他是親戚、朋友或敵對者，一律以誠實仁慈相待。

　　因此，他們並不受文字形式的法律所制約，而是根據理智、價值觀與邏輯，受著精神的法律所制約。

（十）能夠獨處

　　自我實現的人喜愛並積極尋求一定時間的獨處。對他們來說，這樣的時刻，無論是一天中某幾個鐘點在家中獨居，或是一個人遠足旅遊於大自然中，都顯得神聖而莊嚴。正是在這獨處幽居的時候，他們可以反省自己內心的思想和感情，也有了時間來考慮與解決某些問題的各種可能的辦法。

　　人類世界中許多偉大的思想正是在獨處休憩的時刻，在人的意識中爆發出來的創意，只是以後才經實驗證實。著名的法國心理學家、智力測驗的發明者艾爾福雷德‧比奈曾經說過：「我發現，意象只有在我們給予自己的思想毫無限制的自由時，才會出現──我們既在覺醒著，但又在夢幻之中。一旦我們在完全的意識、有強烈意識之時，意象即變隨之變弱、模糊，它們似乎退至某一我們尚未知悉的區域」。

二、發展的建議

　　馬斯洛曾提出了一些：如何進一步達到自我實現的建議。然而，我們應該認識到，馬斯洛相信：一切人類生來都具有一種潛在的自我實現的本能，只要在合適的社會條件下，它就會得到發

展。

馬斯洛向我們揭示了某些線索，它們表明，在一個以人的充分自我實現爲最高目標的社會的鼓勵下，心靈深處人類的本性究竟是怎樣的情況？下面是馬斯洛關於人類的本性的部分假設：

第一、每一個人的內部本性既反映他個人的獨特方面，也反映了他所屬社會，包括種族、文化的獨特方面。

第二、我們有可能對這種內部本性進行科學的研究，去發現它究竟是什麼：不是去發明——而是去發現。

第三、我們稱之爲邪惡的行爲，這些多半是人類內在本性受到挫傷後的繼發反應。換言之，這並非人類的原始面貌。

第四、這種受到挫傷後的內部反應，就我們目前所知，似乎在本質上並不是惡的，而是中性的或善的。

第五、既然這種內部本性是善的或中性的、而不是惡的，最好的方法是把它表露出來，鼓勵它而不是壓抑它。如果讓它指導我們的生活，我們就會健康、幸福地成長，取得豐碩成果。

第六、如果這個人的根本核心（本性）得到否認或壓抑，人就會或明或暗地、或早或遲地患疾得病。

第七、這種內在本性並不像動物的本能那麼強烈、具有壓倒的優勢、而且不出偏差的。它是微弱的、嬌嫩而且難以捉摸的，它很容易被習慣、文化壓力和不正確的態度所壓倒。

第八、儘管這種內部本性是微弱的，但在正常人身上一般很少會消失——或許在病人身上也不會。即使它被否認，它仍繼續存在，不斷地要求被實現。

　　最後，馬斯洛在論及人性的崇高、美好和可愛時，他這樣地提醒我們：

> 人類的生命，如果不把它的最高願望考慮進去，那是不可能得到真正理解的。個人的成長、自我實現、為健康的奮鬥、對一致性和自主性的要求、對取得成功的響往，以及其他種種「向上」的前進努力等等，必須毫無疑問地把這一切作為一種廣泛的、普遍的人類趨向予以接受。如此，個人才能夠透過自己的力量解決自己的問題。

　　但迄今為止，個人還未能做到這一點，因為他還未充分地完全地發展自己的力量。至於個人內部的「善」的力量，也還沒有得到充分發展，還未被認為是世界的希望所在──除非面對那些罕見的生死關鍵時刻。人不一定求助於上帝，他可以在自己身上找到所有各種的潛能、力量和善良。

　　馬斯洛充分意識到，他的自我實現理論，做為在理想的條件下人類充分發展的可靠模式之前，尚須經過檢驗證實。

　　至此，我們肯定一個健康的人，必然追求自我得到更充分實現，而這些人都具有一些主要特徵：

（一）以積極的自我觀念進行自我指導。

（二）具有創造性，但對同樣的事物能再三反覆欣賞。

（三）接受人性，尋求種種方法來幫助人類。

（四）具有民主的生活方式但又能夠相對地獨立於團體壓力。

（五）具有更多的高峰體驗，對神聖事業有深深的信仰。

（六）喜歡幽默，但不以損害他人為代價。

（七）對人類有深切的關注，無論是親屬、鄰里、陌生人甚至仇敵均如此。

（八）具有強烈的正義感，對弱者、窮人和受歧視的人尤富
同情心。

（九）即使在不受歡迎、孤立無助的情況下，仍充滿活力，
以持續不懈的努力來支持合乎道德的決定。

（十）在生活的各方面均保持健康的整體性。

三、發展健康人格

在研究人員所探討的問題中，比較重要的有：

那些極為健康的個人是怎樣發展出來的？
怎樣的背景易於培養出心理健康的人？

儘管這一研究有相當的侷限性，而且目前尚在試驗階段，我
們還是注意到一些有啓發性的傾向：

就像運用心理健康的人格（mentally healthy personalities）這
一術語一樣，Ａ・Ｗ・庫姆斯和Ｄ・斯奈格使用了勝任型人格
（adequate personalities）這一術語，他們提出這樣一些值得繼續研
究的思想：

勝任型人格，如我們看到的，一般對自己及其生活於其中
的現實世界有積極的知覺。他們認為自己是為人喜愛、需
要、接受和能幹的人，他們生活於自己能夠應付的世界
上。這樣的自我概念並不是憑空產生出來的，而這些是個
人發展中取得的經驗的產物。當然也不需要一定成為什麼
專家，設計出一種方案計畫來引導人們瞭解自己和周圍世
界的獨特方法。為了產生這樣一種自我定義所需的經驗，

顯然來自於定義的本身。我們只需要經常這樣反省自己：

除非一個孩子有人愛他，他又怎麼會感到為人所愛？

除非有人需要他，孩子又怎麼會感到為人所需呢？

除非有人接受他，孩子又怎麼會感到為人所接受呢？

除非他取得了成功，這孩子又怎麼會感到自己的能力呢？

在對這些問題的回答中，包含著這樣一些線索，使得我們有可能創造出更易使人通往勝任之路的生活情境。因此，積極的自我評定只能產生於積極的自我體驗，同樣地，積極的世界觀，只有在那些發現自己的生活體驗在不斷擴大提高的人身上才可能找到。

由此看來，成為心理上健康的社會人，其先決條件之一是要具有這樣一類早期體驗，這種體驗能使人產生積極的自我情感。然而，許多人缺少的恰恰就是這一類積極體驗。

他們曾經有過那種體驗嗎？

他們注定比他們可能取得的成功要差那麼一大截嗎？

回答是否定的。正如羅傑斯和馬斯洛提出的，人們可以透過各種途徑使自己得到充分健康的發展。因此，我們可以這樣說：只要與另一個人保持熱烈親密的關係，就能夠促進這一過程的進展。對另一個人的基本信任關係，有助於健康人的某些特點的發揚光大——包括自我信任和對現實的接受態度。

當人們在某些時候能夠獨處，這似乎也有助於人的成長發展。這時，人可以讓自己經歷各種人類情感與感受。這樣的體驗使得他們進一步更能夠理解自己的人格（personality）——這是行為和思維一致與完整的。

促進個人心理健康發展的另一個方法是：在發展個人的社交、智力和職業能力時，努力取得成功。這當中包括：艱鉅的勞動、學習怎樣集中精神，以及寧願放棄眼前利益而作出長期持久努力的毅力等等。因此，在學業、工作和與人交往方面的成功經驗，就顯得更爲重要了。

另一個方法，則牽涉到與新思想、新的哲學觀和新的人格接觸。這可以透過閱讀、觀賞戲劇、欣賞音樂等方法來達到。還可以透過旅遊與結交新朋友等途徑來取得。

此外，看來很明顯的是，找到充分表達自己情緒的方法，這也是對人很有益處的。如我們在前面指出的，我們社會中有許多人是在自我疏遠（alienate）與缺乏感受的能力，他們甚至害怕去經驗與感受那些基本的人類情感。因爲，任何一種使個人的自我充分表現的關係或活動，都是與我們有益的。興趣和愛好，與朋友的深厚友誼，或是自由討論等等，都有助於個人把自己的基本情緒表達或發洩出來。

逐步提高個人的獨立性程度是成爲健康的人的另一途徑。這就是說：一個人逐漸地越來越少地依賴他人，而更多地依靠自己的能力和價值體系。此外，在工作、家庭和社會團體中擔負更多的職責，也有助於增強人的獨立性。在適當的場合中，自由地表達自己的感情，也能夠增強個人的自我價值觀。

總之，當我們喜愛自我、接受自我時，可以使個人與他人更加接近，特別是在與他人更好地合作與共事。我們有必要經歷各種生活方式與文化等，這樣才能使人認識到，一個人的價值觀僅僅是多個系統中的一個，而眞正的道德是超越於個人、家庭和社會等小團體的是非觀念之上的。

在朝著這些方向努力時，人會變得更富於創造性。人不必在任何情況下都那麼循規蹈矩。在與他人交往時，完全可以顯得更

自然與更隨意些。我們會發現解決問題的方法並不是「非此即彼」的「零和遊戲」，而是可以這樣，可以那樣，而且是無窮多樣組合的解決辦法。

因為我們都是社會的人，在我們通向進一步自我實現的道路上，總要與人們發生關係。社會心理學家佩克和哈維格斯特的長期研究表明，一個對周圍的人們深切關懷的人，則會得到鄰里和朋友的高度讚揚。

在與他人有關或有聯繫的某一情境中，在決定某一行動的採取與否之前，他們大多先對自己設問：我的行為將會對他人的幸福產生什麼影響呢？使人感到欣慰的是，具有高度道德水準的人能夠準確估計出自己的智力測驗分數和學習成績，以及對他人的影響力。如此可以說：同樣的高度推理水準和關切態度的人，既體現在對鄰里的關心，也表現在學習能力上。為了培養這些品質特點，佩克和哈維格斯特提出下列四個重點：

第一、要培養一個人的理智態度和有效的推理能力，唯有一個切實的方法，那就是始終如一地、耐心地對他講道理，逐漸給他們更多的機會讓自己作出決定。

第二、只要個人本質上是社會的動物，那他就不可能長期忍受別人對他的拒絕、拋棄或長期的阻撓折磨態度。不管那些失望的憤世嫉俗者怎麼反對，或是精神變態者怎麼輕視，明顯的事實是：他人的友好關懷態度是一切人的真正幸福所不可缺少的。

第三、如果你希望別人的行為是可靠的、堅定的、真誠而又有道德的，唯一的方法就是，你用完全同樣的態度對待對方。

第四、我們可以說，個人的自我實現，是在人生的每一階毀

的發展成長、學會更人道地與他人交往的成熟過程
中，逐步發展起來的。例如，在說到青年人之間的相
互關係時，羅傑斯提出：青年人剛開始時，可能對人
與人的相互交往中如何生活一無所知，因爲實際上他
們還沒有與人交往的任何實際經驗。

有時我們甚至覺得，我們教育的重要目標之一：似乎是把個
人培養成只會在隔離籠子裡生活——要是我們所有小學、中學和
大學的教師都能認識和接受這一事實，即他們的教育對象是有可
能犯錯誤的，而他們自己也同樣如此，那我們的教育體系一夜之
間就會得到徹底改革。要是他們能夠認識到，人類間的相互作用
不僅在他們自己的一生中，而且在他們學生的一生中，是一直在
繼續下去的，那麼他們就會願意把眞實的、公開的、互相的交往
作爲教育的一個組成部分了。這將是一個偉大的開端，它是爲生
活於人類的世界而進行偉大的預備工作。

然而，即使是這麼一個建議，就我們所知，常常在教師及學
校的行政人員中引起很大的恐慌。因爲教師在學生面前以普通人
的形象出現時，那就會顯出他們也是有缺點的——他們也有各種
情緒、情感，也會犯錯誤，有時也會被激怒。這樣一來，幾乎每
個教師都有的那個隱然不變、不會犯錯誤的假面具——這可是他
們最寶貴的東西——就會完全失去了。

健康生活的實踐

逐漸加強對自我的瞭解，是培養和形成心理上健康的人格的
第一步。一個缺乏自我瞭解的人猶如輪船沒有舵把，註定只能隨

風而飄，隨水而盪。自我瞭解給了我們指導自己生活方向的手段與方法。

自我瞭解不僅包括對自己現狀的瞭解，還包括掌握自己可能的發展方向。當然，沒有人能做到徹底瞭解自己。事實上，要是我們眞的徹底瞭解了自己，那麼我們的生活又變得多麼單調與枯燥。

關鍵在於我們的自我發現和發掘。我們努力進取以更深入地發現自己，發掘並運用我們內在的潛力。這樣的探索是極爲有益、激奮人心的，因爲它們是通往我們自己的人性的道路。正是在這樣的探索航行中，我們的人格得到了發現和塑造。如此，我們相信：人類發展的前景是無止境的。

一、與他人相處

要做到健康地理解他人，我們必須首先能夠對他人有基本的、合理的信任。基本的信任意味著，從我們與他人的初次見面起，我們就相信他人的誠實、正直，除非有充分的事實證明情況並非如此。

這種與他人相處的信任感，牽涉到下列三個議題：

（一）合理的信任

人只有在感到自己確是爲人所接受和需要時，才會顯露出自己眞實的一面來。因此，心理學家在試圖去瞭解人時，總是盡力設法使他們感到自己是爲人所接受和需要的。不管怎樣，在日常生活中我們可以看到對人的信任而產生的積極效果。兒童在感到爲人所信任和需要時，他們的行爲就表明了：他們是值得人們信賴、需要的人。

大學生被允許在沒有監考的情況下參加考試時，往往並不一

定會發生舞弊行爲。有幾位大學教授相信，學生基本上是誠實的，於是他們讓學生給自己評定成績，之後發現，絕大多數學生給自己評定的成績與教授的意見是一致。

（二）移情的能力

理解別人的另一個方法是移情或同理心，即感受他人的思想、情緒，能夠用他人的思想方法進行思考的能力，這樣就可以用他們自己的觀點來理解對方。移情主要包括設身處地於他人位置這樣的一個過程。然而，這並不是說我們就一定要同意他人的觀點。在學會運用移情手段時，我們需注意勿以否定的態度來譴責、批評他人，因爲這樣做只會使人爲自己辯護，而不是顯示自己的眞實面貌。下面的例子說明了怎樣運用信任感、移情態度來幫助和理解別人。

> 小林已經15歲了，他自入學以後，幾乎每年學習成績都不理想。他的智力正常，但他的老師不瞭解，他患有輕度的大腦機能障礙病症，這妨礙了他像一般學生那樣進行正常學習。後來，他的父母把他帶到一所醫療諮商中心，醫生告訴說：「小林只有在特殊的方法教育下才能進行正常學習。」於是，小林被介紹到某專家處來尋求治療幫助。

試想一下：小林對他的老師及功課抱的是怎樣一種態度？想一想如果你是小林又會如何感受？我們的做法是，首先使他相信，不管以前發生過什麼，他，像一切人一樣，仍然嚮往進步和學習。經過幾個星期耐心的、但尚未成功的教育，他被告知，你內心深處確是想學習的，但由於你過去受過很多創傷，至今還不願意放下心來學習。他們已經一起合作了好幾個星期，很明顯，只要小林努力，就會學好的。這樣吧，專家說：「你可以收看任

何你想看的電視節目，你也可以坐下來，眞正開始學習。由你自己選擇吧。」看了整整三天電視後，小林說：「我要學習。」

幾個星期後，有一天，小林正在給草地澆水，這時該專家正朝自己家裡走去。小林在此之前沒有提出任何警告，就轉過身把水朝他身上澆去。小林臉上帶著笑，說道：「對不起。我沒看見你走過來。」專家的第一個念頭是懲罰一下小林，但轉而一想，這一澆水行爲不過是小林對以前在教師手中受到的種種不平的一個小小的報復而已。在他澆水的同時，他把所有那些教師形象都集於該專家身上。小林的一切仇恨都集中到該專家身上。在小林認識到自己的情感已得到理解之後，他與專家之間的一個良好的教學關係，於是便形成了。

（三）博愛的精神

具有健康人格的人，往往對一切人都抱著熱愛、接受的態度。他們並不根據表面的群體特點來衡量人，諸如：社會經濟水準、民族、國籍、政治傾向等，而是以高度個性化爲基點。心理健康的人既可以成爲大學校長的朋友，也可以成爲看門人的朋友，因爲對他來說：「重要的是人，而不是人名字前的頭銜稱呼。」我們具體來看看博愛的應用。

某心理學家在一所頗具規模的大學裡教授一位富家子弟時，不斷受到其他教職員的打擾。他出於禮貌把這位學生向教職員作了介紹。然而，在向守衛老王作介紹時，這位學生起先覺得非常不滿：他不明白爲什麼守衛和教授受到一般對待，於是教授向他說明，因爲守衛也是一個人，而對他懷有深深的敬意。

後來，在該守衛老王退休時，心理學系就像歡送教授退休一樣，給他開了一個歡送會。老王不僅僅是一位看門人，

他更是一個熱情、聰明、可愛的人。

二、在家庭生活中

所有的研究似乎都表明，心理健康的人往往保持著一種和諧的家庭關係。看來培養出不尋常的心理健康人，其家庭本身也可能是很健康的。

正如庫姆斯和斯尼格所說，積極的自我概念是成為心理上健康的人的先決條件，因此，只有在尊重孩子、平等、尊重待人的家庭裡，才可能培養出更多的心理健康的人來。所以，在能夠容忍人的獨特個性、家庭成員互相尊重的家庭中，每一個人才能朝著自我實現的方向發展。如前所述，人與人之間的信任也能使每個人自由發展與成長。

因為心理健康的人，以客觀態度看待現實，在心理健康的家庭中，也就較少有「虛情假意」的現象。於是家庭成員之間，就很少有誤會或衝突發生，因為他們一般能夠客觀地看到家庭中的問題，彼此分享自己的意見與看法。

這類家庭，一般不僅是很活躍的，而且往往處於不斷的發展變化中。他們不是死板、僵化的。這類家庭往往共同去尋求新的經歷、生活，並善於接受新的思想。這類家庭，也往往允許各家庭成員的自主態度和內部情感的保持，因此，他們一般不強迫家庭的某一成員接受某一特定的信仰或思想。正好相反，他們允許各人自由探索各種思想及其價值，尋找正確的答案。

這類家庭中也往往具有相當民主的作風，家庭中產生的問題大家公開討論，共同探求各種可能的解決辦法。這類家庭還往往與各種生活階層的人保持友好的關係。這就是說，他們對友誼的標準並不以種族、宗教或金錢為基礎，而是基於同人類同伴的交

往。

一般來說，這類家庭在生活的各方面都要顯得更有成效，無論是經濟問題，家庭內部矛盾，或生老病死等。而且，正因為能客觀看待事物，他們不會徒耗時光去聽什麼流言傳聞，而是找到問題的癥結，以求實的態度解決之。

總之，心理健康的家庭是幸福的家庭，他們積極活躍，具有人道精神，他們不僅關懷自己家庭的成員，而且對他們的人類同伴，也抱有深沉的愛。更重要的是，這類家庭中有一種自我永存態勢，健康的家庭培養出健康的孩子，而這些孩子在他們的家庭中又培養出健康的下一代來，並一直持續下去。

心理健康的人往往被描述為具有童稚氣。這是因為，他們像孩子一樣，也往往帶著天真的、毫無挑剔的眼光觀察世界。他們遇到別人時，不需要用膚色、身分、職業等的先入之見來套之於人。在他們與別人的私交中，完全任他人在與自己的個人關係中自由發展與轉變。

三、在社會生活中

如前所討論的，心理健康的人在人與人之間的個別交往中，一般都能相處得很好。那麼，當他們在俱樂部、社會團體、大的組織機構中與許多人一起共事時，能夠發揮怎樣的作用呢？他們與整個社會的關係又是怎麼一種狀況？

與這些問題相關的最主要的特點或許就是：這些人具有一種基本上是民主的性格結構。也就是說，他們不考慮一個人的身分或所屬社會經濟層次，而能夠與人友好相處。他們尊重集體中每一個人的誠實與正直。因此，在他們加入集體活動時，能夠堅信民主傳統的原則——對某一問題的各方面，誰都有權利提出自己的意見與看法，而同時也服從多數，尊重多數意見。

另一相關的方面是，這些人也能夠不屈從或明或暗的強求的集體壓力。即是說，他們更多的是依靠自己的是非觀念，而不是盲從於群體社會中那些暗中的勸說者。這意味著他們堅持原則，敢於為自己的觀點爭論辯護—— 當然，他們也會合理的遵從別人的觀點。

總之，心理健康的人對集體或社會中的任何人，都具有同情心。換言之，他是以人為中心的，而不是以集體或社會為中心的。因此，他對集體和社會生活的評價標準總是基於這樣的價值觀上，即是對他人的尊重具有最大的意義和價值。

於是情況常常變得這樣，心理健康的人在集體、社區生活中的作用，雖然不是那麼令人愉快　他們也常常看到人與人之間不平等的現象就直說出來，不管這種不平等是出於階級、財富或政治傾向等何種原因。因此，像甘地、耶穌和艾伯特這樣的偉大人物總是列入心理健康的人之列，也就絲毫不奇怪了。他們崇高的行為只有用激勵著他們的愛才能衡量出來。

四、在工作生活中

心理健康的人對工作的態度也與其他人有區別嗎？

他們在工作方面的成就是否更大些？

他們在工作中往往得到更大的滿足嗎？

對這三個問題的回答也是肯定的。心理健康的人有這麼一種傾向，他們對工作的看法與大多數人不一樣。發生這種情況的基本原因之一，就是前面討論到的這一類人的一個主要特徵：他們熱愛自己。

　　具有積極的自我概念，意味著他們對待工作有一種更為自由、更為樂觀的態度，他們並不是像很多從事工作的人那樣，以失敗為目標。他們根本上是以成功為目標的。他們能夠挑起新的工作、擔起額外的責任，但不因此害怕挫折失敗。如果他們遭到挫折，犯了錯誤，他們會很乾脆地承認並向上級彙報。

　　另一個使他們在工作中更有成效的原因是，他們有客觀地觀察現實的能力。因此，他們得到的關於現實的信息要更正確、更有用。他們作出的決定是以事實為基礎的，也就更正確有效。他們在工作中不會因為不準確的信息而浪費時間。因此，他們的工作往往更有成效，成績也就更大。他們更善於傾聽他人的意見，這表明他們在工作中能很好地與同事相處。他們在工作中也往往得到更大的滿足。因為他們能夠強調同事們的作用，他們與別人的關係也更為融洽。

　　心理健康的人身上具有的創造性，他們對待工作有著一種獨特的、與眾不同的態度。他們往往能夠把新思想、新方法運用到工作中去。因此，對他們來說，工作並不僅僅為了賺錢養家。他們更從自己所從事的任何工作中，得到激勵。而他們對生活的新鮮感和欣賞態度，又加強了這種興奮情緒。

　　我們已經知道，有的人心理上是極其健康的。他們的部分特徵是：能寬容待人，對他人有溫暖、強烈的感情、能夠客觀地判斷別人。在危機時刻能保持相對的穩定，在日常生活中，他們具有創造性，與人友好相處，具有民主風格，更不考慮其階層或社會經濟階層如何。

　　我們也知道，一切個人都能在心理上得到健康發展。他們可以在相當長的時間裡與別人保持熱烈的友好關係，學習對自己的能力保持不斷增強的信心，並保持學習、進取的強烈願望，以及發展和加強積極的自我情感。

對心理極其健康的人的研究，如果說有價值的話，那就是我們必須把研究成果運用到我們的日常生活中去——我們必須去親自體驗。自我理解產生於不斷擴大的環境裡、產生於與更多的人的密切交往中。生活於家庭之中給了我們機會來形成和發展健康心理的特徵，在工作中，更加強發展健康的社會心理。

與他人一起生活給了我們機會來實踐和進一步發展這些特徵。確切說來，一切個人都能成為自己人格的建築師。正如我們在發展自己健康的身體一樣，我們可以發展自己身上更為振奮更為愉快的人格。

總之，幾個主要的心理學理論是可以互相協調結合的，透過共同的合作努力，它們能夠對目前和未來的正常和異常的體驗，以及行為作出合理的解釋，並促進其發展。我們需要開展科學的研究，以促進社會與個人朝著深刻的人本主義的崇高目標發展前進。

心理測驗：你的心理健康嗎？

這個測驗的主題是：你的心理健康嗎？內容分為三個部分：
測驗部分、評分部分、諮詢部分。

一、測驗部分

對下列各題作出「是」或「否」的回答。

【 】1.每當考試或提問時，會緊張得出汗。

【 】2.看見不熟悉的人會手足無措。

【 】3.心裡緊張時，頭腦會不清醒。

【 】4.常因處境艱難而沮喪氣餒。

【 】5.在緊張時身體經常會發抖。

【 】6.會因突然的聲響而跳起來，全身發抖。

【 】7.別人做錯了事，自己也會感到不安。

【 】8.經常做惡夢。

【 】9.經常有恐怖的景象浮現在眼前。

【 】10.經常會發生膽怯和害怕。

【 】11.常常會突然間出冷汗。

【 】12.常常稍不如意就會怒氣衝冠。

【 】13.當被別人批評時就會暴跳如雷。

【 】14.別人請求幫助時，會感到不耐煩。

【 】15.做任何事都輕鬆隨意，沒有條理。

【 】16.脾氣經常暴躁焦急。

【 】17.一點也不能寬容他人，甚至對自己的朋友也是這樣。

【 】18.被別人認為是個好挑剔的人。

【 】19.總是會被別人誤解。

【 】20.常常猶豫不決，下不了決心。

【 】21.經常把別人交辦的事搞錯。

【 】22.會因不愉快的事纏身，一直憂憂鬱鬱，解脫不開。

【 】23.有些奇怪的念頭老是浮現腦海，自己雖知其無聊，卻
又無法擺脫。

【 】24.儘管四周的人在快樂地取鬧，自己卻覺孤獨。

【 】25.常常自言自語或獨自發笑。

【 】26.總覺得父母或朋友對自己缺少愛。

【 】27.情緒極其不穩定，很善變。

【 】28.常有生不如死的想法或感覺。

【 】29.半夜裡經常聽到聲響就難以入睡。

【 】30.是一個感情很容易衝動的人。

二、評分部分

評分規則：

　　每題回答「是」記1分，回答「否」記0分。各題得分相加，
統計總分。

你的總分：

　　0～ 5分：可算一般正常的人。

　　6～15分：說明你的精神有些疲倦了，最好能合理安排學
習，勞逸結合，讓神經得到鬆弛。

　16～30分：你的心理極其不健康，有必要請精神科醫生或心
理治療專家給以指導或診治，相信你會很快從煩
惱不安中走出來的。

三、諮詢部分

你也許對「心理健康」這個詞感到生疏或只是曾經聽說過。人們在日常生活中，經常談論和使用「身體健康」這個詞語，而很少說「心理健康」。因爲，長期以來人們只注意到生理上存在著健康問題，而忽視了心理上同樣也存在著健康問題。

比如說，在日常生活裡，許多人都體驗過在學習、家庭、人際交往等方面的許多心理問題，這些問題若處理不當，就會造成人們心理矛盾、情緒緊張、憂愁苦悶等等。如果人們對這些來自身體內部與外部的刺激適應能力很差，那麼，這些刺激便會成爲惡性刺激，損害身心健康，並可導致心理上的失常，甚至會引起心理疾病。

其實，人的健康應包括身體健康和心理健康。聯合國衛生組織把健康定義爲：健康，不但是沒有身體缺陷和疾病，還要有完整的生理，心理狀態和社會適應能力。因爲人是生理與心理的統一體，身與心的健康是相互影響，交互作用著的。

你知道嗎？人的心理在接受來自身體、內部和外部世界的種種刺激後，會發生微妙的變化。這猶如天氣一樣，有陰有晴，有風也有雨；有時雷雨大作，有時風雨交加，這是十分正常的現象。如果一個人的心理狀態猶如一潭死水，一點也不動盪，反倒不正常了。但是太強烈或太快速的心理活動，又會給人帶來明顯的負面影響。

在我們相識的人中，不乏有這樣的例子：某個人能正常地學習、生活和娛樂，在感到身體有些不適後去看病，被檢查出了癌症，在診治過程中，身體急劇垮掉了，以後很快衰竭，不久就死去。這是由於心理恐懼、過度憂鬱和對癌症過分誇大其辭的宣傳造成的。心理上的自絕，產生全身性生理紊亂，降低了對疾病的

抵抗力,加速了病情惡化的過程。

　　由此可見,不正常的心理狀態,對人的健康和疾病都會產生不利作用,造成嚴重的後果。因此,我們應該瞭解什麼是對健康有利的心理狀態,什麼是對健康不利的心理狀態。我們要保持良好的心理狀態,才能在學習和生活中健康順利地成長。那麼我們,特別是青少年朋友們:應該如何保持心理健康呢?

(一) 具有正視現實勇氣

　　面對競爭激烈的社會,遭受失敗與挫折是難免的,你應該勇敢地去面對它。心理健康的人對周圍事物有清醒的、客觀的認識,能夠在生活中與他人保持良好的人際關係。他們既有高於現實的理想,又不沉迷於幻想。對於我們的學生來說,在生活和學習上遇到各種問題、矛盾和困難時,應面對現實,採取切實可行的辦法進行處理,而不應採取掩飾、迴避的消極態度。

　　在排除了心理障礙,甩掉精神包袱之後,愉快、滿意和自信的心情將會伴隨你。對問題的看待應客觀、全面,不主觀、不偏執。在適應自然環境與社會環境的變化時,也要以積極的態度去對待它,根據客觀的要求主動調整自己的言行,尊重客觀現實的發展規律,發揮主觀能動性,正確地認識世界。要不斷地學習,增長智慧,培養情趣。同時,也要勞逸結合,善於在閒暇的時間裡,盡情享受生活的樂趣。

(二) 讓心理與年齡相稱

　　人的心理和行為是隨著年齡的增長而發展變化的。不同年齡的人,其心理和行為儘管有所不同,但都表現出一定的連續性和階段性相統一的年齡特徵。行為一方面要符合社會群體要求,另一方面要與自己的年齡、角色相稱。如果一個年輕人經常像年邁的老人一樣,孤僻、少言寡語、萎靡不振,或者如幼兒般稚氣可

笑、喜怒無常，那他的心理就可能不正常。

（三）悅納自己與自愛

　　作爲現代人，應具有自我反省的能力，能正確地評價自己，瞭解自己的優點和缺點。對於自己的一切包括那些無法改變的缺陷，應泰然處之，而不要怨天尤人。有的人把自己的抱負訂得過高，根本無法實現，以致終日鬱鬱寡歡；有的人做事要求十全十美，這往往會因爲小小偏差而止步不前。若把目標和要求定在自己的能力範圍之內，不僅易於實現，而且可享受到成功的喜悅，心情也容易舒暢。對人應採取謙而不卑、自尊自愛的態度，既要有所爲，又要有所不爲。正確面對現實，抵抗外界的誘惑力，保持輕鬆愉悅的心情，這將對你的學習、身體都是有利的。

（四）情緒控制與發洩

　　隨著社會生活的複雜化，人與人的關係、物質與精神的關係也日益複雜和多樣。情緒因素對於協調人與物、人與人的關係，具有很重要的心理作用。在生活中，如果碰到了傷心哀痛又不能挽回的事，許多人都主張「大哭一場」，這樣就可以痛痛快快地將心中的鬱悶發洩出來。同時，你還應學會控制自己的情緒，因爲你的情緒是你自己的體驗，社會和你周圍的人，則沒有隨你的情緒來確定各自的行爲方式的義務。從保健心理的角度說，不論情緒的發洩與控制都要適度。

（五）營造良好人際關係

　　人是社會的一員，每個人無時無刻不在與他人交往相處，如果脫離了社會和人群，你將無法正常地生活下去。所以在與人交往時，應接受並悅納他人，樂於與人交往，使人際關係協調和諧。與人相處時，積極的態度，包括：同情、友善、信任、尊敬等，總是多於消極的態度，包括：嫉妒、畏懼敵視等，這樣在社

會生活中就會有較強的適應能力，以及較充足的安全感。

（六）健全人格的社會人

　　一個心理健康的人，行為應具有目的性，並受理智支配，而且他的認識活動與情緒反應、性格特徵等心理各個方面，應該是和諧統一的。要想成為一個心理健康的社會人，你就應樹立正確的人生觀，形成高尚的理想和遠大的抱負。要有堅強的意志，去為實現你的遠大目標而不懈地努力。讓自己的認識與行為相一致，不會因為私慾而背信棄義，也不會因為一時的困難和挫折而自暴自棄。學會自我控制，使自己的一切需要、願望、理想、目標都受完整的人格所制約。

（七）自強與自主的品格

　　要保持心理健康，應具有樂觀、積極、進取的精神，熱愛並自覺專注於自己的工作、學習。在學習和工作中，能夠充分地和建設性地發揮自己的智慧和能力，盡自己的努力去爭取獲得最大成就。對事物你應有獨立、自主的觀點，不要盲從他人。應對自己的生活負責，不要過分依賴他人求得安全和需要的滿足。盲從或依賴他人，隨後在遭遇困難和挫折時，將責任推卸於社會、父母、他人，或歸於命運的不濟、童年的不幸等，那樣反而會使個人陷入無窮的煩惱和怨恨之中。

（八）培養廣泛生活情趣

　　專家們認為，一個人的情趣愈豐富，生活也愈美滿，人生的藝術化就是人生的情趣化。在現實生活中，我們發現，多讀、多聽、多看的確可以激發人的智慧活動，充實人的內心世界，並排除煩惱鬱悶，保持樂觀愉快的心境。

　　以上幾項供大家參考，其實心理健康的維護主要依靠自己，

心理疾患的治療除需要有心理醫生的指導外，自己的信心和毅力
是不可以缺少的。

摘要

　　本章根據「健康的生活──發揮個人生活的美好境界」主題，討論四個議題項目：健康生活的重要性、發展健康的生活、健康生活的實踐、心理測驗：你的心理健康嗎？

第一部分：健康生活的重要性。內容包括兩個項目：健康的社會人、健康的社會生活。

第二部分：發展健康的生活。內容包括三個項目：發展自我實現、發展的建議、發展健康人格。

第三部分：健康生活的實踐。內容包括四個項目：與他人相處、在家庭生活中、在社會生活中、在工作生活中。

第四部分：心理測驗：你的心理健康嗎？內容包括三個項目：測驗部分、評分部分、諮詢部分。

思考問題

1. 何謂「健康的社會人」？請從健康生活的重要性觀點說明。

2. 何謂「健康的社會生活」？請從健康生活的重要性觀點說明之。

3. 請從自我實現的觀點舉例說明：如何發展健康的生活？

4. 對於發展健康的生活，請提出個人的幾項（三～五）項建議。

5. 如何發展健康的人格？請舉例說明。

6. 關於健康生活的實踐，請從「與他人相處」的觀點舉例說明之。

7. 關於健康生活的實踐，請從「在家庭生活中」的觀點舉例說明之。

8. 關於健康生活的實踐，請從「在社會生活中」的觀點舉例說明之。

9. 關於健康生活的實踐，請從「在工作生活中」的觀點舉例說明之。

10. 請做「你的心理健康嗎？」心理測驗，並評論你的得分

11. 參考心理測驗的諮詢部分，請舉例說明你個人的心理健康情形。

3

自我的發展

──建立認識自己的成長基礎──

自我發展的重要性

沒有什麼比下面的問題更吸引人：

我個人的歷史是什麼？

小時候我是怎樣的？

二十年以後我將在做什麼？

我可能會用什麼方法來確定和修正我自己的命運？

還可能包括我周圍那些人的命運呢？

實際上對這些問題的回答反映了同一事物的兩個方面。我們的現在和未來深深地植根於我們的過去。事實上，我們曾經度過的兒童與少年時代仍然留在我們身上，影響著我們的思想和行為。

一、人類發展的重要

研究人類發展有這樣一些重要原因：

第一、兒童的撫養是一相當複雜的工作，然而擔任此責的人員往往未經過任何職前訓練或教育。

第二、兒童的撫養是人們都很關心的一個大問題，這可從以下事實得到證實：每年有千百萬父母求助於家庭諮詢機構。本傑明‧斯波克博士所著的《嬰幼兒護理》年銷售量達2,200萬冊，美國兒童署散發的《嬰兒護理》更超過5,000萬冊。

第三、在人類歷史上，我們第一次開始意識到這樣一種極其

巨大的、令人振奮的可能性，即我們可以相當地、甚至是極大地改變人類發展的進程，使它朝著更高的自我實現方向發展。

我們開始認識到，人類的悲劇不僅僅是戰爭，而是這樣一個事實：千千萬萬的人在其生命途程中完全沒有意識到，在他們身上存在著未得到發展的巨大潛能。根據這一觀點，越來越多的心理學家開始研究，不管這些研究帶有怎樣的試驗性質，在生命週期的每一特定階段，用什麼方法來加速培養更充分發揮機能的個人。

這一認識正在開創人類研究的新進程，使它向可能達到的人類目標和價值前進。或許未來的歷史學家會把這一認識稱之為人類歷史上最偉大的發現，或許我們已經開始了改變人類發展進程的第一步。

影響人類發展的主要決定因素可以分為三類：遺傳、環境和自我概念。每一決定因素效果的充分發揮，則只有在三個因素的同時影響下，才有可能實現。換言之，只有三個決定因素的相互作用，才能發生最終作用。

二、遺傳決定因素

一個獨特的生物個體是在雄性細胞精子成功地與雌性細胞卵結合，形成受精卵子以後產生的。父母親各給予受精卵二十三個遺傳信息單位，即染色體，這些染色體中，每一個都含有二萬個基因，它們是決定和影響個人特性的載體。染色體與染色體結合，基因與基因結合，總數近一百萬個，這種隨機而成的不同的遺傳結合在理論上可以有無限個形式。

基因是由脫氧核糖核酸（DNA）組成的。DNA已被認為是遺

傳的基本物質，它對以遺傳密碼形式進行的每一個細胞的生物化學活動起著根本的決定作用。這套遺傳發展指令是在不同的環境條件下、在不同的程度上展開的。儘管人類的基因圖譜已經被繪畫出來，還沒有人能夠完全解讀出遺傳密碼。

儘管有時候某一主要的基因似乎能決定某一生理特性，但大多數載有基因的指令是可以進行修正、改變甚至刪除的。實際情況是，遺傳影響基因組共同作用的結果，這種共同作用產生多基因遺傳。甚至看上去很簡單的某一生理特徵，如眼睛顏色，也是由好幾個隱性基因與某一主要基因相互作用的結果，甚至在眼睛的基本顏色決定之後，還會有許多可能的遺傳結合而產生很多色彩變異。

個人的智力、特殊才能和創造性這些特徵更趨複雜，因為它們是遺傳、環境和自我概念——個人對自己作為一個獨特的個人、作為自己行為的重要決定者這樣一種知覺——交互作用的產物。

遺傳對人的發展的終生影響，可以恰當地表述為遺傳型（genotype）和表現型（phenotype）。遺傳型指的是整個遺傳稟賦，表現型指的則是遺傳得到完成或實現的程度。遺傳潛能之未能充分實現，主要原因在於嬰兒、兒童、成人的現狀和他們在發展各階段本應達到的程度之間的巨大差別。造成這一差距的主要原因之一是，我們未能提供最佳的社會文化環境，否則的話，他們的生理及神經能力比今天我們實際觀察到的要遠遠大得多。

與遺傳相比較，我們依然更多地受到環境的限制，這種認識或許促使人為了在心理上、生物上、社會上改善、提高自己而開始新的努力。奧托在1966年就指出：「健康的人只發揮了其潛能的10～15%，這種認識既是對這一時代的挑戰，又是這一時代的希望。」

三、環境決定因素

　　我們先來看幾個證據，它們表明，人類的發展比原先人們所認為的更容易受環境的影響而變化，而不僅僅是遺傳因素如時鐘一般，不顧周圍世界的一切，只管滴答向前，起著作用：

　　第一、正常的身體發育率並不是單由基因所控制的。對在刺激量最小的環境中撫育成長的孤兒的研究顯示，只有42%的孤兒在2歲時能夠坐起，而一般嬰兒大多在40週以前就能坐起；15%的孤兒在4歲時才學會走路，正常的兒童在15個月時即能走路了。

　　第二、智力發展並不單由基因所決定。在一項研究中，把一組精神遲鈍的孤兒，平均智商成績為64.3，年齡均在3歲以下，從孤兒院轉到遲鈍成年療養院，讓他們與年紀大的婦女住一起，並受他們照料。這些母親大部分時間裡和他們的「客人」（這些小孩）在一起，和他們遊戲講話，對他們進行訓練。經過約19個月以後，他們的智力測驗平均成績大幅度上升至91.8。每個孩子的智商分數上升了7至58分不等。

　　作為鮮明對比的是，仍留在孤兒院的一組嬰兒成績下跌了9至45分左右，平均智力測驗成績為60.5分。實驗以後，前一組的兒童大多數被領養。在兩年半以後再次測試時，他們的平均智商成績為95.9，對比組僅為66.1。二十年以後，實驗組的所有成員生活都自立了，他們的智商成績在正常智力範圍之內，另一方面，對照組的所有人仍表現為智力遲鈍。

　　第三、比起由遺傳所確立的生物的性別影響來，性別作用的發展更多地受到社會撫養的影響。在一項研究的110個例子中，只有7個，他們的生物性別作用強於社會性別作用。很自然，在我們的性別作用既與生物遺傳又與環境遺傳相適合時，我們會感到更為舒暢。

　　第四、人類發展的里程碑之一是，適應不斷變化的環境要求的能力。用詹姆斯・Ｏ・科爾曼的話來說：「在動物世界爭取生存和成長的鬥爭中，出現了許多不同的調節型式。有的種類完全透過繁殖求得生存！有的主要依靠毒物、偽裝和速度等防衛武器。」儘管形式各異，但這些方式中有一點是共同的：它們依靠的是「內在」的調節技能。多數動物雖有某種學習能力，它們的行為則主要是由本能的調節型式所決定的。我們或許可以說，它們生來就具有這種調節技能。

　　第五、個人的發展過程離不開社會化（socialization）——學習某一群體的人的價值觀、標準和準則等等。我們看看下面介紹的幾個嬰兒，他們會怎樣獲得相似的或不同的社會行為：

在醫院的婦產科病房，我們和嬰兒護理人員一起呆了一會兒。我們只能站在外面看——禁止觸摸以免傳染。

其一：在這幾天裡，這些嬰兒將和那些同時出生的嬰兒過
　　　　著一樣的生活，直到他們出院後來到各自的社會位
　　　　置上，於是他們有了不同的機會，不同的家庭，不
　　　　同的鄰居，不同的思想意識，這一切將塑造出他們
　　　　的未來和個性。

其二：我們隨機選了5個嬰兒，今天他們長得都很相像，
　　　　而在今後的歲月裡等待著他們的將是不同的生活。
　　　　當他們開始意識到現實時，他們將會盼望著怎樣的
　　　　未來？

其三：瑪利的父母都有職業，一個從事教育工作，一個從
　　　　事青年工作。他們都受過大學教育，都希望給自己
　　　　的初生兒各種機會來發展健康的身心。瑪利會受到
　　　　很好的照顧和教育，更重要的。她會對生活有現實

的觀點。他們會教她如何對付自己的偏限性，還會
教育她，有充足的理由抬起頭來走向生活──因為
她將因為自己是個女孩子而自豪。

其四：小寶生來才二十五天。出生後就被丟進了市場後面
一條巷子裡的垃圾箱。不可思議的是，他在垃圾堆
裡沒有被窒息死，他活了下來。

這是千千萬萬個新生嬰兒中的幾個，他們將走完生命旅程
的第一年，然後開始第二年。他們不會再對富有或貧窮，
傷害或被傷害，為人接受或被人拒絕等等一無所知了。此
外，和他們的父母一樣，他們不會意識到未來將是怎樣
的。

　　把遺傳和環境影響之間的關係看作是一開放的系統，這一觀
點是相當準確的。在這一系統中，在發展的不同階段，每一個決
定因素都注入不同量的能量和信息。如果我們把這兩個因素看
作：是處於互相呼應的合作行動中，我們便可繼續欣賞其組成部
分的「行為整體圖」的發展了。

四、自我概念因素

　　影響人類發展的第三種主要力量是自我概念。自我概念可以
有多種解釋，因為它是一個很複雜的概念，它代表的心理過程圍
繞著這樣一些方面進行，個人認為自我真實的部分，自我的真實
與虛假，以及自我處於哪一層意識狀態。

　　人類並不僅僅是消極的有機體，只是對外界的變化做出記
錄、反應而已，人類不僅對外界事物，更重要的是，對自己目前
的狀態和未來發展，做出解釋、判斷、完善和改變。個人不僅僅

是消極的模仿者，只是對外界刺激做出反應而已，他更積極地創造並從事於外部的及內部的活動。

我們越來越開始意識到，個人最爲重要的就是自我概念，它對我們心理存在的重要性，猶如生命之於我們的生物存在一樣重要。摧毀一個人的自我概念，那等於把他降低爲植物而已。我們下面還將討論，任何對自我概念的攻擊所引起的心理防禦之強烈程度，猶如人體對於疾病引起的生物防禦一樣，而且，事實上還會影響人的生物防禦。

我們可以把自我概念看成是偉大的組織者和鼓動者。它給了人們對自身發展的直接的決定權。當自我概念相當強烈時，它會給人們這樣一種感覺：活著是美好的，使我們相信自己能夠逾越本來似乎是難以克服的障礙。這一觀點更爲近期的一項研究所證實，有些學生儘管家境貧困，卻取得了學習上的成功，而同樣貧困的經濟狀況卻使大多數學生產生了嚴重的學習困難。但是，那少數成功的學生正是具有健康的自我概念的人，是他們的母親把這種信念、信仰傳給了他們。

開創個人的自我發展

你瞭解自己嗎？作爲一個人，雖然會經歷人生歷程的每個時期，但對已經歷的時期未必就會有清醒的認識，以至於經歷過兒童期的成年人，不知道該怎樣教育自己的孩子，不知道該如何對待兒童的任性和不聽話——向自己過去經驗取經。

許多父母對長大了的孩子突然感到陌生，無法溝通，不知道該用什麼方式來消除兩代間的摩擦與衝突。可以說，每個人在對待兒童，對待青年，甚至對待自己時，都會有一種無所適從的感

覺。那麼，我們希望每個人靜下心來，瞭解一下自己的過去、現在和未來。

一、成長中的變化

從受精成胎起到死亡之日止，我們每一個人都由於某些無可避免的發展過程而不斷變化著。最明顯最惹人注目的變化中有些是生理上的變化，而另一些變化在人一生的發展中也同樣重要，那就是心理活動的變化。

一個人的心理並不是生來就有的，而是逐漸產生和發展起來的。個人出生時，雖然已經具備了人所特有的解剖生理機制，為以後的心理發展提供了可能性，但還沒有成熟。初離母體的孩子，是一個軟弱無能的個體，大部分時間是處於睡眠狀態。以後隨著身體的成熟和腦部的成熟，在生活條件和教育下，才逐步出現了各種心理形式的活動過程和個性特點。

隨著個體活動的發展和成長，產生了語言和思維，開始形成對人、事、物的不同態度，不同情感體驗，不同的行為方式。並按自己的意願主動從事人類的活動，進而達到成人的心理活動水準和完成社會化。而到了老年，隨著生理機能的衰退，某些心理活動的能力也會減弱衰退。因此，一個人的心理經歷了發生、發展和衰退的過程，這是一種不可抗逆的過程。對這一過程中各個發展階段的心理特徵的研究是屬於發展心理的範疇。

發展心理就是研究個體從出生到成人，再到老年的心理的發生、發展和變化的過程。發展心理具體又分：嬰幼兒心理學、兒童心理學、青年心理學、成年心理學和老年心理學。由此可見，發展心理研究人的整個一生的行為變化。雖然在邏輯上應當把重點均勻地放在生命的所有各個階段的發展上，但現在絕大多數研究主要是針對嬰幼兒、兒童與青年。由於有這個著重點，發展心

理一詞往往就同兒童心理學、青年心理學等詞互換地應用。因此，發展心理是在兒童心理學的基礎上產生的。

　　1930年，美國兒童心理學家霍林沃斯發表了《發展心理概論》。1935年，美國另一位兒童心理學家古德伊洛佛出版《發展心理》一書，在書中他提出研究人一生的心理發展，要把心理看成是持續不斷的發展變化的過程，要對心理發展的各種條件和因素作全面研究。所以，作為發展心理既要研究表露於外的行為，還要研究人內在的心理狀態；既要研究兒童、青少年，也要研究成人和老年；既要研究正常人的心理發展，又要研究低能人和罪犯的心理表現。這一理論界定了發展心理的研究範圍和對象。到1957年，美國的《心理學年鑑》正式用「發展心理學」作為章名，發展心理學這一概念由此被人們接受。

　　發展心理研究個人的心理發展，特別是社會心理的發展。心理發展是一個連續的過程，是一個逐漸的數量不斷積累和在此基礎上出現質變的過程。隨著新質的出現，心理發展就達到了一個新的階段，於是表現出其階段性。這些階段性是與人的年齡相聯繫的。在各年齡階段會表現出一般的、典型的、本質的心理特徵，我們稱它為心理年齡特徵，這是從許多同齡人的心理發展的事實中加以概括和對不同年齡者的心理差異加以比較而提出來的。

二、發展心理研究

　　發展心理在一般以人在一段時間內具有較多共同的心理年齡特點和主導活動為依據，將人的心理發展分為八個主要的時期：

（一）乳兒期：0～1歲。
（二）嬰兒期：1～3歲。

（三）幼兒期：3～6、7歲。

（四）童年期：6、7～11、12歲。

（五）少年期：11、12～14、15歲。

（六）青年期：14、15～27、28歲。

（七）成年期：27、28～65歲。

（八）老年期：65歲以後。

目前，我們發展心理研究的主要內容包括下列五個項目：

第一、是兒童社會性的發展與成人的行為。社會性的發展貫穿於生命的始終，發展心理要探討一生中各階段不同的發展形式，瞭解各階段行為變化的過程以及相互作用。兒童社會性的發展涉及廣泛的內容，包括：親子關係、同伴關係、師生關係、親社會行為、攻擊性行為、性別差異、社會認知等多方面問題。兒童社會性的發展，對發展到成人和老年期的行為會產生重大影響。

第二、是家庭教養方式對兒童性格的影響。兒童的性格不是先天遺傳的，而是家庭、社會環境所致。家庭的溺愛、嬌慣，家庭的專制、粗暴，家庭的歧視、虐待，家庭的忽視、放縱，會形成兒童不良的性格特點。

第三、是青年叛逆心理的引導。獨立自主是當代青年共同的心理特徵。由於身體的快速發育，心理上具有了一種成人感，要求成人能平等地對待自己，反對過多過細的照顧、監督或包辦行為。成人過份的監護和管理，往往會引起他們的反感情緒、反抗行為，造成強烈的逆反心理。因此，加強與青少年之間的感情交流，意見溝通，幫助青少年正確認識社會、完善自我，是發展心理的研究內容。

　　第四、是成年期社會關係的正確處理。成年期是事業的高峰期，然而工作的壓力大，社會寄予的期望高，成年人自身也會有強烈的緊迫感。工作上要做出成績，生活上要照顧家庭；既要輔導孩子學習，操心孩子的品行，又要處理好夫妻關係，照顧漸衰老的雙親。

　　來自各方面的壓力使得成年期的人們負擔很重。許多成年人生活在事業與生活的矛盾中。婚姻出現裂痕也是成年期的一種社會現象。婚姻的問題不僅影響成年人自己的家庭幸福與個人的身心健康，而且還會直接影響到工作與社會。所以，進入成年期之後，調整好工作與家庭生活的關係是非常重要的。

　　第五、是老年「閉鎖心理」的調節。社會生活節奏的變快和老年人生活節奏的變慢是對老年人的一大挑戰。步入老年，生理的衰退和相應的心理變化，使老年人會產生對當前快速節奏生活的不適應。新技術革命是對老年人的第二大挑戰，使老年人承受著從業技術限制的強大心理壓力。對老年人生活的第三大挑戰是家庭結構的變遷，包括配偶病重與死亡。

　　兩代人的核心家庭取代了幾代同堂的家庭結構，使老年人會感到孤獨、憂鬱，影響老年人的身心健康，因而導致了老年期的閉鎖心理。所以，人到老年如何避免孤獨、淒涼，如何更好地延年益壽、歡度晚年是發展心理研究的重點之一。

三、階段性的發展

　　就人的發展而言，佛洛伊德曾進行過探討，並且提出了從出生到青春期的幾個發展階段，但佛洛伊德過高估計了發展中的生物學因素以及人性本能的決定性作用，而對兒童教養的經驗、社會關係以及文化對人發展影響的重要性強調不夠。由此現代美國著名的心理學家艾里克森便提出了貫穿人的一生的八個發展階

段。每個階段由一個發展任務或危機衝突決定，爲了繼續健康的發展模式，這些危機衝突就需要解決。

第一階段，是出生至1歲，基本問題是建立信賴。嬰兒剛來到世上，非常軟弱，需要很好的照料，對成人有很大的依賴性。如果此時能用良好的方式使嬰兒得到食物，使其感到溫暖和舒適，就會發展嬰兒的信賴感，形成希望的美德，否則就會焦慮與不安。

第二階段，是1至3歲，是發展中的自主性與羞愧、懷疑間的衝突。在蹣跚學步的時期，兒童開始堅持獨立，他們會說「不」，能夠走到自己想去的地方。在這個時期可以開始大小便訓練，讓兒童有自主感，相信自己的力量，不能生硬地限制，不能懲罰過多，否則兒童會對自己的能力產生疑慮，對自己的獨立性產生懷疑。

第三階段，是4至5歲，存在主動性與內疚的衝突。這一時期兒童的任務是發展自己的主動性。兒童對自己的未來雖然沒有很確定的想法，但開始了對生活的探索，所以這一時期的遊戲非常重要。透過遊戲來實現兒童對某種目的的追求，對未來生活的嚮往。

第四階段，是6至11歲，需要解決勤奮與自卑的矛盾。兒童進入學校，開始完成各種作業，獲得各種重要的技能，成就和能力感很重要。如果一個兒童在這時反覆經受失敗，主要是學習上的失敗，可能會形成強烈的自卑感。所以這一時期要讓兒童體驗到穩定的注意和孜孜不倦的勤奮帶給兒童完成學習任務的樂趣，這是兒童以後能滿懷信心到社會上發展自己能力的基礎。

第五階段，是12至20歲，青春期的基本衝突是一致性形成與角色混亂。青少年一方面鞏固了以前幾個階段中學習獲得的品

質，另一方面又能為自己確定生活的目的和職業的選擇，從而獲得自我一致性。否則對自己沒有正確的認識，形成不被社會予以認可的角色，導致角色混亂，而形成消極的一致性。此時，青少年重要的是發現自我、認識自我、完善自我。

第六階段，是20至24歲，基本的衝突是親密和孤獨。這一時期，青年需要形成深刻的、持久的個人關係，與別人建立親密的聯繫、愛的關係。雖然艾里克森認為最重要的親密關係是有義務的與異性配偶的性關係，這一觀點由於涉及的範圍狹窄而受到非難，但我們應該承認青年愛的美德，這會使青年產生強烈的責任感和奉獻的精神。

第七階段，是25至65歲，個人到中年其衝突是繁衍與停滯。繁衍的一種形式是生育，另一種形式是生產和創造能提高下一代精神和物質生活水準的財富，這在個人的一生中是更重要的。所以，艾里克森認為如果一個成年人沒有生產感和創造感，那他就是停滯不前，停止了成長。

第八階段，是人生的最後一個階段，包括衝突、自我整合與絕望。個人到老年對自己已經走過的生命旅程感到有意義，有一種滿足感、充實感、完善感，這就是達到了自我整合。可以把自己歸屬於一個更廣的文化或世界，會以一種超然的態度來對待人生和死亡，這種美德也會感染兒孫對世界充滿信任、信心和愛。相反的，個人的一生沒有價值，感到不滿意，在處於人生終結時，就會有一種失落感與絕望感。

我們可以看出，艾里克森對每個發展階段的衝突都有具體的描述，而且貫穿個人的一生，這在心理學的研究上是前所未有的，值得我們重視。

四、社會性的依戀

　　艾里克森的理論引起我們對個人一生中的社會化發展的重視。社會化發展，來自於乳嬰時期的社會關係。乳嬰的社會關係，其實非常簡單，他們主要是與照顧者的關係，而一般的主要照顧者自然是父母。乳嬰和照顧者之間形成的親密的、持久的情緒關係，發展心理學家稱此為「依戀」。

　　許多心理學家認為，依戀行為是有生物學根源的，它與吃飯一樣是兒童生存的基本需要。我們從動物心理學家哈羅的猴實驗，來看我們人類依戀的形成和發展。

　　哈羅的實驗是用兩個假的「母親」：一個是用金屬做的，但能提供食物（乳汁），一個是用柔軟的布做的，但不能提供食物。實驗中發現，如果強迫嬰猴做一種選擇，它們寧願與一個溫暖的、柔軟的、毛巾質料的「母親」接觸，儘管這個「母親」不能提供食物；而不喜歡與一個冰冷的、硬的、金屬質地的母親接觸。

　　雖然這個「母親」能提供食物，但它不可以擁抱，在它身旁沒有一種溫暖安全的感覺。哈羅同時也發現，被剝奪了肉體接觸的嬰猴，雖然其他方面給予很好的照顧，但它們極端膽小和畏縮，無能力和同伴建立良好的社會關係，生病和死亡率也較高。

　　因此，發展心理學家們越來越關心人類社會性依戀的形成。雖然人們能夠在任何年齡形成社會依戀，可是，我們這裡所探討的卻是這樣一種依戀：它是在嬰兒期，有機體既無能又不成熟時發展的，它對人的社會化發展有重要的影響。

　　1996～1997年我們曾就分離教養來看子女與父母的親密依戀

程度，進行了子女與父母早期分離的教養環境對其心理發展影響的探討研究，發現子女與父母的分離教養，影響子女和父母的依戀關係。分離時間越長，子女對父母的親密依戀、滿意信任程度越低，尤其是分離十年以上的，對兒童的影響極大。分離時間長是導致兒童與父母感情疏遠、依戀度低的一個重要原因，從而影響兒童心理的正常發展，以及兒童社會化的發展進程。

兒童的社會化是從家庭開始的，是在父母和子女朝夕相處、言傳身教的感情交融中實現的。一般說來，父母關心孩子，和孩子的互動頻率高，對孩子施加良好的教育影響，兒童的社會化就能得到正常進行，兒童社會化的正常程度和父母與子女間的互動頻率呈正相關。從某種意義上說，愛是一種天然的需要。

對於兒童，愛更是不可缺少，在享有充分的父母之愛的情況下成長的兒童，能獲得較多的智力激勵以促進智力的發展，能與人友好交往，性格活潑開朗。而子女與父母早期分離的教養環境，影響父母與子女間的感情交融，造成兒童與父母、家庭之間的不和諧、不信任，也影響兒童良好個性的發展。

大量的科學研究成果表明，兒童時期特別是幼兒時期是個人的智力、能力和個性發展的關鍵時期，也是個人的社會化的關鍵時期。如果錯過了這個時期，就不容易順利地獲得發展。可見，早期依戀的形成，對兒童期甚至一生的社會化發展起著重要作用。

五、發展階段特徵

個人從出生到成熟再到老年發展過程中的各個階段有各自主要的特徵。瞭解這些，就是瞭解自己，包括瞭解自己的過去、現在和將來。

　　第一、人生起點的乳兒期：這是人心理發展的第一個階段，也是一個人生長發育的第一個高峰期。這一時期主要是動作的發展。乳兒軀體動作的訓練應遵循首尾順序：抬頭、翻身、坐、爬、站、行走。

　　雙手動作的發展也有一定的順序：由無目的地亂抓發展到有目的地拿取；由整個手掌抓取發展到拇指和食指合作；最後是雙手雙目協調的抓握和擺弄物體。動作的發展擴大了乳兒活動的範圍和同周圍世界的接觸，對發展兒童的感覺與知覺有重要意義。所以，讓乳兒多看、多聽、多摸，訓練乳兒手、眼、腦互相協調的能力是不容忽視的。

　　第二、喜歡探索的嬰兒期：嬰兒最明顯的特點是動作增多，並逐漸向熟練、複雜、精確發展。雖然此時的動作仍不靈活，但活動的積極性很高。喜歡模仿，對周圍的一切事物都有強烈的求知欲望，總想瞭解這個神奇的世界。當會用「我」表示自己的時候，什麼都想「我來做」、「我自己來」，常常是「成事不足，敗事有餘」。這是人生第一個「危機期」。對於孩子的「獨立性需要」，不能一味滿足，也不能過多限制。一味滿足，容易使孩子任性、執拗；過多限制，則會挫傷其自尊心，變得順從依賴，缺乏主動性。

　　第三、活潑好動的幼兒期：活動範圍的擴大，使幼兒可以接觸到家庭以外的社會生活。成人的勞動實踐，人們相互之間的關係以及人們對各種事物的態度等都會引起幼兒的注意、興趣和參與的渴望。所以遊戲是幼兒最喜歡的活動。記得有人說過：剝奪兒童的遊戲，就等於剝奪了兒童的童年，也剝奪了童年的幸福。因此，要尊重幼兒的意願和興趣，觀察、引導幼兒的遊戲活動，使幼兒在遊戲中做一個公正的、善良的人，透過遊戲培養幼兒做人的良好品德這是非常重要的。

第四、金色的童年：從幼稚園進入小學是兒童生活中的一個重大轉變。初入學的兒童，缺乏學校生活的習慣：按時上課、不隨便在課堂上講話、要舉手發言，上學帶齊學習用品等；在學習上要按時完成作業，認眞仔細檢查作業，糾正作業中的錯誤，養成正確的書寫姿勢，即胸離桌子一拳，手離筆尖一寸，眼離書本一尺。因此，這一時期主要是培養兒童良好的生活習慣、學習習慣，端正的學習態度。培養良好的習慣要持之以恆，直到建立起良好習慣爲止。這對兒童以後自覺的學習奠定了基礎。

第五、黃金時期的青少年：初中至高中畢業，是人生成長歷程的關鍵時期。生理的迅速發育給青少年心理發展帶來了全新的影響。成人感的產生，獨立自主需要的建立，使青少年希望擺脫約束，希望和成人平等相處，極力在行爲上表現自己的成熟、穩重。但由於認識能力的不足，使他們又易感情用事，自我控制能力低，自我監督能力差。所以，青少年的健康發展需要成人的理解和關懷，教育與輔導。

第六、多事之秋的成年期：這是人生各發展階段最長的時期，也是生理、心理都已成熟，事業、生活均獲豐收的時期。然而事業的壓力、工作的緊張、繁重的家務、兒女的未來、老人晚年的幸福，使得成年人難得有輕鬆的機會，也使得成年人生活在多重矛盾之中。因此，成年期要注意身體心理的健康，保持愉快的情緒，妥善處理好多方面的關係，擔起承上啓下的重任。

第七、夕陽正紅的老年期：老年人由於生理、心理的衰退變化及生活環境的改變，會產生許多的不適應感，社會的發展進步又使老年人面臨著種種的挑戰。但是老年人是社會的寶貴財富，是社會文化的凝聚體，體現著社會文化的精粹，閃爍著社會文化的結晶。老年人應抱持積極的態度，樂觀的情緒，使餘熱發光，使自己的經驗、智慧代代繼承、發揚光大。

個人自我發展的實踐

我們關於人類從出生到老年期發展的討論，對於我們更全面地理解自己有什麼幫助？我們要說：「現在你可以看到，在成為更加完善的人的持續過程中，有多少強大的力量驅使你成為今天的自己。」由此，在你成長為成人時，可以對自己的過去進行反省。你可以考慮在不久的將來、以及未來的一生中邁向為你開放的種種可供你選擇的道路。

人類發展的光輝業績之一是，我們具有抽象思維的能力，因而得以判斷我們自身的發展及目前做出的行為的適當與否。我們有改變自己行為的充分可塑性，因為我們會積極尋求為填補、縮小自身發展的差距所需要的各種體驗。很明顯的，在我們發展成熟過程中的任一挫折，並不會招致終身的失敗。

一、與他人生活

理解他人的首要一步就是自我理解。我們對自己瞭解得越多，就越容易改變自己覺得不滿意的地方。改變對自己不滿意的地方，也就減少了把對自己的不滿歸咎於他人的可能性。例如，一個說謊的學生常常以為別人也在說謊。一個自私的學生會以為別人都是自私的。這種行為叫做投射（projection）——把自己的缺點、責任歸咎、推委於他人的行為。投射所發生的負面效果，使我們不能有效地和別人一起生活。

理解別人的第二步是要認識到，別人是經過學習而成為今天的他或她，他們就像我們會改變自己的行為一樣的改變他們的行為的。舉例來說，當筆者在一所學校當心理輔導時，一位教師談到了一個男生，他在班裡常常欺侮人，也不服從老師管教。幾天

後筆者同教師討論了這位學生過去的經歷。

他父母都不要這個孩子，他小時候哭上幾個小時，甚至撞得頭都流出血來，可是他父母仍不在乎。後來經過法庭審理，他離開家，被送進了一家孤兒院。此後，他再也不懂得什麼是愛憐和溫柔了。他從來不知道什麼是母愛、什麼是父愛。實際上，他唯一知道的社會作用就是搞蛋鬼。而在這一切之後他是在真正企求著愛。問題在於：他能夠真正信任別人、把自己對愛的需要表示出來嗎？筆者告訴這位教師，一旦這位學生知道老師是真正關心他的，他會改變自己的行為的。後來教師對這位學生的態度從憤怒變為深刻的理解。他現在熱心於幫助他而不是懲罰他。不久這個學生真的改變了對老師的態度。

早期預防的另一個例子是，一個學生智力很高，但是學校功課卻不及格。儘管大家做了很多努力，但沒人能使他把心思放到學習上來。其實根源在於他童年的經歷。他的父親是個律師，而她母親幾乎沒受過什麼正規教育。但是母親辦了家客店，賺了錢，也贏得了人們的尊敬。而父親的律師事務並不成功。

這樣，這位學生從小就知道了，好的教育並未能帶來事業的成功或是贏得人們的尊敬。他生來看到的就是這一切，因此再對他講什麼學習的重要性，不過是耳邊風而已。後來他退了學，在一家雜貨店當了名搬運工。這裡的關鍵是，童年時的一步預防勝於後來的十次治療。

二、理解父母親

沒有一個家長是十全十美的，也沒有一個家長可以期望他或她的性格和孩子的性格完全一樣。因此，衝突是難以避免的。但是我們應盡力減少衝突，儘可能增進雙方的理解。父母親如在孩子年幼時給予關心、指導和愛護，那麼他們到了青春期會變得更

成熟些。和那些與父母親關係不密切的相比較，大學生中與自己的父母關係相當親近的，往往更珍重自己，更易於同異性交朋友，對生活也抱更健康的態度。很明顯，減少青年人與父母親之間衝突的最佳時機應是在童年時。

衝突的發生，多半是在什麼行為是正當的認識之分歧上。我們生活在一個迅速變幻，日益縮小的世界上，因此，對今天的青年人來說，較為明智的是要記住：他們的世界與父輩的世界是不同的，同時也會與他們的子女一輩生活的世界不一樣。父母雙方 —— 上一輩的人與年輕人 —— 新一輩的人 —— 所能做的最好是：情緒鬆弛，坦然相處，尊重各自意見上的差異。

不過，只要青年人仍然和父母住在一起，他就應該和父母自由交換意見和看法。那麼，當他走向社會大舞台時，他就能更好地與意見相左的人們相處。此外，將來有一天，家庭中的這種氣氛還會重現，不過角色變了：你的孩子會接替你，而你則擔起父母的角色。我們希望你不會頑固不化、過於守舊的吧。

下面是一個學生給父母們的信。它代表了許多學生的意見和看法。文詞之間流露出坦白與真誠，值得為人父母者參考。

親愛的爸爸媽媽：

這封信是寫給全世界所有與「青年權利法案」有關的父母親的。我寫這封信，是為了使我們兩代人之間能更好地相處，這兩代人既由兒女之情連結在一起，又因為寬容態度的缺乏而被分割開來。我這裡想要說的，就是我和兄弟姐妹們向你們要求的，並且我們也將同樣回報於你們的一切。如果我們能在這些「權利之上建立起牢固的聯繫」，那麼，我就能夠為我未來的孩子做出同樣的努力，這樣，

有一天這個世界就會變得更美好。

請讓我們感覺到確實是有人愛我們、需要我們的——我們最基本的要求是希望得到愛、同時也愛他人。一個走向成年的青年需要這種愛，需要得到繼續成長的完全認可。他需要得到成年人在生活各個方面的指導。這樣他就能得到全面的發展，就會擺脫青年人成長過程中常有的虛幻空想而作出自己的抉擇。

然而，儘管有這種要求，我卻看到有多少和我同樣年齡的青少年走向了墮落，因為存在於他們和父輩之間的唯一紐帶，即對孩子的愛變成了一種義務。人們往往忘記了：哪怕是些微的愛，也比世界上任何東西作用要大得多、持久得多。這種愛來自許多方面，程度各異，並且出自種種原因，但是除非某些特殊原因，不應該把這種愛變成僅僅是一種義務而已。

請懷著深摯的愛來嚴格要求和教育我們——愛的表現之一是對紀律的要求，這既出於慈愛又非常嚴格。可是有許多時候，父母對孩子行為的惱怒壓抑了他們的慾望和進取心，而這樣做不過是為了你們自己的紀律要求而已。正確、有效的紀律約束，必須是出自於你們對我們的關心和愛護，這才是我們理解和需要的。

關鍵在於：應該對為什麼不同意我們做某事說明道理。如果你們能夠花些時間，向我們解釋：為什麼我們的選擇是錯的，你們就會對由此而產生的結果感到驚異。孩子的心靈本能地傾向於好學上進，一個經過明確解釋的規則會向他指明一時未能看清，但是能夠接受的東西。有時你們沒能認識到，我們之所以對你們的不同意見漠然置之，只是由於我們看不清前進的道路，而又沒有合適的機會來認識

這一點。

請不要讓我們覺得低人一等——這一點對我們更為重要，因為我們對在你們嚴密保護下的生活感到了厭倦。世界變得這麼快，我們不可能重複你們做過的一切。你們辛勤勞動，是為了使我們有一個更好的家庭環境、受教育機會和生活。那你們為什麼今天又否認這一點呢？「當我在你們這個年齡時……」這種老套的說法令人頭痛討厭。如果你們能給我們機會，那我們就會尊重、讚賞你們。我們會因為你們的信任而受到鼓舞，而你們的寬容同樣會使我們為你們感到驕傲。

請尊重我們的感情和思想——沒有兩個人會生來一模一樣。因此，讓一個人和另一個人抱完全一致的想法是根本不可能的。作為人，我們有權利、有必要保持自己的想法。我們的思想是在自己的生活環境中，與接觸到的事物和人們的交互作用中累積起來的，而這種生活環境你們不可能與我們完全相同。

正因如此，我們應該得到你們對任何人所表示的那種尊重。要是你們把意見強加於我們，這只會有礙於我們的個性發展，我們應該有自己的主張判斷。儘管我們可能會犯錯誤，如果你們在我們認識有錯時能公正地對待我們，我們就會很快認識並接受你們的正確意見，因為，你們首先尊重我們的。

請以對待常人的態度對待我們——我們是正常的人。說實話，你們的行為在我們眼裡未必就顯得那麼一貫正確。請記住，我們還年輕，而成年人往往只想把我們推到成熟中去。我們對在生活中發現的每一新事物都要經過審慎的思考，經過多方面的檢驗，才能決定接受與否。

正因如此，我們會經歷許多曲折崎嶇的道路，這你們或許會覺得奇怪甚至反感。請幫助我們找到正確的道路吧，而不要把我們只當作實驗室裡的標本，這樣只會使事情更糟。請回想一下，在我們這個年齡時，你們又是如何思考、成長的。

請讓我們感到，這個家是屬於我們的──我們多麼需要這樣一個地方，那裡我們可以自由自在，又仍能得到寬容接受。一個家不是展覽場所，而應該是一家人可以共同生活、互相幫助的地方。但事實上我們的家常常成了旅館，五個人擠在一起吃飯睡覺。因此我們中間有多少人轉向外邊去尋找另一個「家」，以致於來到「流氓堆」裡，僅僅為了尋找所需要的「諒解」和「寬容」。

請給予我們在自己的生活裡自由發言的權利──自從我們的生命在母胎裡被創造出的那一刻起，我們就成了一個與眾完全不同的人，我們的情感和要求都是獨一無二的。隨著這一個性的發展，我們有了自己生活的決定性因素。儘管我們必須對你們和其他許多人負責，但我們首先應對自己和上帝負責。如果你們肯設身處地想想，我們多麼希望得到別人的尊重和瞭解，那你們就會理解我們了。

不要為我們做什麼，而是與我們一起來做。我們知道自己的能力和願望，我們自己不願意、也不想在你們面前失敗丟臉。你們要是一下子就向我們提出過高的要求，那就很容易在雙方之間築起一堵牆。你們會發現，只要我們在你們的完全同意下可以決定自己的前途的話，我們會做得更好些。或許以後我們會發現你們是對的，但我們還有漫長的道路要走，一年時間和我們的未來相比，又算得了什麼。

請允許我們像普通的孩子一樣犯錯誤──我們都是人，人有時總要犯錯誤的。我們是你們理想觀念中的小小形象，你們經歷的事情，任何人，包括我們在內都可能碰到。只要你們能理解、寬容我們的過失，我們就會更爽快地原諒你們和其他人的過失。而你們如果對我們失望了，我們也會對你們失去信心──寬容，哪怕是最起碼的一點寬容，可以勝過一切。

請和我們站在一起吧──我在這裡提出的各種要求和看法，歸結起來一句話：請您支持我們做的每一件事吧。要是你們能做到這一點，那我們毫無疑問會成為善良美好的人。青少年失足犯罪，主要在於父母缺乏寬容態度。一個孩子對父母的需要、依賴可以從其他種種方面得到彌補，而幼稚的心靈往往很容易接受壞人的縱容欺騙。但只要你們站在我們一邊，我們就不會感到有什麼必要故意向你們表白證實自己，因而我們就會去做自己該做的事。

我們以這麼一種方式來寫此信，是想把我自己以及在我的朋友身上發現的思想感情戲劇性地表現一下。儘管我向天下父母親們全力推薦這樣一份「權利法案」，我覺得也應該有人寫一份給成年人。生活並不是單獨個人的事情，雙方都有可能犯錯誤。如果我們都能學會遵循這些和我們與之交往的人都有關係的準則，那麼，戰爭就會不復存在了。

最後，我代表不同年齡的全體孩子，向父母親和未來的父母親進一言。請記住，我們的生命是你們給的，是你們愛情的結晶，並不是我們要求得到它的。但是，既然我們已經來到了這一世界，那就讓我們共同努力，創造出一個我們將為之感到欣慰的世界吧。

你們親愛孩子 敬上

三、生活於社會中

年輕人應該有這樣一種認識，即自我一致性和社交關係都是為高一級的自我實現所必須的。永遠退出社會習俗當然不是維持自我完整性的最好辦法，而失去自我一致性也不是社會化的好辦法。目前已開展了多方面的工作以幫助青年人作為有價值的成員而進入成人社會。

1971年，美國國會提議，並經批准，通過了憲法第26條修正案，把公民的選舉年齡降低到18歲。這實際上是承認，今天的青少年在社會、心理和生理上比過去任何一代都要提早成熟得多。例如，今天的女孩子比100年前的女孩月經要提前4年，今天的男女青少年體魄要健壯得多，而且更為靈活敏捷。今天的體育冠軍成績要比20至50年前的冠軍高得多。

1972年慕尼黑奧運會上女子游泳項目的一些決賽選手的成績比1936年奧運會上的男子金牌獲得者還要好。還有跡象表明，我們的成人社會越來越與青年人結合起來了，青年人被選為或任命擔任公職和社會團體職務，對青年人要求社會正義和博愛的呼聲，也給予了更多的關注。

我們大多數人將有此機會，在自己的兒輩身上重新經歷自己的生活道路。父母親撫育子女時應著眼於他們的未來。基於我們現在觀察到的發展潮流，從自我實現型人身上揭示的特點表明，應給與兒童最佳的指導，使得他們在現在及未來過上幸福的、富於活力的生活。

從根本上說，父母親和照顧者應幫助兒童去學習創造性地愛和勞動。為了減少發生缺陷現象，保證每個嬰兒順利出世，應向一切人提供胎兒期護理和遺傳諮詢。嬰兒出生及出生以後，使人健康發展的關鍵即是相互作用；在受精時，是父母的遺傳因子的

相互作用；在懷孕期是遺傳天賦和母親的身體、化學和心理狀況的相互作用；出生以後，則是環境、遺傳和新出現的越來越居支配地位的自我概念的相互作用。

摘要

本章根據「自我的發展——建立認識自己的成長基礎」主題，討論三個議題項目：自我發展的重要性、開創個人的自我發展、個人自我發展的實踐。

第一部分：自我發展的重要性。內容包括四個項目：人類發展的重要、遺傳決定因素、環境決定因素、自我概念因素。

第二部分：開創個人的自我發展。內容包括五個項目：成長中的變化、發展心理研究、階段性的發展、社會性的依戀、發展階段特徵。

第三部分：個人自我發展的實踐。內容包括三個項目：與他人生活、理解父母親、生活於社會中。

思考問題

1. 從自我發展的觀點舉例說明人類發展的重要性。

2. 從自我發展的觀點舉例說明遺傳決定因素的作用。

3. 從自我發展的觀點舉例說明環境決定因素的作用。

4. 從自我發展的觀點舉例說明自我概念因素的重要性。

5. 請從「成長中的變化」舉例觀點說明如何開創個人的自我發展。

6. 請從「發展心理研究」舉例觀點說明如何開創個人的自我發展。

7. 請從「階段性發展」觀點舉例說明如何開創個人的自我發展。

8. 請從「社會性依戀」觀點舉例說明如何開創個人的自我發展。

9. 請從「發展階段特徵」觀點舉例說明如何開創個人的自我發展。

10. 請舉例說明如何在「與他人生活」中發展個人的自我實踐。

11. 請舉例說明如何在「理解父母親」中發展個人的自我實踐。

12. 請舉例說明如何在「生活於社會中」發展個人的自我實踐。

4

人格的理解

——塑造個人形象的無形力量——

人格問題的重要性

「人格」是我們人人都在使用，但又無人能夠完全理解其確切涵義的一個詞。甚至那些試圖給它下定義的心理學家們也像寓言中那幾個摸象的盲人一樣，往往囿於片面，各執一詞。當然，我們都想看到整個大象，都盡力想理解自己的人格和周圍的人們的人格。

我們都在思考下列兩個問題：

一、我們的真實面目是什麼？

二、在我們扮演的角色、做的遊戲和建立起來的正面形象的背後，我們是個什麼模樣？

在我們試圖理解自己的或他人的人格時，就往往陷於盲人摸象的境地。不過，把每一位盲人的印象放在一起組成的圖片將會提供一個比任何一位盲人的個人理解都好得多的描述。這裡我們將綜述人格發展的種種理論，提出研究人的行為諸側面的方法。

一、人格的意義

人格（personality）一詞是指影響人的行為、思維和感覺的特定方式的內部諸因素的總和。對大多數人來說，「人格」一詞的涵義體現在下面這些話裡：

他很有個性，

她很漂亮，但是沒有個性。

一對男女同校的學生在約會後可能會叫出聲來：「嘻，我

想我對她可瞭解了！」

我們是透過外表、說話方式和行為模式來判斷他人的人格的。反過來說，他人也用同樣方法來判斷我們的人格。

他人一旦判定了我們的人格，往往就根據這種判斷來對待我們。這種判斷常常是基於給人的第一次印象之上，有時甚至當這種印象是錯誤的、或者當我們的行為已發生巨大變化時，這種判斷也不改變。這種僅僅建立在第一次的一般印象之上的對他人的不變看法被稱作「成見效應」。例如：

在開學第一天，一位學生可能無意地對教師說了一句不得體的話，教師卻會在整個學期把他視作調皮傢伙，即使那位學生在第一天以後的行為一直很規矩，也難改變老師對他的第一印象成見。

在生活中，我們根據自己對他人的人格的判斷來決定對他們的取捨。僱主對僱員的雇用和升遷往往更多地取決於僱員的人格，而不是取決於他對業務的瞭解。受歡迎的學生通常是那些被認為有好的人格表現的學生。

人們相愛結婚常常因為他們相信各自的人格相投，喜歡相似的活動，具有相似的價值觀。這種判斷，不管是對人對己，也不管正確與否，都可能產生深遠的長久的影響。因此，當我們涉足「人格」這個神秘的領域時，必須小心翼翼，切忌自以為是。

二、人格的重要性

對「人格」的研究與你和你的日常生活有什麼關係呢？

假如你向不同年齡、不同職業的人詢問他們最急迫的個人問

題是什麼？許多人會回答說：「理解自己的同伴；理解自己的丈夫或妻子；理解自己的父母；理解自己的男友或女友；理解某一群人；或者是，理解另一個民族或文化集團。」

我們大多數人看到的只是自己周圍的個人的真實人格中很小的一部分；我們只看到他們所扮演的角色，父母、兒女、教師或售貨員。換言之，我們所看到的表面行為可能並不代表一個人的人格的主要方面。

在婚姻、戀愛、朋友關係中或合夥做生意時之所以會出現人際關係方面的問題，一個主要原因是在人格判斷中出現失誤。我們希望，透過對某些有關人格的心理學研究和理論的瞭解，你能更好地理解你自己的和他人的人格。

在此我們將討論一些試圖解釋個人的行為、思維和感覺的內容、方式和原因的主要因素和理論。人格理論包括：自我概念、精神分析、人格特性和社會學習等理論或方法。我們也將討論權威主義、基於社會變化的人格變化和道德特性等這些屬於人格的主要方面的問題。

人格描述的充分性取決於它的目的。在兩位相識的人之間的隨意談話中，下面一種對第三者的描述就足夠了：「她對人友好，又肯幫助人，大家都喜歡她」。

另一方面，對用人單位描述一位可能被聘用的人員必須詳盡一些：

> 瑪麗小姐作為辦公室經理人員，是既可靠又幹練的，她以前的僱主對她的評價極佳。她計畫和控制大商業公司的工作進度的能力已得到證明。在她的督促下，全體職員的工作士氣一直被認為是極好的。

而精神病院對人格描述的要求則十分嚴格，以至不得不求助

於臨床心理學家的幫助。下面是對一位15歲的精神病院入院病人的人格評估：

約翰，男，15歲，高身材，容貌討人喜歡。體檢時表現緊張、焦慮、思維不清、喋喋不休，對社會、醫院、母親，特別是對父親持批評態度。對體檢表現出極度的害怕和對立，因為他認為體檢結果可能使他繼續留院治療。他的推理大多不合邏輯，且不符合現實。他自認為是「大人物」，既無所不知，也不需要任何人的幫助。值得注意的是他不斷地修改或否定自己對他人所抱有的充滿敵意的、相互矛盾的看法。

他更多地為自己強烈的直接的本能需要所左右，而較少地受制於任何長期的目標或內在的價值觀系統。他因窮於應付內心衝突而無暇對外部刺激從容處理。因此，他就不能自由地對環境刺激發生反應，卻往往根據自己的需要在心中重建一個現實。這樣一來，他與現實的接觸就變得很脆弱。

由於對自己行為不當的根深蒂固的感覺進行明顯的過度補償，他已經為自己定下不切實際的過高的志向。他自認受到的他人對自己的頻繁抵制使他變得過分地不信任人，特別是對權威人物心存疑慮。由於他竭力想使有關的人對他真正產生興趣，他毫無疑問使自己成了特別討厭的人物。正因為這一點，要與他建立充分而有效的關係將是困難的和費時的，需要有無限的耐心和理解。

儘管如此，約翰對與他人結成密切的依賴關係仍具有強烈渴望。雖然心懷攻擊性和敵對性情緒，竭力把自己當成「大人物」，他還是願意做一個小男孩，沐浴在他人的柔情之中。他不像外表所顯露的那樣剛硬。在各項心理試驗和

諮詢時，他會不斷地修正自己的錯誤和陳述。不過，他覺
得扮演消極角色是不夠的，而攻擊才是人際關係的唯一基
礎。

實際上，人人都有意無意地在進行著對人格描述。為評估他
人的人格所應花的時間和努力的大小，則取決於這種評估的重要
程度。但是，在判斷他人行為時必須十分謹慎。認識一個人和理
解一個人之間差距甚大。認識可以來源於觀察和報告，而理解卻
必須建立在對他人行為的意義的發現以及正確評價的基礎上──
因為這裡講的是對人的理解。

三、人格的形成

可以把人格形成的決定因素分成兩大類：

（一） 遺傳因素。
（二） 環境因素。

人在出生時就被賦予了作為今後生理與心理發展的潛在基礎
的複雜基因群。遺傳基因可能成為今後發展的基礎，但是，一個
人的潛力是否得到實現，還要看他所處的社會環境如何才能決
定。

（一） 遺傳因素

已有許多人試圖估計遺傳和環境對人格發展的相對重要性。
我們已有證據說明，在貧苦環境中長大的兒童一般說來在語言和
智力發展上有不足，性格也有缺陷，如表現為情緒反應能力和交
際能力較差。然而，在這種環境中長大的兒童並不都是同樣地具
有這些缺陷的。

在不同環境中長大的孿生子在智力測驗上的成績，比在不同環境中長大的無任何血親關係的兒童顯出更大的一致性。孿生子在智力上的較大程度的相似性被解釋爲由於他們具有相似的遺傳基因。不過，有許多證據表示，兒童的智力是受到環境條件的影響的。

重要的是要認識到，遺傳基因信息不是固定不變的，就像用不褪色墨水寫下的字跡那樣，而是能被改變或消除的。各個基因往往以不同的方式在不同的程度上共同地發生作用，就如球隊的整體作用是各個球員作用的合成一樣。甚至像眼晴的顏色這種似乎很簡單的特徵，雖然主要地是由某個基因決定，但也受到幾個基因的相互作用的影響。

人的基因遺傳的最大作用是決定一個人的體質和生理特徵，包括：體形、身高等；決定他的內分泌腺功能，包括：能量、心率、汗分泌等。基因遺傳對人的思維、情感和行動的作用卻最小。即使是最堅定的基因遺傳論者也不會過分堅持下述觀點，人的態度或觀點，例如，政治和宗教傾向，是由基因遺傳的。

目前最可靠的結論是：遺傳和環境的作用是不能相互分開的。在任何特定的時間和地方，一個人的人格應該被看作是下列諸因素相互作用的結果：

1.他的獨特的遺傳密碼。
2.他誕生前和誕生以後的環境影響。
3.他對目前所處環境的認識。
4.對自己體內的無意識力量缺乏理解。
5.他的自我概念——這種對自己的評價是決定他的行爲的重要因素。

(二) 環境因素

社會心理學家和學習心理學家強調：社會——物質環境對人格發展產生最重要的影響。他們認為，人格的基礎是存在於人與人之間的各種不同的密切的相互作用。行為發生於社會的和物質的環境中，我們的發展方式，我們的目標和價值觀，我們的自我概念，都植根於我們的家庭和社會關係之中。

事實上，我們人格的一部分是我們自己和其他社會成員所共有的；這共有的人格部分被稱作「社會性人格」。人格不是在社會物質真空中發展的。在變化著的世界中，行為形成環境中的生存條件對一個人從出生到老年的人格發展有鉅大影響。

人們學會扮演社會角色的過程被稱作「社會化過程」。雖然「人格化過程」這個術語也許更合適「社會角色」是指一系列先天或習得的互相聯繫的基本行為和態度，是用來描述人們當處於一定的範疇、年齡和情境中被期待表現出來的行為。這樣，只要一個人習得了某一特定社會的種種行為方式，並能在其中發揮作用，他似乎就被認為社會化了。

我們認為，僅僅透過「調整」去適應社會規範是不夠的，在某些情況下甚至是不可取的。一個具有更充分人性的人不是必須接受社會上所有價值觀的人。適應社會不公正的規範，例如，種族歧視和服從第二次世界大戰時期納粹德國的邪惡多數等，決不是具有充分人性的人的行為。

記取赫伯特·西倫的話是有益的：「雖生而為人，還須獲得人性」。有誰對取得人性的必要性和重要性心存懷疑，不妨讀一下人類學者科林·特恩布爾所著《山民》一書。

他研究了非洲一個與世隔絕的叫「依克」的部族，該部族的一個常規作法是把三歲以上的兒童以及老人從家中趕出

去，任其自生自滅，不給予任何幫助。

對常處飢餓邊緣的依克族人來說，父母之愛或對他人憐憫之類的情感流露是被當作愚蠢的和非常危險的念頭來打消的。特恩布爾在書中寫道：「他們把一個活生生的世界變成了死亡的世界──冰冷的、缺乏熱情的世界，在其中沒有美，沒有憎恨，因為沒有愛，沒有對真理的認識」。

從依克族人身上可以得到的重要教訓是，有些經歷可能會使我們喪失人性，喪失愛、美、真理和所有我們現在如此珍視的種種情感。每當我們看到大孩子在欺負小孩子，看到一個女孩恥笑答錯了題目的鄰座男同學，看到一個教師給答對全部題目的學生以「不及格」的分數，或者我們自己遇上一個醉倒街頭的人而給他吐口水的時候，我們也許應該想一想依克人的習俗。

總之，人格係指個人內部的影響他的行為、思維和感覺的特定方式的所有因素的總和。不同的學者都試圖選擇和估量他們自己認為是最重要的性格因素。人格描述的深度和廣度取決於這種描述的目的；這種目的可能是出於對朋友的好奇，或者是招聘僱員時的人事手續，直至精神病院因診斷和治療需要而作的詳盡描述。決定人格形成的因素可分為遺傳因素和社會或環境因素兩大類。

人格的形成與發展

剛進入二十世紀時，美國一位最著名的心理學家和哲學家威廉・詹姆斯就斷定：普通人只用了他們全部潛力的極小部分。人

本主義心理學的創始人馬斯洛也相信人類具有大量尚未加以利用的潛能。與我們應該成為的人相比，我們只發揮了一小部分。我們的熱情受到打擊，我們的藍圖沒能展開，我們只運用了我們頭腦和身體資源中的極小一部分。然而，千百年來，人們對「顯能」的探索已經有了高度的發展，而對「潛能」的探討還遠遠不夠的。

事實上，「顯能」有如冰山的山頂，是生命能量中較小的一部分，而「潛能」則是生命能量中的較大的一部分。發掘人的潛能應該是全方位的，既注重顯能，也注重潛能。馬斯洛指出，所有的或至少幾乎所有的嬰兒，生而具有心理發展的潛力和需要。格倫‧多曼也指出，每個兒童出生時就有的潛在智能比科學家愛迪生使用過的還要大得多。

由於傳統的教育方式不能夠充分地開發人的潛能，語言已經不能代表教育的所有內容，現在，世界各國越來越重視人的素質教育。實際上，是將對人的培養由單純注重顯能培養轉移到對顯能和潛能的整體培養上來。

自從馮特開了現代心理學的先河之後，各種心理學如雨後春筍，流派紛呈。人格心理學是其中之一。它是在心理科學的框架內探討理解人的行為，闡明人的本性的心理學分支。

一、人格與個性

最廣義的人格概念的外延比個性概念的外延大：既包括心理方面的特質，也包括身體方面的特質，而個性主要指心理方面的特質。廣義的人格和個性同義，主要指人的心理面貌。

一般認為，當代的人格心理學是在美國心理學家奧爾波特的著名著作《人格：心理學的解釋》影響下發展起來的。當前西方人格心理研究發展迅速、盛況空前。西方的人格理論形形色色，

眾說不一。最重要的也是影響最大的當數佛洛伊德的精神分析、華生的行為主義和馬斯洛、羅傑斯的人本主義心理學。

佛洛伊德的精神分析是人格理論中內容最完整的。他重視潛意識的研究，重視早期經驗在人格發展中的作用，不僅擴大了人格心理學研究的範疇，對我們進一步研究個體行為的深層心理提供了條件。但他過分強調潛意識和性本能在人格發展中的作用，忽視了社會環境對人格發展的作用，遭到許多學者的批評。

行為主義心理學的研究是建立在對動物行為的研究基礎之上的。行為是由外在和內在刺激引起的。主張用客觀的方法來研究人和動物的行為，推動了心理科學的研究，對清除傳統心理學中的主觀性、神秘性等唯心主義因素起了積極作用。但它的機械唯物主義的哲學觀點，使其研究對象僅僅侷限在反應行為上；他們把意識摒棄在心理學研究對象之外，這就不可避免地要被其他心理學派所替代。

人本主義心理學是二十世紀五十年代和六十年代在美國興起的一種心理學理論，近年又有迅速的發展。因為強調人的本性及其主觀經驗的重要性，故稱人本主義。

馬斯洛是被公認的人本主義心理學的創始人之一。他認為心理學的研究對象應該是健康的人。他指出人類具有共同的價值觀和道德標準，它是人類的內在本性。馬斯洛第一次把自我實現的人和人類潛力的概念引入心理學的範疇。他認為自我實現的人是人類中的最好典範，是不斷發展的一小部分，他們精神健全，能充分開拓並運用自己的天賦、能力、潛力，他們也有本能需要，但他們在充分享受這些需要的同時並沒有成為這些需要的俘虜。

馬斯洛的人格的自我實現理論是建立在他的需要和動機學說基礎之上的。他認為由於體內某種缺失，使平衡失調，所產生的驅力只是需要的一種特徵。需要的另一種特徵是：一旦需要獲得

滿足,將會產生新的需要。即使生活在完全不同的社會文化條件的人,都具有七種相同的基本需要,這就是:生理需要、安全需要、歸屬和愛的需要、尊重需要、認識需要、審美需要和自我實現需要。

生理需要是最基本的。安全需要指避免危險和獲得生活保障,包括要求安全、穩定和受保護等等,減少生活中的不確定性。例如,兒童需要各種生活常規,否則就會表示焦慮。父母爭吵、離婚、意外事件的干擾,都會給兒童帶來不安,影響他們健康成長。當生理需要和安全需要基本滿足後,個人就會受歸屬和愛的需要所支配,包括接受和給予愛。如果不能滿足,就會感到孤獨和空虛。尊重的需要包括自尊和來自他人的尊重,即自信、自重、被他人尊重、工作成就、得到他人和社會的高度評價等等。如果不能滿足,就會產生自卑感。

在上述各需要都得到滿足後人便會有自我實現的需要。它是指個人特有潛在能力的發揮,創造力的發揮。馬斯洛認為,一個各種需要都能得到滿足的人,將會有最充分、最旺盛的創造力。

二、先天與後天發展

馬斯洛強調指出,潛能是比較微弱的先天因素,在後天才能發展和實現。潛能是主導因素,環境是限制或促進潛能發展的條件,環境的作用在於容許或幫助人類實現自己的潛能。馬斯洛在晚年提出了通向自我實現的八條途徑,其中包括:自信、有勇氣、堅持、不怕挫折、充分實踐、誠實等。這也是個人應具備的品質。

羅傑斯是人本主義心理學的一名有影響的理論家和倡導者。他的人格理論是從他的心理治療實踐和理論中發展出來的。這個理論的基本思想是:人類有機體有一種天生的自我實現的動機,

也就是最大限度地實現自己各種潛能的趨向，驅使自己發展，擴充和成熟。

羅傑斯認為，一個人在自己的發展過程中，由於與環境交互作用，逐漸把自我與環境分化開來。自我是一個人對其獨特身心狀況，與他人關係整體的覺察和態度。在自我的形成過程中，關懷和尊重的需要起著重要作用。當一個人的行為獲得積極的機體經驗同時，又能得到他人的關懷和尊重，他的人格便容易得到正常發展，反之易產生焦慮情緒，防禦心理，歪曲或迴避事實，引起人格混亂。

六十年代後，羅傑斯把自己的理論擴大到教育方面，呼籲要革新教育思想和教育的方式方法，提出以學生為中心的學習。

人本主義心理學從尊重人、相信人的巨大潛力的基本態度出發，重視研究健康人的發展，人性的自我實現，受到西方心理學界的重視，產生日益廣泛的影響。但他們對人的本質的看法不全面，甚至是不正確的，強調自由選擇，自我設計，忽視了心理與行為的社會制約性。

人人都有潛能，開發潛能，從根本上而言，就是尊重人的正常需要並給予滿足，讓每個人的潛力得到充分的發揮。這是當今社會對我們的要求，也是自我發展的重要內容。

人一生的創造力有多大？
人的創造力又是如何被毀滅的？

有一位教育學專家曾說過：「在今天東方的社會裡，坐著的是學生，站著的是老師。」而在精神上，這種局面恰恰打了個顛倒，站著的老師佔據著至尊之位，而坐著的學生的軀體內，卻掩藏著一個戰戰兢兢地站著、甚至跪著的靈魂。

東方傳統的教育模式，基本上是專制式的。學制、教育計

畫、考試制度、教材，以至於教學方法，基本上都是定死了的；
學校和教師的作用，就是按照這一套基本定死了的東西向學生施
教，學生則被調教成被動吸收知識的機器。在這種教育模式下，
教師，尤其是缺乏主體意識的教師，往往無視學生的人格，不惜
扼殺學生的思考力與想像力，而將學生納入單純的應試的軌道，
不惜佔有學生自由發展與休息的時間儘量佈置作業，以確保自己
所教課程的考試成績不落在別人之後，甚至動則訓斥、體罰或變
相體罰學生。

對這樣的學校、這樣的教師，我們哪裡還敢奢望他們對學生
進行人格教育呢？他們如何能因材施教，培養出富有創新意識的
學生呢？

當今世界很多國家紛紛提倡的開發青少年創造力為核心的人
格教育，著力培養有個性、有獨立思考精神、敢於標新立異的人
才。這就要求我們走出傳統教育的誤區，重新認識人的創造潛能
的開發環境和動力。

人接受的第一個文化環境是家庭，母親常常是第一個老師。
家庭文化的優劣對人的影響很大，常常可以塑造影響人的一生的
文化性格。望子成龍是每一位家長的良好願望。所以，父母能夠
給予子女的真正幫助，應該是在日常每一天的教育中，關注孩子
的素質的培養和能力的提高。良好的個人素質與能力才是父母給
孩子的最好的禮物，這個禮物能夠陪伴孩子的一生，有了這個禮
物，孩子就能夠坦然面對和處理未來的任何困難和挫折，就有了
受用不盡的護身法寶。

母親是最好的老師，愛，就是從母親身上學來的。假如一個
嬰兒出生在一個關愛的家庭，當他半夜三點醒來，並且開始哭
啼。他的母親會趕快把他抱起來，他可以隨意地躺在媽媽的懷抱
裡吃奶。這樣的情形反覆出現，那麼這個孩子就會從小學到：當

自己產生需要時，就會有人注意並幫助他。那麼在他成長以後就可能成為一個心理發育良好的人，懂得關愛自己，同時也懂得關愛別人。

如果反過來，這個嬰兒出生在一個冷漠和粗暴的家庭，同樣當他半夜三點醒來並開始哭啼時，他的母親很冷漠，不理睬他，等他哭夠才粗暴地抱起他。母親的冷漠和僵硬的懷抱使才幾個月大的嬰兒產生心理挫折，雖然他的心理發育才剛剛萌芽，久而久之，他就會學會；沒有人會真正關心自己。那麼在他成長以後就會出現種種心理問題，例如，退縮、孤獨、乖僻、攻擊等。

當我們考察古今中外許許多多的成功者時，發現大多數成功者都得益於自己的母親。

三、自我的實現

馬斯洛認為，人人都有一種對於成為自我實現的人的先天性追求或傾向，但並非人人都能成功。人的創造潛能的開發取決於人的基本需要是否獲得滿足，特別是尊重、關懷和愛的需要的滿足。假如父母用愛和尊重來對待他們的孩子，那麼，儘管他們可能會犯錯誤，但他們望子成龍的想法都會如願以償。

兒童需要在早年生活中就體驗到成功，這有助於兒童自信心的建立，也是他們創造的動力。而那些只體驗過失敗的兒童很容易就放棄努力，形成自卑感，失去創造的動力。所以，在童年教育中，保護兒童的欲望，保護兒童的好奇心極為重要，因為這是一生的驅動力。愛迪生在自己的童年曾做過一件荒唐的事：他每天抱著一隻雞蛋模仿老母雞孵小雞。儘管他的這種作法不能夠實現，但他的這種精神卻比黃金還貴重，因為他造就了世界上一個偉大的發明家。

事實上，人人都能成功，關鍵要培養孩子的成功心理。父母

與其說孩子不行，不如說孩子哪點能行，不要過早給剛剛起步的孩子下結論，要把每個孩子都當成天才來欣賞，當成天才來培養。自尊心的保護和培養是童年教育的主題，這是讓兒童珍惜自己的價值。

> 有一個叫安安的國一女生，原來考試在班上都是中等以下，爸爸媽媽提到她總是搖頭，罵她笨。她覺得所有的人都用鄙視的眼光看著自己，整天抬不起頭來。一次在嘗試成功培訓班上學習快速記憶法，速度很快，老師誇獎了她。安安的眼睛一亮，發現自己原來並不笨。回家後，她要求家長寫一張短文，她用二十秒從頭看到尾，然後編成故事，一字不差地背出。父親不信，給她一段文言文，她用20秒鐘就有聲有色地背出。父親笑了，誇她是個聰明的孩子。如今，安安完全恢復了自信心和上進心，在班上當了語文課代表。她信心十足地說：將來要當一個出色的外交官。

東方人的教育目標和西方人的教育目標有很大的差別。東方人讚揚孩子時一般會說：這個孩子真聰明；而西方人則說：這個孩子有創新意識。兩句話中的區別，反映了兩種不同的教育目的。東方人的教育是理解和記憶，而西方人的教育目的則是創造。真正的價值是由創造產生的。

學習的目的是為了創造，不是為了增加記憶負擔。現在普遍的問題在於教育將孩子的大腦視作一個容器，而沒有視作火把。知識豐富的人未必具有創造力。

東方的教育學家曾倡導過六項解放：解放孩子的腦，使他能想；解放孩子的手，使他能幹；解放孩子的眼，使他能看；解放孩子的嘴，使他能談；解放孩子的空間，使他能到大自然大社會

中去獲取豐富的學問；解放孩子的時間，便他能發揮創造力。

　　智力上的成就，在很大程度上依賴個人的正確學習。在孩子的成長過程中，最重要的是教孩子怎樣做人，這光教孩子多識幾個字，多做幾道題，多背幾首古詩，更為重要。孩子有了堅韌不拔的毅力，有了吃苦耐勞的精神，有了謙虛好學的品格，就有了取之不盡、用之不竭的精神食糧。

　　創造意識是孩子最寶貴的終身財富，但我們的教育方法常常是壓抑孩子創造的。我們總是把約定成俗的東西灌輸給孩子，卻沒有留意孩子的提問中常常帶有創造性的突破，那可能是我們終身追尋都不會得到的東西。

　　當我們看到許許多多本質很好的孩子逐漸變得越來越懶惰、不負責任、不愛學習、缺乏自信心和進取心，甚至患心理疾病時，我們應該冷靜地反覆思考在孩子的生活環境和生活歷程中到底什麼地方出了錯？我們應該找出不適應的環境因素，我們應該為孩子營造適應社會發展和變革的條件與環境。

　　我們必須認識到，在我們熱衷於以自己的判斷代替孩子的判斷的同時，我們自己的觀念以及我們採取的方法本身也已在相當程度上過時了。我們對孩子管教過度，剝奪了他們自我學習的機會，從而削弱了他們適應社會的能力。

　　瑪莉出生在一個知識分子家庭。父母在事業上頗有成就，對女兒的管教也非常嚴格。上高中時，對文學和外語興趣濃厚的她，被父母強制學習理工科。考上的大學是她根本不喜歡的一所二流工科學院。人家上大學喜氣洋洋，可她卻度日如年。

　　大學畢業時學習成績一般，但她的英語學習成績突出。她想到一些公司去應聘，希望脫離自己不喜歡的專業。瑪莉

的父母卻利用職權和社會關係，為女兒謀到一個很不錯的職位，而且是工作輕鬆，待遇很好，從而逼她就範。但瑪莉上班後發現，那是一個可有可無的「職位」。周圍的人似乎都知道她是靠父母的關係來的，因而對她並不友好，有的冷嘲熱諷，有的阿諛逢迎，使她每天如坐針氈。

上班一個月，她說什麼也不去了。父親對她大發脾氣，母親又聲淚俱下地求她，瑪莉只好時不時地應付著，並且嘗試到其他單位應聘。可是父母的態度和工作單位上人際關係的緊張，使瑪莉情緒低落，對前途感到十分迷茫。她想從事自己喜歡的與文科有關的工作，但又沒有這方面學歷，應聘中一直很不順利。她想努力考個文科的研究所，於是四處奔波打聽適合自己的專業和導師，又感到沒有信心，整日煩燥、焦慮，看書看不進去；她希望自己搬出去住，使自己能夠冷靜地考慮一下自己今後的發展，也可靜下心來學習，準備研究所考試，但母親無論如何不讓她出去住。瑪莉在萬般無奈的困惑中，出現了周期性的情緒病發作，有時又哭又喊，與父母大吵大鬧，甚至還曾動手打過母親；有時早晨不起床，不吃不喝，整日昏睡。她的工作單位已經下了最後命令：如再不好好上班，就以辭職論處。母親情急之下帶她找心理醫生。

本來很有希望的瑪莉，就這樣在父母的強行塑造中毀了。這難道不值得各位家長深思嗎？

我們忽略了讓孩子們從生活中學習，從環境中學習。而青少年的天性需要從身邊的事物中學習以調整自己的行為、交流感情，形成樂觀、積極、主動的人格和進取精神。任何強制性學習壓力都不能做到這一點，只有生活本身才能最好地教育孩子。

我們應該強調課餘活動的不可替代的作用。對青少年而言，所有創造性思想的培育都需要書本知識以外和課程內容之外的知識的投入，這需要發自內心的興趣和不屈的追求，就像少年愛因斯坦一樣，需要獨立思考，需要課外讀物和課外活動為中心的知識之燈提供燃料和動力，直到它終於發出明亮的光輝。我們給孩子留下太小的思維空間和活動空間，而擠佔孩子的自由空間就等於排擠了下一代的創造性，這意味著扼殺了人類最有意義的精神活動。

讓我們聽聽一位高中生的心裡話吧。

只有兩個月就要考試了，老師和同學們一樣都非常緊張。同學們玩命，老師也不把我們當人，每天的作業多得可怕。平常不說，就說今天，英語、物理和化學就好幾道題，數學也有十多道非常複雜的計算題，另外，還要寫兩篇作文。這麼多的作業，堆起來像一座小山，而且要求明天早上上課前交，不交後果自負。我今天無論如何也做不完。

我們每天除了正常的課外，晚上補習，補習過後有自習，一共加起來差不多十一節課，再加早讀，就是十二節了。有的同學為了完成作業，開夜車到深夜。我很擔心，照這樣下去，我們的身體不知要成什麼樣子。我每天早上六點起床，晚上幾乎都在十二點以後才能睡覺。白天上課一點精神都沒有，像個重病人，根本沒有少年活潑的朝氣。我忘了「少年不知愁滋味」這句話是哪位名人說的，我對這句話產生了懷疑。難道真的不知愁滋味嗎？不是的，我現在就很苦惱。

心理學研究表明，當孩子們受到的壓力超過他們的承受力

時，會導致孩子形成恐懼心理，他們往往缺乏自信，對什麼都不感興趣，有時甚至對生活也失去信心。

我們透過簡單增大知識灌輸量並強化以分數為中心的競爭機制來回應信息技術社會的變化，我們因此壓制了社會發展的基本要求、創造性和多樣化。這使我們的孩子不堪重負，並挫傷了多數孩子的自信和學習樂趣。我們已經認識到教育制度的弊病，但我們同樣需要理解，教育制度弊病的深層根源在於社會的觀念，它並不能靠行政命令和條例規定的改革而得以解決，而只能靠社會的創造性思維和活動去探索通向未來之路。

發展完整的人格

關於發展完整人格的議題，經常圍繞在我們心頭的問題是：

我的真實面目是什麼呀？
在我的外表背後，我的能力、才能和力量如何？

可是，教育工作者們似乎把什麼都包括到課程中去，卻偏偏遺漏了對人本身的理解這門課程。心理學家們透過測試，問卷和交談來評估人格。然而，我們大多數人無法進行這種人格評估。我們必須依靠其他方法來評價自己。

一、改善自己

我們所有的人都依據自己行為的成敗，在不斷地評估和修正自己的行為。我們能夠以自己的知覺、概念和態度為題寫出長篇大論。我們對自己的自我力量、超我力量和自我活力也有所瞭

解。使我們傷腦筋的可能是：這種自我評鑑的精確程度到底怎樣。

> 我們是否能夠自我現實？
> 是否過高估計了我們的能力？

對這些問題的回答可以在我們將來的人際關係中，以及在我們爲達到我們的目標而必須完成的任務中找到。關鍵的是，自我評鑑將有助於我們在未來把工作做得更好。

事實似乎是，當某人感受自己的所有方式都被接納進有條理有意識的自我概念中去，那末，他就會感到自在，感到已擺脫在心理調整時所經歷的緊張感。換句話說，這種自我剖析過程使人有可能把所有對自己的瞭解綜合起來。當一個人對自己有如此的瞭解，他就不大可能再犯許多錯誤或者去擔當自己力不勝任的工作。

你對自己的看法──不管這看法是錯還是對──是你過去經歷的產物。你可能變成怎麼樣將取決於你將來的經歷。積極型的人，包括（承擔新責任，學習新能力，經受新情緒）總是處於建立一個更富活力、更使人振奮和更深刻的人格的過程中。

請記住：你是你自己人格的建築師。自己無數不同的經歷就是構築你人格的材料。你越深入你周圍的世界，你接受它所提出的挑戰越多，你也就有更多機會來檢驗你對自己的看法，構築你自己的人格。

二、與他人生活

也許，上面關於人格的討論至少已稍稍改變了你對他人的看法，使你對爲什麼兩個人，即使是同卵孿生子的人格決不可能相

同這個事實有了更好的理解。

如何才能更好地理解他人的人格呢？

當你開始認識到我們大家是如何形成自己獨特的人格時，這個任務的一部分就已經完成了。然而，有某些方法，其中一些仍是探索性的，似乎有助於人們變得對同胞更敏感更同情。下面讓我們討論一些方法。

第一、敏感性訓練（sensitivity training）。幫助人們變得更體諒他人的一個新方法；敏感性訓練這種方法在本質上是包括一組人，在一定時期內，在許多不同層次上互相作用。在一個層次，他們透過互相觸摸身體而不進行任何言語交流，在純粹身體的基礎上互相作用。在另一層次，他們可能公開地交談，告訴對方自己的感受。

雖然這些方法仍然是具有極大的探索性，似乎有助於人們能更好地一起工作，特別在實業和教育機構裡。當我們更好地相互理解時，同時，我們也就學會了如何更好地一起生活。

第二、自我揭發。另一個似乎有助於發展更健全的人格，也就有助於我們更有效地理解他人的方法是自我揭發過程。這就是，把你的情緒盡情地表達出來，你不再掩飾你的感覺和態度。越坦率、自我揭發越徹底的人，成為自我實現型的人的可能性也就越大。

第三、角色扮演。常用來幫助理解他人人格的另一方法是透過角色扮演。那就是，你扮演另一個人的角色，包括：教師、丈夫、妻子、母親、父親或孩子，設法從這個角色的眼光來看世界。

第四、使用大腦的兩半球。正如在前面已討論過的那樣，研究證實，大腦兩半球的心理功能有顯著差異，而我們卻沒有能使整個心靈，它統轄人類行動的整個範圍，受到教育。

　　大腦左半球控制分析和邏輯思維，一直受到人們的重視，然而，通向我們的非意識的最富創造性思維的大腦右半球，相對來說卻受到了忽視。超個人心理學正把注意力集中在受大腦右半球影響的思想和行動上。然而，最新的研究提出，要達到個人的潛力的最高水準，只有透過大腦兩半球功能的綜合發揮。

　　一個希望是要創造出把腦右半球的創造性才能和腦左半球的解決問題的技巧結合起來的辦法，創造性才能加強了對新步驟新領域的探索。這也許是美國醫學院校入學考試現在把測試創造性思維也作為內容之一的理由。

　　第五、旅行。雖然這通常並不被認為是理解他人人格的方法，但是，毫無疑問，到國內和世界其他地方旅行過的人往往能更好地理解和容納他的同伴。透過看到由於多種因素，例如，天氣、宗教、文化、習俗、政治制度等等的作用，各文化和種族群體之間的差異是多麼大，一個人就變得更寬容，更理解下述事實，所有的人都具有相同的基本動機，但是，他們滿足這些動機的方式各不相同。

　　第六、更好地理解自己家庭成員的人格。如何才能更好地理解你家庭內的人格模式呢？你也許對家人中較穩定的人格模式有相當的瞭解，而且想擴大這種瞭解，從而能進行更有效的交流。

　　你什麼時候有機會觀察家庭成員處於不同的社會角色？
　　你是否見過你父親在工作中扮演的工人角色？
　　你是否見過你母親扮演過除了母親的其他角色？

　　更好理解他人人格的一個方法是觀察他們扮演不同的，而人人都必須扮演的角色，包括：學生、僱員、男朋友或女朋友、同輩集體成員等等。

　　有時候，一起工作和遊戲的家庭成員之間就有了相互影響的

更多的機會。作爲整體中的一位成員爲完成某一家庭計畫而工作常常就使人有了一個自由表達個人感受的機會。

三、在社會生活中

生活在社會中，指的是我們有越來越大的需要和處於其他文化群體和其他機構，例如，學校、社區、工作場所、政府機構中的人們一起生活。

在某種意義上說，社會的這每一部分往往都有其鮮明的人格特徵，這就是說，都有其特定方式來行事處世、獎賞合人心意的行爲和懲罰違反既定法則的那些人。取得集團成員資格就意味著一個人願意接受某些行爲和思維方式。有誰想改變自己所處的社會群體的某些特徵，他必須遵循能引起這些變化的既定步驟。

第一、生活於一個較小的世界裡。我們能預料到來自世界其他地區的人們的行爲與我們不同，不過，這些不同並不是那麼重要。如果我們想理解他人，我們切不可過分看重諸如飲食習慣和談話方式這樣的表面特徵。

例如，阿根廷來的牧人的樣子在我們看來很奇怪，不過，只要給他換上德克薩斯的牛仔裝，把他的套馬索也換一根，事實上，我們就看到了一個美國人。或者，帶一個印度宗教教師上理髮店，從當地百貨店給他買一套衣服，他處於一群美國人中間就區別不出來了。

換言之，表面行爲僅僅是滿足人所共有的基本需要的不同方式。我們應該預料到，來自不同文化背景的人對完全相同的情境反應不同。如果我們希望在與不同背景的人一起生活時不致引起「文化衝擊」或不安感覺，我們應該研究作爲他們行爲基礎的經歷，即他們的歷史和他們當前的文化。

　　他人的內心體驗不可能被直接觀察到，除非我們已經和他們一起生活，並有了共同的經歷。

　　第二、生活在學校或工作中。能與他人友好相處是在一個變動的多元文化的社會中有效地生活的一個必要條件。生活在這樣的社會中之所以產生興奮情緒，部分地是由於在這個社會中存在著極其豐富多樣的態度和行為。

　　W‧P‧小佩里在哈佛大學進行的研究有力地指出：智力充分發展的一個必要經歷是在學校中能接觸一個多元的學生群。事實似乎是，一個多文化多種族的社會能提供一個多重參照系統，而這種參照系統對充分地探索認知發展諸樣式和階段是必要的。身處多元的學生群有利於複雜多樣的智能的發展，間接地也有利於提高道德推理和道德行為。

　　人格是對人的行為、思維和感覺的特定方式產生影響的諸因素的研究。不同的理論選擇並測定各自認為主要的人格因素。自我概念人格論、精神分析人格論、人格特性方法和超個人人格方法是具有代表性的人格研究理論和方法。

　　有些人表現出控制他們大部分行為的人格模式。這些人格模式有權威型、內省型、傳統型、他向型以及道德發展。

　　有關人格的一些綜合性原則似乎得到絕大多數心理學家的支持，雖然他們的理論各不相同。這些原則是：

（一）人格在很大程度上是人們在家中與父母兄弟姐妹相處經歷的結果。

（二）人格的核心在人生早期即已形成。

（三）人格模式可能改變。

（四）我們的社會對人格形成產生直接的重要影響。

摘要

　　根據「人格的理解——塑造個人形象的無形力量」主題，討論三個主題項目：人格問題的重要性、人格的形成與發展、發展完整的人格。

　　第一部分：人格問題的重要性。內容包括三個項目：人格的意義、人格的重要性、人格的形成。

　　第二部分：人格的形成與發展。內容包括三個項目：人格與個性、先天與後天發展、自我的實現。

　　第三部分：發展完整的人格。內容包括三個項目：改善自己、與他人生活、在社會生活中。

思考問題

1.何謂人格（personality）？請簡要定義與說明之。

2.人格的形成牽涉到兩個重要的決定一素，請舉例說明。

3.請從人格形成與發展的觀點，說明人格與個性的關係。

4.請從人格形成與發展的觀點，說明個人的先天與後天發展。

5.請從人格形成與發展的觀點，舉例說明個人的自我實現問題。

6.請從「改善自己」的觀點，舉例說明如何發展個人的完整人格。

7.請從「與他人生活」的觀點，舉例說明如何發展個人的完整人格。

8.請從「在社會生活中」的觀點，舉例說明如何發展個人的完整人格。

9.請從附錄的心理測驗，做個人的性向測驗，並分析你的得分。

10.請參考心理測驗的諮詢部分，舉例說明你個人的性向特點。

5

認知的理解

──進行推測外界的判斷歷程──

本章重點

認知問題的重要性

創造性的活動

認知的重要性

人類認知的發展

運用信息加工

與外界信息交換

認知的工具性

認知的階段性發展

認知的有效應用

在日常生活中

與他人生活

在社會中生活

心理測驗：你的自我啓發性如何？

測驗部分

評分部分

諮詢部分

摘要

思考問題

認知問題的重要性

世界處於永恆的變化之中。認知是試圖理解所有這些正發生的變化的努力。學習使我們能分類和儲存信息，思維則使我們能利用信息來解決問題。例如，在我們能解一道數學題以前，我們必須先學習數字和符號的意義，而為了學習數字和符號的意義，我們必須先能夠精確地觀察這許多記號。

認知似乎是一個只需要看、聽、摸、嘗、嗅的簡單過程。然而，我們在此將試圖說明：認知是一個高度個性化的過程，是牽涉到我們的以往經歷、情緒、動機和其他有意識或無意識的過程。

一、創造性的活動

外部世界給我們提供了同一幅畫面，但在其中看到了什麼也取決於個人。從這個角度看，認知是我們最富創造性的活動。根據D·範本的看法：不同的人對同一情景反應不同！在這個程度上，創新可以說是人的神經系統的內在特徵。這樣說來，我們每個人都是創新者。因此，我們無可避免地具有創造性。數學裡的法則是為我們而創立的，但是在認知中，我們常常自由地創造我們自己的「法則」，從而也創造了反映外部世界的圖像。

某天早晨上課時，在沒有事先通知的情況下，就讓全班學生站起身來到校園去默默地走一圈。在整個散步過程中沒說一句話。十分鐘以後回到教室，把紙發給學生，要求他們寫下自己在散步時看到的情景。下面是其中的幾篇：

傍著理科大樓走時，我看到牽牛花，想聞聞它的香味，但

是沒有聞到。我還看到草坪剛被修剪過，澆了水。看到本蘭樹上有兩個花蕾……。

出門時，我看到小夥子們殷勤地為女孩子們開門。下樓梯時，我注意到人們臉上詢問的神情。進了院子，我看到人們愉快地坐在一起，或者獨自坐著。陽光從樹葉間灑下來，鳥兒在飛翔、歌唱，好一幅安寧和平的景象。我還看見有人睡在樹蔭下，有人坐在長凳上，有人趕著去上課。在全班散步時，我看見了學校的院子，覺得它一定得到了精心修整。樹長得又粗又壯，草坪修得短短的，真好看。人行道整潔無塵。還有，教室外面顯得比裡面更暖和更清新。是不是能有一天再來散步？

開學第一週，老師通常要求學生分小組坐在一起，互相介紹，交談十五到二十分鐘。然後，他們就寫下關於小組裡自己以前從未遇見過的某人的第一印象。下面是三個學生寫下的有關同一個女同學的第一印象：

我對她的第一印象是，她有使人愉快的好性格，會是一個容易談得攏的好人，很幽默，對生活、對學校都抱有熱情的態度。

我對她的第一印象是她能說善道，不管談什麼題目，她馬上就接過去了。這照理說不能算缺點，可就是她往往又馬上轉到其他的毫不相關的題目上去了，不給別人講話的機會。她似乎非常不成熟，而且舉手投足之間有點盛氣凌人。

她喜歡說話，似乎很容易結識，對人友好，生性快樂。

上述兩個例子說明了也許是理解個人行為的獨特性的最重要

的原則之一：與其說是我們的環境，不如說是我們對環境的認知方式，塑就了我們的行為。沒有兩個人會以完全相同的方式來觀察現實。

二、認知的重要性

你可能會說：「誰不知道這個簡單的事實！」也許是這樣。但是，請想一下這個原則所蘊含的意義。關於人的認知的這個簡單事實與人類最重大的一些問題直接有關。說得近一點，也許它和我們的許多個人問題有關。

讓我們舉一個具體的例子：

某女學生正在認真考慮離開家庭，因為，在她看來，她父母不近情理。他們不讓她平日去會男朋友！週五或週六去約會時半夜以前一定得回家。回到家，父母還沒睡，開始「審訊」她。有一次，當她拒絕告以詳情時，父親罵她不要臉，而母親卻不斷問，是不是和男朋友很親熱了？

從女兒的觀點看，她父母的行為是完全不必要、不公正的，特別是因為她和那個青年人還談不上親密；而且他倆都認為應把性關係留到結婚以後。然而，我們向她指出了，如果她能理解父母怎樣看這件事，以及為什麼這樣看，那將是有益的。

又問她，是否知道她父母年輕時的戀愛經歷？她當然不知道。於是，向她建議，是否找個時間與父親或母親隨意討論一下這個題目。

三天以後，她興奮地跑來說，已跟父母談過了，發現他們當時都有約會的完全自由。事實上，他們的父母似乎從不為他們擔心。她父親還告訴她，他年輕時參加過一些很放

蕩任性的晚會。談話結束時，他們對她說：

「我們知道，青年人被放任不管時會做些什麼；我們不想讓這些事再一次發生在妳身上！」

這個學生很高興，因為她現在知道了父母不信任自己的原因。在某種意義上，他們在她和她男友的身上看到了自己的過去。儘管沒有解決眼前的問題，但是她現在能容忍父母在這個問題上的感覺了。她知道他們並不想對她刻薄。她看出他們是部分地用他們自己的經歷所造成的罪惡感來看這個問題了。

我們希望現在你能更清楚地瞭解，爲什麼我們認爲「認知」在你的理解發展中是最重要的一部分，有以下四個理由：

第一、我們將討論爲什麼你用你自己的方式來認知世界。
第二、討論別人可能用與你不同的方式來觀察世界。
第三、我們將試圖幫助你改進對外部世界的知覺，用更現實的方式來觀察它。
第四、我們希望你能夠看到更多的現實世界，特別是更接近地觀察你的同伴。

人類認知的發展

人類的認識活動都是有一定規律的，只要我們合理開發和利用我們的大腦，按照認識規律進行學習，人類會有一個智能的飛

躍,人類將不可限量。認知心理用信息論觀點看待思維,把人腦看成結構複雜,效率極高的信息操縱系統,把人腦比爲計算機,把思維過程看成信息處理過程。

認知心理學家把認識過程的一些設想在計算機上進行實驗驗證。他們先把對解決問題的思維過程的猜想編成一定的程序,然後輸入計算機,讓它進行處理。如果計算機獲得預期的輸出,就證明這種程序就是人的認知過程。認知心理學的產生使計算機從原來純粹的計算一躍而成爲具有人的某些智能模擬和代替人腦一部分工作的「智能機」。

早在五十二年前(1950年)科學家圖靈預言計算機下棋是可能的,由於認知心理的興起和參與,僅僅過了八年(1958年)就實現了圖靈的預言,而打敗國際象棋冠軍的電腦程序比圖靈的估計實際上提前了二十年。

一、運用信息加工

認知心理運用信息加工觀點,來研究認知活動,其研究範圍主要包括:感覺認知、注意表象、學習記憶、思維和語言等心理過程或認知過程,以及兒童的認知發展和人工智能。

認知心理學興起於本世紀五十年代中期,1967年美國心理學家尼塞,發表了心理學史上第一部以《認知心理學》命名的專著,使認知心理成爲一門重要的學科。把人的認知與計算機聯繫起來,這是心理學在方法論上的突破。以信息加工觀點來看,計算機程序所表現的功能和人的認知過程是共同的,二者的工作原理是一致的。只要把結構和功能分開,利用二者功能上的一致,就能實現模擬。用計算機模擬首先是分析人的思維過程,列出信息加工模型,然後交計算機模擬。認知心理是計算機和心理學結合的產物。

　　人的心理活動是透過語言表達的。如何把人類的自然語言變成計算機語言，是實現計算機模擬認知過程的關鍵，以喬姆斯基為代表的轉換生成語言學為認知心理學家實現計算機模擬提供了語言學基礎。喬姆斯基學派揭示的這些人類語言特點，為把無限豐富多義的自然語言轉化成計算機語言，提供了可能。

　　認知心理學也和其他心理學一樣，對人腦內部信息過程的研究還是非常有限的。有人認為，這種對人腦內部信息加工過程的研究也類似天體學中的黑洞理論。黑洞理論認為天體有很強的連光也不能逃脫的磁性，天文學家並不能直接觀察到這個黑洞，只能透過研究它與宇宙間事物的相互關係來間接地探討它。認知心理學對人腦內部信息加工過程的研究基本上也是屬於這種間接的研究。

　　認知心理的迅速發展，是由於它採取了兼收並蓄的態度、批判地吸收了傳統心理學中合理的部分，採用了當代科學技術。尤其是計算機科學，人工智能方面的研究成果。從而使認知心理學在理論和研究方法上都有較大的突破，它是一種在實驗基礎上高度整合的產物。認知心理學的興起和發展充分反應了當代科學研究的多種滲透和多層次研究的時代精神。

　　皮亞傑的發生認知理論，用圖式來說明心理的結構或組織。人的最初的圖式是「遺傳性圖式」，隨著和外界的不斷交往，經驗的增多，圖式就不斷地豐富起來。在認知的發展過程中，一方面人用原有的圖式去同化新的信息，另一方面又用順應的方式調整舊的圖式或創立新的圖式去同化新信息。人的認知結構就是在這種同化與順應的過程中不斷發展的。

　　總而言之，皮亞傑認為心理結構的建立既不是外界客觀的複寫，也不是主體內部預先形成的結構的集合，在有機體結構的形成中，認知發展依賴於漸進的內部協調，也依賴於透過經驗獲得

信息。

二、與外界信息交換

從系統、信息、控制的角度來看，心理結構應該反映人作為一個自控系統的全部特徵。反映個人生活在一個複雜的自然環境和社會環境中，如何透過心理結構中的信息調節來與外界進行物質、能量與信息的交換過程。綜合傳統心理學對心理結構的研究，心理結構應為塔形，是一個由四面合成的錘體。

在塔的每一面分別代表構成人的心理意識的三個子系統，即認知系統，情感系統和意志系統，塔形的基底是個體的先天素質，如高級神經活動的強度，靈活性等，遺傳素質的差異對心理結構的形成有一定影響。但決定這座精神金字塔的高度、完整、協調的主要因素，還是個體的「實踐活動」——認知、情感、意志，因為它是在個體與內外環境中相互作用建立起來的。

(一) 認知系統

認知是個體實踐活動中的第一個環節。這個系統由下列三個層次所組成。

第一、認知系統的最低一層是「感覺」。也就是視覺、聽覺、膚覺、動覺、觸覺、機體覺等。它是直接在遺傳信息的基礎上，建立起來的，正如皮亞傑所認為的，感覺運動圖式是從遺傳性圖式的基礎上加上後天的經驗發展起來的。

第二、認知系統的第二層是「注意」。注意漸漸由無意注意向有意注意發展，增加了認知的定向性。認知包括：空間認知、時間認知、運動認知。認知與注意的發展增長了人從整體上反映事物的能力。

第三、認知發展的第三層次是「語言、思維」。思維包括：概念的形成、運用、判斷、推理、想像和創造性的思維。語言和思維的發展使人的信息加工能力產生了質的飛躍。

（二）情感系統

在個人的認知發展過程中，同時也陪伴著情感系統。這個也是一個從低級到高級的發展過程。

第一層次是與生理需要滿足水準密切相關的自發性的情感。即喜、怒、哀、愛、慾、惡、懼等七情，這一層次的情緒發展主要是來自於遺傳因素，當然也包含後天的影響。

第二個層次的情感系統是與社會動機密切相關的社會情感。個人透過這個社會情感的層次系統獲得團體的歸屬感與個人尊嚴。

第三層次是社會性情感中最高層次的部分，它是與人的高層次的認知相聯繫，以一定的原則和標準爲依據的。

（三）意志系統

意志系統的第一層次是以支配最簡單的活動目的爲出發點的，主要是對生理活動和簡單的心理活動控制。

第一層次是意志的自由度很低，活動主要是受生理成熟水準的約束。

第二層次表明了透過訓練所達到的對目的性活動的一般控制水準，包括注意的控制。

第三層次是與高層次認知和高級的情緒體驗爲依據的堅韌性，在這一層次的意志水準的支配下，人們能完成在通常情況下簡直是難以思議的艱鉅任務，克服一般人所難以克服的困難。

　　由認知、情感、意志三個子系統構成的心理結構的內部是一個多層次多水準的記憶系統。在這裡存儲著來自認知系統、情感系統、意志系統的心理信息。記憶不只是來自於認知，還有情感記憶、運動記憶。這些信息分兩個層次存儲，外層的是短時記憶，它的容量有限，在很短的時間內就會消失。內層是長時記憶，它能保存很久，其容量幾乎是無限的。

　　存儲在記憶系統中的信息構成了一定的心理信息圖式，用來同化新的信息。這種同化和順應，即信息加工的過程，歸根結底是一種新、舊信息的矛盾過程。人們總是用原有的舊的信息來接受、處理新的信息，同時，又用新的信息來豐富、改變原有的信息結構。心理活動中信息活動是一個從上到下，從外到內，同時又從上到下，從內到外的回饋性雙向活動過程。

　　人的心理活動是大腦反映客觀外界事物的信息活動，這種複雜的、積極的、創造性的反映過程，不是孤立的、簡單的刺激和反應，而是一個多系統的整體結構中的信息加工。人們透過一般的活動和有目的實踐活動來接受外界信息，被主體所接受的信息將不同程度內化和存儲在記憶系統之中，並成為心理結構的新要素。

　　人們總是用原有的、舊的信息結構去同化、吸收新的信息，而新舊信息的相互作用使心理結構產生一定程度的變化，心理結構的內部作用將形成新的信息編碼，來調節和控制個體內部與外部的活動。由於人所處生存系統的複雜性，將引起內外環境不斷的變化。與此同時，心理結構的內部的信息活動也是不斷發生變化的。

三、認知的工具性

著名的投資家比爾‧蓋茨曾說過：

我相信在不久的將來，自然界創造的一切事物幾乎都能用純粹的數字來解釋。這又標誌著人類認識和智能的飛躍。

這句話正確地反映在紐約以華人為主股票投資公司的大廳裡：許多不懂英文的投資人正在全神灌注於電腦螢幕的數字。大家隨著螢幕上數字——國際共同語言——的變化而改變臉上的表情：喜，怒，哀，樂。

解決數學問題中的自然語言及其功能，應該考慮兩個問題：

（一）藉助自然語言學習數學的過程。
（二）自然語言在數學應用中的描述功能。

關於學習，兒童對數學語言的掌握總是比對自然語言的掌握遲一些。對於數學語言的學習一般是在學校教育過程中進行的，這時，自然語言就成為了一種基礎語言，它成為兒童通向用數學語言形式表達概念的第一步。

一些研究表明，如果在教運算符號「＋」時，配以「增多」、「總計」、「增加」、「買進」等詞語，對問題的解決就會大有幫助。否則，將會增加問題解決的難度，關於應用，在數學教學中，應用是個最棘手的問題。解文字題的過程首先是理解用自然語言描述的情境，然後藉用數學表達方式進行運算，從而發現其他的有關數值信息。每個文字題都是由句法、語義和實效等因素所構成。

近來在分析這些因素之間的關係方面取得了一定的進展。如

一個加法文字題的邏輯結構通常是包括兩組分離的物體或事物，然後再將它們加以連接。這種連接可以包括：上下級關係，空間或時間的連接，甚至是動詞的連接。

　　類似這種邏輯因素的研究還有信息處理系統：課文的語義分析，發生認識論法以上種種因素會對兒童的理解和運算產生影響。因此，他們根據這些因素將文字題分門別類，並預測出難度。分成「結合」、「改變」、「比較」三類，每種類型代表著不同的困難層次。

　　探究是一個人在發現問題和解決問題過程中表現出來的心理特質。良好的探究能力，實際上是良好的思維能力的表現。在數學探究領域，思維水準上的良好探究能力具有這樣幾個特徵：

　　第一、獨立的概括能力。學習數學離不開概念，為了掌握概念，首先要學會概念，具有良好探究的學生，能夠獨立概括相似的數學材料，從各種不同的問題中找出共同的特徵，並在概括的水準上思考解題方案。一位心理學家給幾個學生講三角形的內角之和等於2d之後，並沒有要他們用這一規律解決其他問題，但令心理學家吃驚的是，他們竟會獨立證明四邊形的內角之和等於4d。五邊形的內角之和等於6d。一問，原來他們已將具體的運算作了概括公式為2d（n-2）。

　　第二、迅速的推理能力。概念和推理是相互聯繫著的，在探究數學問題過程中，學生不僅要學會如何概括，而且還要學會進行邏輯推理。在數學上具有探究能力的學生在這方面可以說具有獨到之處，他們能夠迅速地由前提推出結論，而且推理過程比較嚴密和通順。

　　第三、靈活的反應。學生在解決數學問題時，帶有明顯的心理傾向，數學上有探究能力的學生，在解決問題時，基本上擺脫

了僵化的思維模式，能夠靈活地從一種心理運算轉移到另一種心理運算。

第四、簡潔的思維能力。思維是一個過程。學生在實際的學習過程中，這些成分沒有絕對的前後順序，它們往往是有機地結合成一體。對數學有探究能力的學生，這種簡潔化已成為一種習慣的思維模式。

第五、形象性探究。數學探究能力強的學生在思維類型上有著顯明的個體差異，自成風格。在解決問題時，總是伴有一定的需要，即力求用圖表或圖示手段解決問題，力求在頭腦裡看到問題中的已知關係。即具有一種形象地表達信息的能力。

第六、抽象性探究，善於對數學材料用分析的邏輯思維來推理。總之學生在探究數學問題時，離不開思維水準。良好的思維品質，是使探究得以順利進行的重要保證。

你有數字細胞嗎？害怕數字，排斥數字是一般人的通病。喜歡數字才是特異的例子。英國哲學家兼數學家懷海德也承認，學數學極為困難！數字跟智力的關係較小，跟教育的關係較大。這個事實可以讓你寬心不少：不瞭解數字的基本原理，可能是因為老師教得不好。

很多人的大問題，在於認為自己已經過了學習的年齡。年齡一大把才開始學習，真是窘死人，因此唯有儘量逃避。請相信，你並不像自己所以為的那樣缺乏數學細胞，畢竟你在實際生活中表現得還不錯。你努力保住飯碗，保持收支平衡，使用信用卡，支付稅款。如果你還是認為自己無法以簡單的算術，處理日常生活中的瑣事，請再深思。

數學能擴展你的能力，增強你的智力，對於使用邏輯有莫大的幫助，而邏輯本身對生活大有用處。更具說服的理由是，數學

是一個概念控制系統，它能讓你的生活過得更有效率。

數學與語言一樣，是人際溝通中約定俗成的東西，人們都知「我很冷」這句話代表什麼意思。我們都認同冷的定義，並且能把它的含義傳達給別人。同樣的，大家也認同數字的定義。「桌子上有三個蘋果，你一定知道我所說的「三」是什麼意思。數字表達的意思比語言更為精確。冷對於你我來講，也許是攝氏十度左右的溫度，但對愛斯基摩人來說，冷可能是攝氏零下十度，對沙漠居民來說，可能是攝氏二十度。想溝通的好一點，也許要修證「冷」的定義。但是數字就沒有這個必要。

數學語言跟日常用語截然不同，基本上它是一種理性語言。數學能夠幫你擴展智力範圍，它協助你的方式，正像維修工人用竿子拆卸手勾不到屋頂的東西一樣，它是一種工具。一旦學會如何使用，它就會供你差遣。

四、認知的階段性發展

人的語言器官和大腦的發達程度給人類學習語言提供了生理基礎，豐富的文化社會環境給後天的語言學習提供了良好的條件。一般而言，兒童語言的發展經歷了短語階段、電報語言階段和結構語言階段。

第一、是短語階段。大約在1歲左右，兒童能發出單個的詞並伴隨一定的情緒狀態和具體的目的。這些詞多為最簡單的名詞、形容詞和動詞。如「貓」、「媽」、「好」等。當然，他們對這些詞義的理解也僅是就事論事而已。將近兩歲的幼兒，逐漸地從一個詞發展到幾個詞而形成某些短語。

這種發展一般經過了兩個階段，第一個階段是從他們已經掌握到的非常有限的幾個詞，逐漸地擴大其他的詞或短語，例如，

「爸爸走了」、「媽媽走了」。這種擴大方式是一種無意識地擴大。第二個階段是在一種朦朧意識支配下的搭配，他們似乎悟出了語言搭配的簡單方式。例如，「那朵白花」、「那朵紅花」。

第二、是電報語言階段。幼兒掌握了一定的短語的同時，也逐漸記住了不同詞的前後順序。在此基礎上，語法對兒童語言的發展產生了一定的影響。首先，兩個基本的句子成分已被幼兒理解，他們能說出「我喜歡媽媽」這類簡單的語句。但是，其他次要的成分，如冠詞、介詞，在他們的句子中是很少出現的。心理學家將這個時期兒童的語言稱為「電報語言」，因為語言的簡捷性猶如拍電報。

第三、是結構語言階段。兒童4～6歲是語言發展得最快的階段。他們不僅掌握了愈來愈多的單詞，而且對語義和語法結構也有了更多的瞭解。逐步理解了基本的語法結構，所以這個時期稱為結構語言階段。

語言作為信息交流的過程，可以用「接受」和「輸出」兩個系統進行考慮。對掌握語言的能力和水準從：

聽——聽覺語言信息的接受。
說——聽覺語言信息的輸出。
讀——視覺語言信息的接受。
寫——視覺語言信息的輸出。

四個方面來考慮。在實際的語言學習過程中，這四種能力和水準的發展是不平衡的，受著生活環境和學習條件的制約。

著名心理語言學家J・F克斯在1976年出版的《心理語言學》一書中，曾經對加拿大移民中幾代人的兩種語言的學習情況，進行了比較性研究。

克斯發現第一代移民最受母語即祖先語言的影響，到達新的國家之後，聽、說方面都受到很大的限制。第二代移民，即在新的國家出生的那一代，無論是對所在國家的語言和祖先的語言都有較好的聽、說能力。前者是從社會環境中獲得的。後者是在家庭中和父母談話中學得的。

到了第三代移民，他們對所在國家的語言掌握的很好，但對祖先的語言僅限於理解水準，已很難做到熟練的使用。到了第四代，則幾乎完全使用所在國的語言，如果沒有專業的學習，他們已經完全失去了掌握祖先語言的能力。兩種語言到底是怎樣獲得的呢？許多語言學家提出各種控制平衡的理論模式。

像U·魏內奇和他的同事們就強調語義之間的相互關係，在學習兩種語言時的重要性。他們的研究表明，在兩種語言環境中同時性地學習兩種不同的語言，同分別在不同的環境中先後學習兩種不同的語言的學習模式，是不同的，前者有可能形成兩種獨立的語言系統。

在同時性學習兩種語言的過程中，學習者可以獲得兩種語言上下關係的相對獨立的認識。例如，他可以認識到英文中「酒」（wine）這個詞和法文中「酒」（vin）這個詞，儘管他們都是指同一東西，但其內涵並不完全相同。對一個中產階級的美國人而言，酒是和花費密切相關的，是只有在專門的商店才出售的消費品，這和中國人對酒的理解差不多，但在法國人理解中，酒是一種隨時可用的飲料，是很普通的東西。

這種語義區別也就是兩種文化背景之間的區別，它將給在兩種語言環境下，同時性地學習兩種語言兩人，留下深刻的印象，所以，語言學家由此斷言：在兩種語言環境中對兩種語言的同時性學習，可能形成對語義信息的不同系統的編碼和組合，符合喬姆斯基的語言裝置學說。

認知的有效應用

　　認識到所有的人並不以同樣的方式去感知世界，這一點應進一步鼓勵我們成為獨特的、活生生的和不斷發展的人。

一、在日常生活中

　　你是否讀到過這麼一本書，你每次拿起它就昏昏入睡？你是否在博物館看到過這麼一幅畫，你總覺得它不過是孩子隨意圖畫出來的東西？如果是的話，你或許會感到內疚和焦慮。你會問自己：

　　我出了什麼事啦？
　　為什麼我看不出這些傑作的妙處呢？

　　這些感覺是可以理解的，因為我們不斷地把自己的標準和看法來與別人的進行比較。這種比較是很有價值的，這會使我們對正常的個人差異有更現實的認識。然而，如果我們總是把別人的標準奉為唯一正確的準則，那麼，不言而喻，我們將為感到自己無能而苦惱。

　　從認知的心理來看：用不同的方式去看事物是正常的。

　　由於廣告和傳播媒介的強大影響，我們比以往任何時候都更需要維護個人不同意見的尊嚴和完整，更需要擺脫下述的觀點，只存在唯一正確的答案或解釋。因此，有時候，改變我們的認知是有益的。

　　在有些情況下，我們的認知是不正確的，因此造成不斷的失敗或被否決。有才能的大學生可能因為對為取得滿意的成績所必

須的學業水準和努力程度估計不足而導致不及格。警告和嚴責通常也無補於事，因為他們的認知雖然不正確，卻是以中學時代的成功經歷為基礎的。所以，許多大學生的學習成績要在自己原有的認知改變之後才會有所起色。

當我們面臨新情況時，發生認知改變是常見的事。當我們處於表面上與舊情景相似但實質上區別很大的新情景中時，我們非常容易遭受失敗。例如，新婚夫婦對自己和自己新擔負的責任的看法必須經歷許多變化。他們的新家的外表和布置可能和父母的家十分相似，但他們所擔任的社會角色卻發生了深刻的變化。

因此，現在為了自己配偶和孩子的利益，有時候必須樂意地接受對方的看法。隨著雙方在新的環境中有了越來越多的共同經歷，他們對生活和問題的看法將愈趨相似。

二、與他人生活

你能把這些認知觀點應用於你自己和你的家庭嗎？

你是否試過用你父母的觀點來看世界或某一件事嗎？

學生們遇到的兩個最常見的問題是：上大學時仍住在家裡和與父母的交流。這些問題的存在部分地是由於我們基於學習過程的對世界的認知難以改變。

設想自己已做了父親或母親，你的孩子對你的關係是一種純粹的依賴關係。當你的孩子逐漸長大，他們一時仍維持著對你的依賴關係。然後有一天，他對你說不再需要你了，他要搬出去和朋友們住公寓了。你也許很難突然改變你對他的看法，看到他一下子長成了大人！

請想一下在你家庭生活的其他一些領域中，具有共同的認知

也是重要的。你們各人對諸如：錢、娛樂、衝突和攻擊行為，愛和其他情緒表現、學習和教育、宗教，閒暇時間的使用、責任承擔、工作等問題的感知方式是否一致？如果你能考慮這個事實，即每個家庭成員都有他自己的方式來看待這種種問題，你可能會更好地理解為什麼在某些問題上意見大體一致，而在另一些問題上卻嚴重地缺乏互相諒解。

你是否傾向選擇對世界和他人的看法與你相似的人做朋友？你往往也交一些與你看法不同的朋友？

你可以看一下你和他人的一些關係，設法更好地去理解為什麼你和有些朋友相當接近，而和另一些則較疏遠。現在你對認知的個人差異這個問題有了更深的認識！你也許更能容忍他人的不同意見，在更坦率更開明的基礎上與他人交往。

三、在社會中生活

我們大多數人因為自己周圍的許多人用與我們相同的方式來感知世界這一點而感到放心。這是由於屬於相似的社會經濟集團的人會有相似的背景和價值觀。我們常常對集團的不同層次、對於感知方式的影響卻不注意。只要我們同處一個穩定單一的環境中，我們往往很少產生尖銳的不同意見。然而，我們的社會現在變得極富流動性，我們經常得與有不同的背景和價值觀的人或意見常常相左的人交往。

認識到下列事實是重要的，所有的社會性行為都是習得的。如果我們研究了造成這些行為的社會性質，所有這些行為都是能被理解的，儘管人的行為和認知各不相同，這些不同僅僅代表了滿足人所共有的基本需要的不同方式而已。

假如你被要求寫下對傑克遜總統的看法，很可能你會讚揚他是傑出的美國英雄和政治家。然而，如果你研究了墨西哥的歷史、讀到了下面一段文字，你的意見是不是還能不變？

他們（指德克薩斯州的美國人）下定決心要奪得德克薩斯，指望得到傑克遜總統的幫助。那是一個寡廉鮮恥之徒，一個奴隸主。這件事關係他的切身利益。他不惜採用一切手段，甚至最不道德的手段，來實現其目的。

因此，隨著我們變得越來越願意接受新的經歷，我們在不斷地開闢能更充實地生活的新領域，更能容納他人，對同胞懷有更深的同情和理解。

總之，認知是觀察和解釋周圍社會和物質世界的過程，它不但取決於客觀因素，也取決於主觀因素。因此，沒有兩個人以完全相同的方式去感知世界。

獲取關於我們內部和外部世界的信息的三條主要途徑是內感受器、近外感受器和遠外感受器。雖然所有的感覺都是重要的，對於絕大多數人來說，最主要的認知途徑是視覺。

認知的客觀因素包括：運動、組織、分類、相似性、趨合、常性以及環境失真。只有當外部事件是模糊的、陌生的、和失真的時候，感知者的主觀因素才對認知產生最大的影響。認知的主要主觀因素包括：自我概念的性質、事件對自我的相關性、共同認知的機會、智力、動機和情緒。我們逐漸地學會把所有的感覺輸入綜合或強大的認知總體。

認知綜合原則能幫助我們更好地理解認知。為了人格的充分發展和保持一種對現實的方向感，人必須至少受最低限度的感覺刺激。我們感知事物的方式是習得的，能透過社會壓力、認知不協調、危機、心理治療、勸導和人格特徵而改變。

心理測驗：你的自我啓發性如何？

一、測驗部分

對以下各題作出「是」或「否」的選擇。

【　】1.一個月內讀5冊以上的課外書嗎？

【　】2.每天持續學1小時以上的外語嗎？

【　】3.常常出席討論會等活動嗎？

【　】4.常常與外面的朋友聚會共餐嗎？

【　】5.每天記日記的習慣嗎？

【　】6.每天讀3種以上的報紙嗎？

【　】7.一週自我檢查一次體力嗎？

【　】8.積極參加娛樂和團體活動嗎？

【　】9.常常看戲劇、電視和電影嗎？

【　】10.外出時常常順道瀏覽書店嗎？

【　】11.愛好繪畫，常常看美術展覽嗎？

【　】12.經常練習適合自己身體條件的運動嗎？

【　】13.抱著一定的目的去研究嗎？

【　】14.愛好唱歌和聽音樂，藏有古典音樂唱片嗎？

【　】15.一有文娛活動和集會等便會踴躍參加嗎？

二、評分部分

評分規則：

　　每題選擇「是」記1分，選擇「否」不記分。然後將各題得分相加，算出總分。

你的總分：

　　0〜4分：屬於自我評價、自我啓發度較低的人，對生活沒有追求目標、悠閒自在的人。但也分兩種類型，一種類型是平時心裡總想著不能這樣下去，必須努力上進，不斷地汲取精神和知識的營養；另一種是得過且過，沒有自我啓發的積極性。

　　5〜8分：自我啓發水準一般。

　　9〜15分：屬於自我啓發度較高的人，是腳踏實地做事的人，善於自我管理，不虛度時光，尤其與他人不同的是，經常思考如何把時間安排得鬆緊相宜，如何集中目標創造成績。

三、諮詢部分

　　人生總要面臨選擇，在選擇中朝自己的目標前進。人也是在不斷的自我啓發中成長起來的。自我啓發的結果給心靈帶來安寧和滿足感，沒有自我啓發便不能達到真正的精神充實。為了能實現人生的大目標，你可以從以下幾方面做起。

(一) 樂觀面對壓力

　　年輕人所處的年齡階段，正是青春發育期。這個時期的學生會面臨以下心理矛盾：

1.生理性早熟與社會性滯後之間的矛盾。

2.理想社會與現實社會之間的差異而引起的心理矛盾。

3.思想上的獨立與經濟上的依附引起的心理矛盾。

4.自我閉鎖性與開放性之間的矛盾。

5.愛慕異性與受社會規範約束之間的矛盾。

對心理防禦機制尚不成熟的青年學生來說，勢必引起心理上的挫折感，產生心理上的壓力。如果不採取積極的態度來解決這些矛盾，就會產生許多不良的副作用。

人生就是由不斷地面對挑戰和戰勝挑戰的幸福構成的。每個人都是在矛盾和解決矛盾中度過一生的。有人生就有壓力，對於人類的惰性來說，壓力是一劑催人前進的良藥。沒有壓力的生活平淡如水，沒有壓力就不會有成功。

我們應充分認識到挫折壓力的兩重性，它可以產生痛苦與情緒紊亂，甚至導致悲觀厭世以及種種疾病。另一方面，挫折壓力也可以幫助人們總結經驗教訓，增長解決問題的能力，使人變得更聰明、更堅強，也成熟得更快。所以，我們應以樂觀的態度對待生活中的壓力，同時對此也要有一定的心理準備。

（二）欲速則不達

從適應的角度說，中等壓力的生活有利於機體和心理上的平衡。「過猶不及」，過高或過低的壓力都不利於人類對環境的適應。眾所周知，生活的壓力與心臟病的發病率有明顯的關係。古語講得好：「文武之道，一張一弛。」

在學習生活的安排上要鬆緊相宜，既要有高效率和緊張的學習，又要會放開享受和娛樂。上課時，集中思想，開動腦筋；課餘，放開自我，鍛鍊身體，結識朋友。而不是明天考試了，今夜臨時抱佛腳，熬個通宵。也不會平時不考試，就天天玩樂。

（三）調整目標和行為

在生活中，你所設置的目標越高，而又因能力所限無法實現時，所遭受的打擊就越大，挫折感也越重。由於年輕人正值精力充沛、朝氣蓬勃的青春年華，對生活充滿幻想，對學習和將來的工作懷有較高的期望和要求。但同時對生活中的困難估計不足，對自己的能力和知識水準缺乏全面認識，所以應根據自己的實際情況來確定具體而可行的奮鬥目標，保持中等的自我期望水準，不要過高也不要過低地估計自己。

當你解決了眼下的問題後，才能去面對新的、較難的挑戰。你不可能跨越中間的一系列問題直接面對高層次的問題，而不遭遇挫折。

如果覺得自己的目標是合理的，那麼就要在理解問題情境的前提下，尋求有效的解決途徑。當某一動機或行為一再嘗試後，仍未達到目標時，就應學會調整目標或改變行為的方向。

（四）汲取知識營養

除了課堂上所學的知識外，要學會從課堂以外汲取知識的營養。平時，你可以順道瀏覽書店，看看精彩的電影，有興趣去聽聽音樂，參觀美術展覽，讀讀書報，這些都有利於你的知識累積。

儘量使自己多和同學、夥伴在一起，與他們共同學習、討論、遊戲，有什麼心事儘量向他們吐露，從孤獨、煩惱中走出來。也要多與父母、老師溝通，對於他們的話要聽進去，然後再去品味，從中你會發現許多經驗之談。因為他們也曾年輕過，也有過與你們相似的心態。你與成年人之間透過溝通，會使自己走出灰暗的心理陰影。

（五）從小事做起

　　理想不是輕而易舉就能實現的，需要透過長期努力才能實現。「千里之行，始於足下。」一旦確定了自己的理想和目標，在執行決定的道路上，不論遇到什麼艱難險阻，都能百折不撓、堅定不移，不輕易放棄自己的目標，做到勝不驕、敗不餒。相信萬丈高樓也是一磚一瓦建起來的。腳踏實地和勤奮正是成功的關鍵。

（六）意志的鍛鍊

　　年輕人在發展自我意識的同時，要特別注意培養和提高自我認識、自我檢查、自我監督、自我評價、自我命令、自我鼓勵等能力。例如，經常用榜樣、名言、格言來檢查自己，激勵自己；經常同先進人物進行比較，明確差距，奮起直追，迎頭趕上；加強紀律性，自覺遵守各項規章制度，嚴格執行各項計畫；堅持寫日記，經常檢查自我，發揚優點，克服缺點等等。

（七）培養勇氣

　　勇敢者對未來抱有堅定的希望，他敢於正視困難，不指望投機取巧的僥倖，能認真地對待每一次挑戰，把挑戰當作通往成功的起點。勇敢者不會逃避，不會推卸責任，哪怕是前面危機四伏，只要有一絲陽光，也要以百倍的努力去爭取，對未來始終抱有希望。

　　卡內基說：「我寧願把自信和勇氣傳給我的子女，而不是留下百萬元的財產。」去看你害怕的事物，去聽你害怕聽見的聲音，去做你害怕做的事，在恐懼中積累經驗，從而消除恐懼。如果你坐在那兒逃避，只能自己騙自己，只會一事無成，也永遠不能培養出勇氣。

　　勇氣並不等於你的膽量，甚至也不等於你的氣魄。勇氣更是

你博大的胸懷，是你卓越的預測力，是你的自信和你對未來的希
望。只有堅定的自信和執著的希望才能賦予勇氣以無窮的魅力。

摘要

　　本章根據「認知的理解——進行推測外界的判斷歷程」主題，討論四個議題項目：認知問題的重要性、人類認知的發展、認知的有效應用、心理測驗：你的自我啓發性如何？

　　第一部分：認知問題的重要性。內容包括兩個項目：創造性的活動、認知的重要性。

　　第二部分：人類認知的發展。內容包括四個項目：運用信息加工、與外界信息交換、認知的工具性、認知的階段性發展。

　　第三部分：認知的有效應用。內容包括三個項目：在日常生活中、與他人生活、在社會中生活。

　　第四部分：心理測驗：你的自我啓發性如何？內容包括三個項目：測驗部分、評分部分、心理諮詢部分。

思考問題

1.何謂「認知」？請舉例說明。

2.請指出四個理由說明「認知」在個人理解發展中的重要性。

3.從「運用信息加工」的觀點，請舉例說明人類認知的發展。

4.請從「與外界信息交換」觀點，舉例說明人類認知的發展。

5.從「認知的工具性」的觀點，請舉例說明人類認知的發展。

6.請從「認知的階段性發展」觀點，請舉例說明人類認知的發展。

7.請舉例說明：如何在「日常生活」中有效的運用認知活動？

8.請舉例說明：如何在「與他人生活」中有效的運用認知活動？

9.請舉例說明：如何在「社會生活」中有效的運用認知活動？

10.請從附錄的心理測驗：你的自我啓發性如何？檢驗與分析你的得分。

11.請參考心理測驗的諮詢部分，舉例說明你個人的啓發性向特點。

6

思維的理解

——反應外界刺激的活動基石——

思維問題的重要性

當我們在心理上運用學過的知識來解決問題，更富創造性地生活時，思維就開始了。思維一般發生於問題和答案之間的間歇階段，包括各種類型的過程，從朦朧的夢境到科學方法的思維。思維的改進有可能使我們改變人類發展的進程，把許多原來的夢想變成現實。

一、思考的問題

我們思考的中心問題是怎樣作好準備，以在人類世界中求得生存。我們來看看這些常見的問題：

第一、我們最主要的問題是：我們決定不了將來究竟做什麼。我們自己似乎都搞不清楚我究竟想成為怎樣的人。我們簡直是在浪費時間，這些對我沒用處。我們在過去已經浪費了幾年時間，沒有取得什麼成功。

我們現在正在考慮，我們究竟要不要再次改變自己的專業，但又懷疑自己是否確實需要這樣做，因為我們對這門專業沒有什麼接觸，因此我也就不能作出判斷。

第二、孩子們都長大了，離開了家。現在就是丈夫和我守在「空窩」裡了。看著孩子們一個個離去，思忖著撫養子女的工作究竟算是完成得如何，心裡真有點那個。現在我們又得學習自己怎麼生活了。除了對子女們還要稍加留心關照外，我們又有了許多新問題。子女們長大了，不再是兒童了，可父母終究永遠是父母。

第三、我的生活是渾渾噩噩地應付過來的，學校裡的功課也

就是這麼一門一門混過來的。事情就這樣,每次我有問題要解決時,就好像以前我從未解決過什麼問題似的,在學校裡我的情況更糟。我每節課就是那麼不停地忙忙碌碌,可是一點都不明白究竟在學些什麼。我想學習,不過我也想先學習一些解決問題的一般方法,這樣我在解決任何一類問題時可以先有點頭緒。

我們都經歷過類似的問題,有時一次碰到一個,有時常常幾個問題一起來。伴隨著這些問題的,常常是怎樣處理、解決重大問題的混亂的思想和緊張的情緒。

二、問題的重要性

在現代社會和技術以及我們自身的迅速、複雜的變化中,我們一切人都不斷面臨著一系列新問題。有時候我們也知道怎麼處理問題,但大多數情況下我們需要把心理過程轉到稱為現實思維(realistic thinking)的更主動、更有挑戰性的過程中去。現實思維包括這樣一些過程,為以往經歷的利用和(或)重新組織、邏輯分析、推理、心理實驗及評價。

有時我們的思維具有孤獨性,因為它不是直接針對實際問題的解決,而是充滿幻想、白日夢和單純的嚮往。在其他時候,問題的解決需要創造性思維。創造性思維包括新的方法、產品和思想的發展。成功的思維需要創造性,也是人類進步和幸福的根本。

生活的最偉大的樂趣之一,就是能夠參與愈益具有複雜性和挑戰性的心理活動。這樣做時,我們感到更為自主了,因為我們學會了較少地依靠外部世界,而更多地依靠我們自己的思維能力來解決問題。

三、思維的原則性

為了回答與解決問題，我們必須運用有系統的「工具」──思維來處理，而思維則牽涉到四個項目：自我、動機、情緒與人格。

(一) 自我與思維

我們對自己的感覺和認識不僅影響著我們思維的內容，而且還影響思維的方式。人的自我實現程度越高，他們花在工作上的時間也就越多；他們愛好學習和思考，對他們來說，工作和遊戲之間是很難區別開來的。相反地，那些自我概念很差的人，則把更多的時間用在思考自己的挫折、失敗上。對他們來說學習和思維不過是家務雜事，而不是對新知識的令人振奮的探求。

那些覺得自己不能勝任的人思考問題更為機械僵化，他們以事物不是黑就是白，不是好就是壞，而不知道事物是有多種層次和色彩的。自我感覺良好的人也能夠容忍複雜的或模稜兩可的情況。自我感覺不良的人則不能容忍模稜兩可，他們要求的是對問題的直接回答。自我感覺良好的人在處理問題時往往會產生新穎、奇特的想法。他們更富有創造性，更富於獨到的見解。

因此，人的自我觀點，不管其準確與否，可以起到有效思維的助化劑或抑制劑的作用。看來，正如佛洛伊德指出的，在我們希望發展在複雜的社會以及自然世界中生存所必須的思維能力之前，我們必須先認識自己的內在自我。在我們的智力從內部混亂中解脫以後，它們才能被用來對付生活，而不是為生活所控制。

(二) 動機與思維

有證據表明，動機影響著思維的本質。例如，飢餓的人往往用更多的時間夢想著食物。在海外服役的軍人很多時候是在思念

著與他們別離的妻子、家庭和戀人。

企望取得優異成績的學生比起那些沒有這類強烈願望的學生而言，更多的時間則幻想著獲得成功。根據維德勒所說：要瞭解成就的唯一辦法就是親身體驗之。對成就的描述、展示遠遠比不上諸如樹立目標、計畫、冒險等等的實際經歷。只有實際經歷了這一切之後，一個人才能作出明智的抉擇，決定究竟是否要實踐並強化自己的取得成就的動機。僅僅對學習和思維動機的重要性有認識恐怕還不夠，在取得成功的道路上還需要關切態度和情緒介入。

在研究大學生的智力發展時，W・G・佩里發現，只有在自我義務感（self-commitments）形成之後，才能夠具有較高的思維形式。這就是說，高水準的學習成就來自於自我責任感、對他人生活的關心、對自己的推理能力的信心及其局限性的認識。

(三) 情緒與思維

情緒影響著思維的本質及思維的方式；反之，思維也可以影響情緒。回想一下最近一次你發怒的時刻。

> 你有沒有在做出某事之前停下來考慮一下它的後果？
> 你有沒有說了、做了你後來感到後悔的事？
> 你有沒有仔細分析過使你發怒的情境？
> 你有沒有試想過用其他辦法來對此進行補救？

有時候我們的思想會影響情緒。試想一下你一生中經歷過的最為悲傷的時刻。你是怎麼感覺的？現在再回想一下你碰到過的一件最愉快的事。當時你又是如何感覺的？

不加控制的情緒會阻礙有效思維，另一方面，問題的解決一般需要深刻的人類情緒的自由和自發性。要有效地解決問題，情

感和智力兩者都需要。對男女著名人物生平的研究揭示，人類的情緒性質，包括傷感的、失望的情緒，正是他們對人類的巨大貢獻的重要因素。看來真誠的情緒猶如發動裝置，伴隨著有效思維的開展。

（四）人格與思維

由於自我實現型的人能夠更為自由地運用他們的能力，他們一般都歡迎新領域的挑戰。反之，心理上不健康的人，如我們在下面幾章將會看到的，隨著他們逃避焦慮和罪惡感的要求越來越強烈，對學習和思考的慾望則愈加微弱。不斷的挫折失敗轉移了他們本來可以花在建設性活動上的時間及精力。

為什麼有些人缺乏直接抓住和解決問題的動力？主要原因之一是他們沒能認識到成功和失敗的原因在於他們自身，而不是其他人、運氣或問題的性質等。可以說在我們相信自己對自己的行為負責時，我們的情感就捲入其中，我們就會作出更為持久艱苦的努力，感覺狀態也更為良好。

對人格特徵在大學學習的成功並能保持所起作用的研究，揭示了高度成熟、嚴肅思維、自我滿足，以及與人交際相處的能力。此外，如我們將會看到的，很多青年在走向成年時，還沒有對自己的職業或是生活哲學作出嚴肅的考慮、選擇。這類猶豫不決的狀況，在成年自我的發展階段本應得到解決，它們是與高退學率、轉學和專業轉變過多相關聯的。這一切說明，有效學習和思維的必要條件之一是具有個人重要性的情感。這一條件或許更應受到老師、諮詢者和父母的重視。

人類的思維發展

思維是人類文明的基石。思維和語言同古，當人類產生了語言，人類也就有了思維即意識（心理活動），正是人類的思維活動使得人類成為地球的主宰，憑藉思維，人類創造了燦爛的文明，憑藉思維，人類瞭解了未知世界，憑藉思維，人類翱翔於宇宙。

思維活動是藉助於分析、綜合、比較、概括、系統化、抽象與具體化等心智操作實現的思維超出感覺和知覺的範圍，透過現象掌握了事物的本質和規律，成為現實反映的高級形式。人的思維活動與實踐活動是密切相關的。

人在實踐活動中，首先是在使用工具的勞動中，積極主動地變革客體與客體發生相互作用，從而豐富了感性知識，揭露出事物的本質和規律；實踐活動所面臨的任務和問題則推動人積極地進行思維，並引導它朝向一定的方向前進。某種程度上，思維力幾乎等同於智力，這是因為它在智力中所處的核心地位而決定。

一、心理機制與規律

思維在社會心理學，是研究思維過程的心理機制及其規律的科學，是研究思維與心理反映活動交往，個性、情緒，意識和潛意識之間關係的科學。第一個把思維當作心理科學研究對象的是德國心理學家丘爾佩。

本世紀五十年代瑞士心理學家皮亞傑創立了結構主義的思維心理學，認為人們的思維發展結構主要是一種圖式，即行為或心理的組織。本世紀六十年代，隨著計算機科學和人工智能的發展，美國學者賽蒙、尼塞等人用信息論觀點研究思維過程，把思

維看成是信息處理的過程。

思維力的含義：七十年代出版的波果斯洛夫斯基等人主編的《普通心理學》一書，作者指出：「構成人的特殊的、個體性的各種個性品質中，智慧品質起著重要的作用，它們表現於人的智慧活動特點及其智慧能力的特殊性之中，所謂智慧能力是指明這個人思維特點和那些品質的總和。屬於這些智慧品質的有求知欲，鑽研性，智慧的深度，智慧的靈活性、邏輯性，論據充足性、批判性等」。

在西方心理學界，首先提出思維品質的是美國心理學家吉爾福，曾把思維的創造性品質分析爲：對問題的敏感性、流暢、靈活性、獨創性、細緻性和再定義的能力。歐美心理學家對兒童青少年思維品質的研究主要表現在三個方面：

第一、強調了思維品質的重要性，特別是重視思維的速度、難度和周密度的研究。
第二、進一步深入進行實驗研究，在研究創造思維中，強調了研究方法，從隱藏的形狀上找完整體。
第三、開始重視培養實驗研究，從小培養創造性思維，特別是發散思維。

思維心理學研究的主要內容：

（一）研究思維的起源與發展，作爲人的高級形態的思維，它的起源、發展過程和規律，是思維心理學研究的首要內容。
（二）研究各種形態的思維特徵，從橫向看，現代人類思維有再現性思維，創造性思維等等，從縱向看，自從人類思維誕生以來，經歷了各種過渡形式。

（三）研究思維過程的心理結構，研究思維與意志、情緒、目標、意識的關係，研究思維操作能力，例如，分析、綜合、比較、概括等，也研究思維的產物如概念以及天才的思維特點和規律。

思維的一般特徵。不同的心理學著作，對思維的論述不盡相同，我們比較重視思維的深刻性、靈活性、獨創性、批判性和敏捷性五個方面。這五個方面反映了人與人之間思維的個體差異，是判斷智力層次，即確定一個人智力是正常、超常或低常的重要指標。思維的深刻性，又叫做抽象邏輯性。

人類的思維是語言的思維，是抽象理性的認識。在感性材料的基礎上，經過思維過程，去粗取精，去偽存真，由此及彼，由表及裡，於是在大腦裡產生了一個認識過程的突變，產生了概括。個體在這個過程中，表現出深刻性的差異，思維的深刻性集中地表現在善於深入地思考問題，抓住事物的規律和本質，預見事物的發展過程。個體在思維深刻性上存在著差異主要表現在思維形式的個別差異上，思維方式的個別差異上，思維規律的個別差異和思維廣度和難度的差異上。

思維的靈活性是指思維活動的智力靈活程度，它的特點包括：

（一）是思維起點靈活，即從不同的角度、方向、方面，能用多種方法來解決問題。

（二）是思維過程靈活，從分析到綜合，從綜合到分析全面而靈活。

（三）是概括的轉移能力強，運用規律的自覺性高。

（四）是善於組織分析，伸縮性大。

（五）是思維的結果往往是多種合理和靈活的結論。

思維的獨創性是指獨立思考創造出有社會價值的具有新穎性智力成分的智力品質，思維創造性其原因在於主體對知識經驗或思維材料高度概括後集中而系統的遷移，進行新穎的組合分析，找出新異的層次和結合點，具有概括性高、知識系統性強的特徵。

二、思維的獨創性

思維獨創性品質的特點：思維的獨創性是智力的高級表現。思維獨創性，是人類思維的高級形態，是智力的高級表現，它是在新異情況或困難面前採取對策，獨特地和新穎地解決問題的過程中表現出來的智力品質。任何創造發明、革新、發現等實踐活動，都是與思維的獨創性聯繫在一起的。具體表現在五個方面：

第一、創造活動是提供新的，第一次創造的具有社會意義的產物的活動。所以獨創或創造性思維最突出的標準是具有社會價值的新穎和獨特性，因此創造力是運用一切已知信息，產生出某種新穎、獨特，有社會或個人價值的產品的能力。其中，產品可以是一種新觀念、新設想、新理論，也可以是一項新技術、新工藝、新產品等任何形式的思維成果。新穎獨特是創造性或創造性思維的根本特徵。

第二、思維獨創性或創造性思維的過程，要在現成資料的基礎上，進行想像，加以構思，才能解決別人所未解決的問題。因此，創造性思維是思維與想像的有機統一。提出創新的科學思想，必須創立新的科學方法，而恰恰是創新性思維的方法並無定規，它好似行雲流水，無法定法，完全聽憑自然。相似聯想就是由於某人或某事而想起其他相關的概念。

蘋果落到牛頓頭上之後，他因此聯想到：月亮等天上的星體

為何不墜落大地呢？這便把地上的物體與天上的星體在思維中聯想起來，設想他們遵循同樣的規律，從而幻想了萬有引力的存在。這就是萬有引力概念和萬有引力定律的萌芽，經過20年努力，終於使之成為假說，又經過160年之久，隨著海王星的發現，使這一假說終於得到科學實踐的確證，轉化為科學理論，即牛頓萬有引力定律。

發散思維是一個多方面、多角度、多層次的思維過程，具有大膽創新、不受現有知識和傳統觀念侷限和束縛的特徵，很可能是從已知導向未知，獲得創造成果。發散思維的多方向性，使研究過程中能夠適時轉變研究方向，孕育出新的發明、創造。美國細菌學家弗萊明發明青黴素，至少使全人類的平均壽命延長了10年。把從培養葡萄球菌轉向殺死葡萄球菌的綠霉菌，運用發散思維，最終提煉成功了青黴素。

逆向思維是從對立、顛倒的相反的角度去想問題，是一種打破常規的思維方式，日本有個「巨石載船」的故事，說的是豐臣秀吉命令手下修築大阪城，為將大阪城修得固若金湯，需要從瀨戶內海島搬運巨石裝船運輸。每塊巨石有50張席子大小，一裝船就把船壓沉。就在眾人無計可施之時，一人提議：看來用船載石是不可能了，那就用石載船吧。大家按他的說法，將石綑在船底，果然順利地運到目的地。

對於習慣傳統的思路採取逆向思維，需要的則是創新的勇氣。逆向思維就是把注意力轉向外部因素，從而找到在問題限定條件下的常規方法之外的新思路。英國醫生鄧祿普在花園用橡膠管澆花時，一直擔心在卵石路上騎自行車的兒子會因顛簸而摔倒，因為當時的自行車輪是實心輪，他突然注意到手中水管的彈性，就用手中的橡膠管製成了世界上第一個空心充氣輪胎。

第三、在思維的獨創性或思維的過程中，新形象和新假設的

產生是帶有突然性的，常被稱為「靈感」。愛因斯坦創立相對論的最初起源可追溯到他16歲時突然想到的一個問題：「如果人以光速逐光，他將看到什麼？」26歲創立狹義相對論時，他只是一個專利局的小職員。

第四、思維獨創性，在一定意義上說，它是分析思維和直覺思維的統一。分析思維，就是邏輯思維；直接思維，就是大腦對於突然出現在其面前的新事物、新現象、新問題及其關係的一種迅速識別、敏銳而深入的洞察，直接的本質理解和綜合判斷。直覺思維的特點是快速性、直接性、跳躍性、個體性、堅信感、或然性。鐳的發現與居禮夫人「大膽的直覺」有關。

1898年12月居禮夫婦宣布，他們發現了一種比鈾的放射性要強幾百倍的新元素，並提出這種新元素為鐳。為了提取鐳的實物並對它進行各種檢驗分析，居禮夫婦在極為艱苦的條件下，費時45個月，終於從數噸瀝青鈾礦渣中提煉了0.1克純鐳並初步測定它的原子量為225，從而證實自己4年前的發現，並在人類科學史上首次測量了原子能，為原子物理學奠定了基礎。

在大自然面前人類永遠像牛頓所說的那樣「好像一個在海濱玩耍，時而發現一塊光滑的石子兒，時而發現一隻美麗的貝殼而為之高興的孩子，真理的海洋永遠都是神秘地展現在人類的面前。」沒有全部或足夠的證據就不敢作出任何判斷，人類就永遠也找不到「光滑的石子」和「美麗的貝殼」。

第五、要善於從小培養思維獨創性。思維的批判性，就是指思維活動中善於嚴格地估計思維材料和精細地檢查思維過程的智力品質。從思維的個性差異來闡述批判性思維，稱它為思維的批判品質。它的特點有五個方面：

（一）分析性，在思維過程中不斷地分析解決問題所依據的條件和反覆驗證業已擬定的假設計畫和方案。

（二）策略性，在思維課題前，根據自己原有的思維水準和知識經驗在頭腦中構成相應的策略或解決問題的手段，然後使這些策略在解決思維任務中生效。

（三）全面性，在思維活動中善於客觀地考察正反兩方面的證據，認眞地把握課題進展的情況，隨時堅持正確的計畫，修改錯誤方案。

（四）獨立性，即不爲情境性的暗示所左右，不人云亦云，盲目附和。

（五）正確性，思維過程嚴密，組織有條理，思維批判性品質是思維過程中自我意識作用的結果。

自我意識是人的意識的最高形式，自我意識的成熟是人的意識的本質特徵。自我意識以主體自身爲意識的對象，是思維結構的監控系統。透過自我意識系統的監控，可以實現大腦對信息的輸入、加工、貯存、輸出的自動控制系統的控制。這樣人就能透過控制自己的意識而相應地調節自己的思維和行爲。

信息是尚待深入認識的財富，人們把古代社會稱爲農業社會，把近代以來的社會稱之爲工業社會，而正在形成的社會則被稱之爲信息社會，有人認爲信息和物質、能量一起構成整個物質世界的三大支柱。深入思考，三者的意義區別較大。同樣的物質，同等的能量在不同的場合，其意義區別不是很大。而相同信息，對有些人來說是零，而對另一些人，則可以起到神奇般的作用。所以信息比物質和能量，是一種具有更大開發價值的資源。

1995年7月，美國《富比士》雜誌評出全球十大首富，比爾‧蓋茨再次榮登榜首。股票鉅子巴菲特仍居第二。「軟體大王」的

財富超過股票大王、金融大王、石油大王、地產大王，這就是一個重要信息。信息正在成為當今世界的最大財源。美國各大學攻讀MBA的學子，開始放棄求學而進入網路業，說明信息的重要性，更說明思維的一種批判性，一種超越性。

　　思維的敏捷性指在處理問題和解決問題的過程中，能夠適應迫切的情況，積極思考，周密地考慮，正確地判斷和迅速地作出結論。為了使人們更快地接收信息，更多的人得到相關信息，導致了電報、電話、廣播、電視等一系列重大發明。現在，又有一些神奇的東西在掀動著人們的心這就是：Internet（網際網路）和信息高速公路。信息高速公路是指電子通信系統，主要是指計算機系統和電視電話系統，像高速公路一樣形成一個全國性的──最終將是全球性的網絡。

　　Internet已在實踐中表現出了它強大的威力，它是一個知識的寶庫。隨著Internet在全球的開通，很多有商業頭腦的人開始開辦自己的網頁，搶先登陸，在網上宣傳自己的產品、自己的觀點、主張，尋找志同道合的朋友，及至與自己心境相同的毫不相識的人聊天解悶等，使人們進入了網絡時代。

三、思維的發展性

　　語言是思維的載體。語言的發展一直影響著思維的發展，世界上有很多像列夫‧托爾斯泰這樣的著名作家都要堅持寫日記，其主要的原因就是透過對語言的駕馭而達到訓練思維的目的。國內外專家圍繞如何提高思維力，提出了多種多樣的訓練方法。

　　發揮右腦的功能、激發想像力，左腦通常具有下列意識活動：數學、語言、邏輯、分析、書寫；右腦主管想像、顏色、音樂節奏、空間、形象等。熱愛欣賞藝術可以開啟右腦，激發左腦的形象思維功能。事實上，許多真正有才華、有造詣、有建樹的

人，大都是左右腦均衡發達的。愛因斯坦一生酷愛演奏小提琴，自認為小提琴演奏技巧高於他在物理學上的能力。

培養和激發潛意識功能，潛意識也叫下意識，即不知不覺的無意識的思維或意識流思維。從心理學角度分析，圍繞某一個目標進行長期的刻苦鑽研，大腦皮層就會形成優勢灶，這時深層次大腦中的潛意識才能與這一優勢灶接通並向大腦皮層發送信息。如何調動潛意識：

首先，要善於捕捉靈感，靈感的出現經常是一閃稍縱即逝。其次，在陷入百思不得其解狀態，要善於自我調節，暫時停止意識思維，去散步，洗澡，或者去做任何分心的情緒好的事情，阿基米德發現浮力定律的例子就是最好的證明。

有意識地激發靈感，它是思維過程的突變跳躍和躍進。當靈感閃現並得到及時捕捉，會使研究產生飛躍，長期一籌莫展的問題可能茅塞頓開，豁然開朗一舉成功。有意識地激發靈感是開發每一個人創新潛能的途徑，堅韌不拔的毅力是保證靈感最後進發的必要的意識品質。

愛因斯坦在回顧廣義相對論的來源時說：「從已得到的知識來看，這愉快的成就簡直好像是理所當然的，而且任何有才智的學生不要碰到太多困難就能掌握它。但是在黑暗中焦急地探索的年代裡，懷著熱烈的嚮往，時而充滿自信，時而精疲力竭，而最終看到了光明，所有這些只存親身經歷過的人才能體會。」

廣泛的興趣愛好對激發靈感也是很重要的，有重要獨創性貢獻的科學家，常常是興趣廣泛的人廣泛的興趣，意味著廣博的知識，他山之石、可以攻錯，才會左右逢源，才會調動右半腦，人們常說，要把詩人和藝術家的氣質帶入科學研究的聖殿，就要不拘一格，靈感充盈的浪漫氣質和嚴謹的邏輯思辨結合一起，一張

一馳，蓄勢待發，廣泛的興趣，還有助於適時的變換思考中心，擺脫定勢的、僵化的、約束的思維，易於產生聯想和輸入外界信息，進而激發靈感，產生思維突躍。

培養發散思維，吉爾福特在談輻合思維和發散思維時指出，大部分人關心是尋找一個正確答案的輻合思維，束縛了學生的創造力。他認為輻合思維與發散思維是思維過程中互相促進，彼此溝通，互為前提，相互轉化的辯證統一的兩個方面，它們是思維結構中求同與求異的兩種形成，兩者都存新穎性，兩者都是創造思維的必要前提。

輻合思維強調主體找到對問題的「正確答案」，強調思維活動中的記憶作用；發散思維則強調主體去主動尋找問題的一解之外的答案，強調思維活動的靈活性和知識的遷移。輻合思維是發散思維的基礎，發散思維是輻合思維的發展。

思維的有效應用

從許多方面來看，思維就是一個人的獨立宣言。它使你從此時此地解脫出來，再次探究過去和未來。思維會使你先成為一個夢想家，而以後很可能就是社會正義和美好生活的積極倡導者。思維會使你考慮生和死以及我們有限的存在的意義。

一、在生活中

因為思想在傳達給他人之前，是一種個人的體驗，因此它在人們學習自我生存中有著極為關鍵的作用。因為，唯有人能夠對思維進行思考，他是唯一能對自己進行反省、沉思、考慮的生

物。這樣的沉思和考慮能夠開拓我們生活中令人振奮的新的領域，但也可能使生活成為活的地獄而已。

思想對我們的行為有巨大的影響。例如：

一個學生（我們稱他為小張）來看輔導專家，因為他不能和自己的同學和睦相處。他老是和人打架、爭吵。甚至他的女朋友都覺得很難理解他。小張沒有真正可以信賴的朋友。在輔導專家和他談話時，很快就發現小張的確不喜歡別人。

事實上，他不信任別人。當他被問及在空閒時間或沉思的時候想什麼時，他立即回答說：「我的一生中人們對我是多壞呀！」經過輔導專家和他的幾次交談，一切都清楚了，小張的內心世界充滿了與人們痛苦交往的回憶，其中包括他的現在已經離婚的父母。

小張對人們的想法是以自己的體驗為基礎的，主要有這樣一些：人本性是惡的、人是不可信任的、別人總是要傷害你的。不管他怎樣企圖把自己的這些思想隱瞞起來，最終還是以或暗（說話聲調，臉部表情，肌肉緊張）或明（咒罵，打人，諷刺挖苦）的方式表示出來。

關鍵之處是，我們對他人、對周圍世界的看法，與我們對他人的行為、態度、與我們生活中做的一切是不可能分開的。

二、在思維世界中

從小張的經歷中我們可以學到什麼呢？首先，我們可以檢查、測定自己內心思維世界的構成。這可以透過多種方式來完成，在輕鬆的氣氛中，與親密的朋友做自由誠實的交談，與老師

或諮詢人員談自己的思想看法；或者記「思想日記」（記下你花許多時間，尤其是一天中獨處時、駕車放學回家時、晚上睡覺前躺在床上休息時思考、懷疑的東西）。

其次，透過對自己內心思想世界的觀察，你會發現一些奇異的東西。你可能像小張一樣，往往沉浸於對痛苦經歷的回顧，或者你更流連的是那些愉快的經歷，更關心的是自己的未來，自己將來做些什麼。在這樣做的時候，你會愈加意識到這些思想怎樣影響著自己的日常生活和與人們的交往。

此外，思維和價值觀有密切的關係。學生們經常碰到的另一個問題是價值觀衝突。

秀娟成長於一個篤信宗教的家庭。她的宗教價值觀之一是不抽煙喝酒。現在秀娟已經是個大學生了，常去出席一些社交聚會，那裡學生們多喝啤酒。秀娟被其他學生認為並不真正是這個團體的一員，因為秀娟沒有喝酒。秀娟來訪輔導專家，在討論這個問題時，她表示了真誠的願望，希望自己的行為有所改變；然而，她以前在家裡和教堂所受的教育又使她很難下這個決心。

我們建議她把喝酒與不喝酒兩個選擇的可能的後果都列出來加以比較。第二天她帶來了兩張長長的後果表。如果地喝酒，後果可能包括：犯罪感、父母的發現和可能的拒絕抵制、法律問題（她還未成年），以及她養成壞習慣的可能性。

不喝酒的後果包括：失去某些朋友、未被邀參加聚會、被人認為「死板守舊」。

她後來認識到，要喝酒的話，後果要嚴重得多，因此她決定不屈服自己一時的衝動。輔導專家最近一次見到她時，

她已和另外一些人交上了朋友。

前面有提到思維與情緒關聯。實際上，我們許多人自身面臨的另一個問題是，矛盾衝突的情緒反應。我們都經歷過這樣一些情緒的聯合或交替，愛與恨、好奇心與厭惡感、歡樂與痛苦；高興與悲傷。

在我們談到男女異性的時候，愛與恨之間的情感衝突是一個非常普遍的問題，我們看下面的例子。

> 瑪莉和彼得要好已經兩年多了。在這期間他們的關係非常密切。有一天瑪莉哭著來見輔導專家，她說：「我的心都給撕碎了。我愛彼得，可他老是做有損於我的事，我真想報復他」。
>
> 她解釋自己真的恨彼得，可她又非常地喜歡他。談著這一切時，她很快認識到與其說問題在彼得方面，不如說在她自己。她對彼得很生氣，因為她有時也想跟其他朋友約會，可是彼得不願她這麼做。最後她鼓起勇氣對彼得說，叫他別來看她了，這樣她就有時間可以與別的朋友約會了。
>
> 現在，擺脫了對彼得的義務，她就能夠探討與其他年輕男子的關係，而不必有什麼罪惡感了。

三、與他人相處

與我們相愛的人幸福地生活在一起或許是人生中最大的歡樂了。我們希望和我們所愛的人共享我們的好運，我們也希望他們和我們一起共享他們的好運，但是不管怎樣，我們總是互敬互

愛。有時候我們之間也會產生矛盾、爭論，甚至憎恨的情緒。

這一切都是正常的、健康的。在人與人的關係中總會發生諸如此類的現象。然而，同樣屬於正常和健康的是，努力解決矛盾、問題，處理好各種思想情緒。

現在我們根據到目前爲止學過的解決問題的方法，討論一下一對年輕夫婦所遇到的問題。

一位年輕的女大學生在與輔導專家以前的一位學生結婚一年後，來看望輔導專家。她感到很痛苦，因爲她覺得丈夫不再愛她和他們的孩子了。

(一) 準確地確定問題

第一個步驟就是要準確地確定問題。問題是否眞的是丈夫不再愛她了呢？人都是具有移情能力的，尤其在人互相愛戀時更是如此，因此輔導專家就問她，她丈夫是什麼時候、怎麼開始改變了對她的感情和行爲的。她說：「在她中學畢業後他們就結婚了，那時她丈夫是大學二年級學生。孩子出生後，她只得辭去了工作。她丈夫也失了學，找了個待遇較高的工作，可是他對這個工作並不喜歡。後來他又上了夜大學，可是因爲學習進度跟不上而退了學。」

大約在這時候，她開始注意到丈夫的行爲有了轉變。他再也不逗孩子玩了，晚上總是很晚回家。他變得沉默寡言了，難得開口，即便開口，對她也是粗聲粗氣的。

到這時，她才明白了問題所在，說：「我可憐的丈夫！現在我才明白了他爲什麼變成這個樣子。他覺得自己前途完了。而我呢，有了一個家，一個小寶貝，自己又在大學求學。我怎麼會對他的情感、要求這麼冷漠，一點都不瞭解呢？我完全只顧考慮自

己了！真正的問題是我怎麼幫助他。」

(二) 制定解決的方法

第二步是制定解決的方法。輔導專家建議她與丈夫談談再回大學求學的事，但她說：「從以往經驗看，這麼做只會使他生氣。」「要是我對他說，我對念大學感到很厭倦，想工作一段時間，這樣是否可行？」她問道。經過討論，我們覺得這是一個好主意，因為她丈夫太愛她了，開不了口來叫妻子退學，讓自己再進大學讀書。

(三) 執行計畫

下一步是執行計畫。她丈夫又回到大學求學了，同時覺得自己並沒有傷害妻子的感情。這個計畫起了作用。她重新投入職場，以幫助丈夫完成他的學業。

她自願作出了犧牲，因為她知道丈夫也同樣為她作出了犧牲。結局是他們夫妻倆比以往更加互敬互愛了。

四、在社會中生活

關鍵的一步是要會運用我們已經學過的思維和解決問題的技巧，正確地運用這些技巧，在我們和他人合作共事時，就能大大提高思維的效率。我們看看輔導專家是如何運用這些技巧對教師進行補習閱讀教學訓練的。

在第一堂課上，輔導專家首先對教師們在教學工作中的出色成績和熱心幫助輔導同學的精神進行了表揚。還表揚了他們自願來學習補習閱讀這樣一些新穎而又有難度的內容。為什麼要這麼做呢？因為教師也是人，在一個新的環境中他們也會有某種受威脅、不能勝任的感覺。

人們在有受威脅感時是很難接受新知識的學習的。他們感覺不自在，對複雜的問題企圖即刻尋出答案來。然而，在人們感到自己是被人重視和需要的時候，儘管學習的內容很深、也很廣，他們還是很樂意去學習。

輔導專家還使教師們明白，由於是在一個新的學習情境中，錯誤和失敗是難免的；這些錯誤和失敗並不是他們的過錯。為了改進他們的教學能力，本來就是應該指望得到幫助指導的（徵詢專家的意見）。

記得上課第一天，輔導專家覺得自己急切想擔起教學工作。他走進教室，他看見有的老師做錯了，但他走開了。他不得不這樣做。否則，教師們就會感到他並沒有真正信任他們。一個人在感到不為人所相信時是不可能盡力去做的。那天下午老師們都帶著許多問題來訪輔導專家。

有時候，他們自己做錯了，但並沒有意識到。這個問題可以用兩個方法來解決；請老師到辦公室來，先表揚他的作業做得很認真，然後提出改進的建議。有時候則就某一特殊的閱讀方法辦一場講座，而不是專門針對某一需要附加訓練的人來進行。重要的是，透過真誠的表揚及建議，使人們保持一種積極的自我概念。

這一例子表明了，在與他人協作共事時，怎樣有效運用思維和解決問題的模式。或許你已經碰到過這種情況，你的上司或老師，為了與人們建立良好的合作關係而採用了類似的技巧。

總之，思維有各種不同形式，要在複雜多變的社會中求得有效生存，思維是極重要的。我們需要發展理解、轉變自己和人們的進程。思維過程，無論起於行為、認知或精神分析模式，都包含主觀因素和客觀因素。思維的主觀原理則主要有：自我概念性

質，需解決問題的性質，自我責任感的程度（無論情緒得到控制
與否）及特別的個性特徵。

　　思維的四個重要客觀原理是：

第一、有效解決問題需要四個步驟：確定問題，制訂解決問
　　　題計畫，執行計畫，以及對結果進行評定。

第二、長期計畫有五個步驟：需要和能力的診斷，暫時目標
　　　的確定，他人需要的分析考慮，完成目標過程的進
　　　展，中期、末期評價和回饋。

第三、對創造性思維的研究明確顯示，它是基於這樣一些個
　　　性特徵之上的，青春態度，自信心，勤奮刻苦，善於
　　　吸取經驗，對模稜兩可狀況的容忍，幽默感，以及對
　　　生活的童稚態度。

第四、進行有效思維必須運用大腦兩半球。對絕大多數人來
　　　說，大腦左半球控制理性及邏輯思維，它代表人類思
　　　維的科學方面。大腦右半球則控制大多數人的藝術、
　　　音樂及創造性思維；它代表人類思維的神秘及「自由
　　　精神」一面。

摘要

　　本章根據「思維的理解——反應外界刺激的活動基石」主題，討論三個議題項目：思維問題的重要性、人類的思維發展、思維的有效應用。

　　第一部分：思維問題的重要性。內容包括三個項目：思考的問題、問題的重要性、思維的原則性。

　　第二部分：人類的思維發展。內容包括三個項目：心理機制與規律、思維的獨創性、思維的發展性。

　　第三部分：思維的有效應用。內容包括四個項目：在生活中、在思維世界中、與他人相處、在社會生活中。

思考問題

1. 何謂「思考／思維」？請舉例說明它所牽涉到的三個問題。

2. 請舉例說明「思考／思維」的重要性？

3. 思維的原則性牽涉四個項目，請舉例說明之。

4. 請從「心理機制與規律」觀點，舉例說明人類的思維發展。

5. 請從「思維的獨立性」觀點，舉例說明人類的思維發展。

6. 請從「思維的發展性」觀點，舉例說明人類的思維發展。

7. 請舉例說明：如何在「生活中」有效的運用思維活動？

8. 請舉例說明：如何在「思維世界中」有效的運用思維活動？

9. 請舉例說明：如何在「與他人相處」中有效的運用思維活動？

10. 請舉例說明：如何在「社會生活中」有效的運用思維活動？

7

動機的理解

──滿足人類需求的內在驅力──

動機問題的重要性

　　作為具有智力的人，我們都很想儘可能多地理解自己行為的為什麼，即理由——為什麼。隨後我們要理解動機的重要性以及動機的心理學觀點。

一、動機：為什麼

> 我們為什麼要做我們正在做的事？
> 別人為什麼和我們行為不同？

　　有關行為的這些為什麼。也許是僅次於「我是誰和為什麼我會在這裡」這兩個問題的最難回答的問題。將來某一天，對這些神秘的問題我們也許會有更好的回答，但在目前，我們繼續根據已知的材料進行更有意義的研究。

　　你是否問過自己下列問題：

> 我為什麼上學？
> 是我自己想在這裡上學，還是僅僅因為屈服於社會的壓力？
> 在生活中我追求的究竟是什麼？
> 如果真的有了我想要的所有的錢，那我想做什麼事？

　　筆者記得有一個學生畫過這麼一幅畫：一個大學生捧了一大堆書，卻一身泳裝，腳下踏著滑水板！當筆者問他這幅畫什麼意思，回答是當他畫畫的時候，他真的不知道心裡想的是什麼。不過，他承認他正在考慮是繼續讀大學呢，還是退了學，「到處去玩」幾年再說。

　　從這個故事可以看出，動機形成是一個複雜的過程，因為各個動機常常相互衝突。我們想受好的教育，但是，又想結婚組織家庭；我們想找一個自己喜歡的工作，但是，又想找一個有保障的工作。因此，我們必須決定怎樣做對目前或對將來更重要。我們肯定不願意做童話故事中聽說的那頭「餓死的驢子」，儘管有兩堆草料讓牠選擇，卻餓死了，就因為它決定不了該去吃哪一堆草。

二、動機的重要性

　　理解動機是理解行為的關鍵。為什麼一個人在某個時候做某件事？對這個問題會有數不清的回答，但是很可能沒有人，甚至連做這件事的本人也講不出真正的原因。但是，我們必須想辦法瞭解行為後面的目的，否則，我們就面臨一個幾乎無法忍受的局面：即我們無法解釋我們或他人為什麼會這樣或那樣地行動。這樣的局面是違反常識和科學的。

　　所有的行為都有目的。目的可能是體內化學過程的結果，例如，對水和食物的需要；也可能是為了滿足社會期待，例如，上學和找職業。在大多數場合，對所發生的事情，用一個簡單的理由是無法解釋清楚的。動機問題是一個費人尋思的、複雜的、但我們又必須設法去理解的問題。例如：

　　在實施法治時常常就考慮，犯罪動機和罪行本身同等重要，甚至更重要。法庭在量刑前就常要探究犯罪的原因。某位專家曾供職軍事法院，經辦過一士兵案件。該士兵置上司反覆訓誡於不顧而多次擅離職守。儘管本人認罪，軍事法官還是判他無罪。因為專家對法庭宣讀了從波多黎各飛往美國的一次飛機失事中的死者名單，名單中包括了這位士兵幾乎所有的直系親族，他們在來探訪他的旅途中喪了生。

　　正如皮亞傑指出的那樣，「刑、罪相當」只是未成熟的兒童的天真看法。有道德觀念的、成熟的成年人有能力考慮罪犯作案的理由、動機和主觀意圖，而不僅僅是他的已客觀存在的罪行。成熟的成年人不會要求在量刑時「以牙還牙」，他們要探尋的是產生行為的潛在理由──行為的「為什麼」。

三、心理學的觀點

　　關於人類的三個主要心理學觀點──行為主義的、精神分析的和人本主義的觀點──在人應該首先被看作是消極的（passive）還是積極的（active）這個問題上出現了最重要的不同意見。

　　這兩種不同意見常被稱作動機的「拉力理論」，和「推力理論」。拉力理論發現我們的大部分動機植根於環境和外部力量，例如，獎勵和懲罰；推力理論發現人的大部分動機發生於人的內部，發生於表現為衝動和發展傾向的內部力量。

　　如前面所說的，這個動機控制點的問題是一個程度大小的問題。所有上述三種觀點都認為人既是積極的行動者，又是動機力量影響的消極承受者，關鍵區別在於人首先應該被看作什麼。如果按照從消極到積極的順序排列，這三種觀點的次序將會是，行為主義，精神分析，人本主義。

　　人本主義模式真誠地相信，如果我們把人看作積極的行動者，而不是外部力量的消極承受者，我們將對人性有多得多的瞭解。然而，另外兩個模式，卻更強調人作為決定自己行為的唯一最重要的因素的意義，以解釋為什麼如此多的人類行為是由人主動採取的。

（一）行為模式

　　早期行為主義者，或叫刺激──反應心理學家，闡發了一種

比較簡單的首先以生物驅力降低為基礎的動機模式。在這個模式中，動機首先起源於內部，以飢、渴動機為形式；也起源於體外，表現為外部滿足物和它們的特性，例如，食物的種類和質量以及它們的可得性和價格，都可能是決定外部刺激物的動機價值的重要因素。

　　行為主義者早就確認，人很快就學會去看重他所處的特定社會所尊敬的東西。學生成年累月苦熬苦讀，追求的是同學人所共羨的優等成績；小孩下盡苦功學一些複雜的技巧，以博取父母那句動聽的話，我們喜歡你。為了說明這些明顯地是習得的社會動機力量，產生了初級動機和次級動機（primary and secondary motivators）的概念。

　　初級動機是人所共有的天生的生物驅力（飢、渴和其他組織需要）次級動機是指幾乎數不清的習得的心理和社會需要。它們之所以被稱為次級動機，是因為人們以為它們的習得是和初級動機相聯繫的。錢被看重，因為它與滿足初級需要的能力有關。母親為嬰孩所愛，是因為她餵養他並消除其他生理上的緊張感。

（二）認知不協調

　　把理性和知識引進動機模式常常引起內心混亂，這稱作認知不協調。導致認知不協調的過程如下，我們每個人都在自己的記憶中儲存了大量的各種各樣的信息、態度和意見；當我們的看法中出現了足夠大的差別時，我們就開始經歷某種不適，即認知不協調。我們現在討論三種常見情形，在這些情形下，人們先經歷信念中的不一致，以及隨之而起的不適，然後作出努力解決這種不協調。

　　在我們的社會中，接觸相互矛盾的證據也許是最常發生的認知不協調的實例。吸煙者會談到大量的研究報告，這些報告告訴他吸煙引起癌症和肺氣腫，使人短命。人們問他，作為已能把人

送上月球的社會的一員，爲什麼還日復一日、年復一年地吸煙呢？

　　爲了減輕所有這些在他心中引起的巨大混亂，這個吸煙者或者戒煙，或者設法爲自己行爲辯護，兩者必居其一。B·韋納報導了一項政府研究，其中比較了相信吸煙與致癌有關和煙癮之間的大小關係。不吸煙者、少量吸煙者、中量吸煙者和嚴重吸煙者否定吸煙會引起致癌的相對百分比分別爲55%、68%、75%和86%。這樣看來，透過改變原先的想法或行爲，或者透過否定引起不適感的論斷的眞實性，就可以減輕認知不協調。

　　一個決定作出以後，人們常常要爲自己的行動（包括從婚姻到買汽車）辯護或證實它們的合理性。在一項由J·W·布雷姆進行的研究中，要求被試者對幾個產品的吸引力作出評價，然後給每人一件產品以酬謝他們的合作。饋贈之後，要求他們對這些產品進行再評價。正如認知不協調動機原則所預示的那樣，對有關產品的評價上升了。

（三）不充足理由

　　如果一個人工作很努力，報酬卻很少，或者認爲自己的行動傷害了自己或他人，這時，認知不協調往往就會發生，那麼，這個人必須找到把自己重新看作是聰明有理智的方法。

　　爲證實這種假設，L·費斯廷格爾和J·M·卡爾史密斯付給參加一個枯燥實驗的學生有的20元，有的1元。結果，拿錢少的學生毫無例外地比拿錢多的學生認爲這實驗更有趣。之所以會產生這樣的結果，其理由是拿錢少的學生感到菲薄的酬金虧了他們，就必然地改變對實驗的評價，以稍稍平息理所當然的不滿，也許在學校環境以外，人們會簡單地將實驗主持者看作吝嗇，給學生的錢這麼少。

　　如果對自我實現型人做同一個實驗，結果將會極有意義，因

爲我們預料，心理健康的人本會因爲只拿到一元報酬去說謊，也
不會由於做了被實驗者這個無足輕重的有失身份的經歷而感覺不
舒適；這種情境不會被看作是對他們自視爲有道德和責任的公民
的一種威脅。

總之，動機研究試圖回答有關行爲的種種爲什麼。即使心理
學家一致認爲所有行爲都有目的，我們至今尚不能解釋有關人類
行爲的許多問題。

理解動機的觀點

心理學研究與社會生活實踐經驗證明，個人的工作與學習能
否獲得成就，在很大程度上取決於本人能否發揮其積極性與主動
性。積極性與主動性乃是個人動機力量的具體表現，其作用之大
並不亞於個人的能力與知識經驗。

分析人們的行爲時，必須揭示其行爲的動機。只有這樣，才
能判斷其行爲的出發點，才能預見其行爲重複出現的可能性，才
能作出鼓勵或禁止的信號，從而實現對其行爲的控制。

一、動機的作用

動機，是直接推動個體活動以達到一定目的的內部動力。個
人的一切活動都是由一定的動機所引起，並指向於一定的目的。
動機是個人行爲的動力，是引起人們的活動的直接原因，它是一
種內部刺激。

動機這一概念內包含以下四項意義：

（一）動機是一種內部刺激，是個人行爲的直接原因。

（二）動機爲個人行爲提出目標。

（三）動機爲個人行爲提供力量以達到其體內平衡。

（四）動機使個人明確其行爲的意義。

（一）活動性與選擇性

由此可見，動機具有兩個方面的作用：活動性與選擇性。

活動性。個人懷有某種動機之後，能對其行爲發生推動作用，表現爲對其行爲的發動、加強、維持、直至中止。

選擇性。具有某種動機的個人，其行爲總是指向於某一目的而忽視其他方面，使其行爲表現爲明顯的選擇性。故分析個人動機的作用時，首先要確定其方向，在正確方向指引下，動機越強烈，則其行爲越具有積極的社會意義；否則，方向不符合社會要求，動機越強烈，其行爲對於社會帶來的消極意義也越大。

（二）複雜性

此外，動機尚具有一定的複雜性。個人的動機及其行爲之間的關係是錯綜複雜的。它們不是一對一的關係，同一動機可以產生不同的行爲。例如，個人懷有爲國家建設貢獻自己力量的動機，可以表現在多方面的行爲。

1.努力學習，掌握知識技能。

2.鍛鍊身體，增強體魄。

3.對智力實行自我開發等。

個人的同一行爲也可以由不同的動機所引起。例如，個人刻苦進行體育鍛鍊這一行爲，可能來自不同動機：

1.為了參加運動會，獲取全勝。

2.為了增強體質。

3.為了使體形勻稱、健美。

一般而言，個人的行爲總是同時有幾種動機共同發生作用，其行爲不是單純爲某一個動機所支配，但其中總有一種動機發生主導作用。或者說，在不同的階段起主導作用的動機可以相互轉化。例如：

人們學習知識的主導動機是要成為一個專門家；在學習過程中，支持其學習活動的主導動機可能是其對專業的興趣；在學習考核階段，支持其學習活動的主導動機則可能是為了爭取獲得好成績；在學習結束階段又會產生與個人志願有關的其他的主導動機。

動機的複雜性還在於：人們頭腦裏存在的動機和他口頭或書面表述出來的動機往往是不一致的。例如：

有人升入大學學習的動機可能是為了拿到文憑或為了加工資，也可能是為了個人興趣。但他感到這種赤裸裸的動機似有個人主義之嫌，於是他可以向他人說升學是「為了建設國家」。此外，人們頭腦中實際上起作用的動機與他本人意識到的動機也往往不一致。

（三）可知性

最後，動機更具有一定程度的可知性。從以上的分析中可以看到，動機是複雜的，它是一種內部刺激，別人是無法直接觀察到的。但動機也不是不可知的，因爲動機體現在人們的行爲之中，若能對人們行爲作系統觀察與分析，可以推測其動機。

根據行為的強度與持久性可推測其動機的強度。行為的力量來自動機,一個求知慾很旺盛的人和一個缺乏旺盛求知慾的人相比,學習活動的強度和持久性大不相同。

根據行為的方向與行為內容可推測其動機的社會意義。

二、動機的社會背景

人們的需要決定於社會生活條件,受其社會關係所制約,因此表現需要的動機也具有社會歷史性。同一個國家在不同的社會背景下的人們,具有不同水準的動機。

美國哈佛大學心理學家麥克萊倫二十多年來一直致力於研究人們的成就動機。麥克萊倫透過主題統覺測驗,即用看圖說話或看圖講故事的方法,簡稱TAT測驗,以及對兒童的觀察與談話,獲得兩個主要的發現:

第一、由於社會背景不同,兒童所受到的社會化不同。一方面,父母本身若具有較高的成就動機,就能對其子女的成就動機給予迅速的獎勵;另方面,父母本身的成就動機既可以為其子女的成就動機提供樣板,又可以為其子女提供一個促進成就動機的家庭氣氛。這種氣氛能強烈的誘導兒童的成就動機的高度發展。

第二、促進成就動機的氣氛可能在全國範圍內造成。麥克萊倫測量並估計了三十個國家兒童讀物的故事內容中所表示的成就需要的強度,發現這與這些國家二十年後的經濟發展之間有顯著的相關。這一發現表明,一個國家範圍內形成了成就動機的氣氛,將有利於青少年兒童成就動機的提高。

上述發現值得我們重視,這種情況同樣可以在我們的社會生活中見到。人們的動機受社會經濟文化等因素的影響很大。新加

坡的專家調查了近四百名已婚青壯年的生育動機，發現其生育動機與所受的文化教育程度有明顯的負相關，即人們的教育文化水準越高則越不願多育，而教育文化水準越低則希望多育。

研究者指出：文化程度高的人，追求精神生活的興趣和探求知識海洋奧秘的求知慾更加強烈，不願多育，而且容易領會和接受家庭計畫的宣傳，使社會的客觀要求轉化為自己的主觀需要。研究還指出了與上述結論有關的另一側面，即生育動機與人們的職業有關係，文教機關已婚的青壯年中，少育動機佔優勢，而工農業及服務性行業青壯年中則多育動機佔優勢。

三、動機與需要

麥獨孤最早提出，人們社會行為的動力是本能。也就是說，他把人的本能作為推動人們行為的動機，本能具有動機作用。因為本能是一種與生俱來的衝動，所以用本能一詞來概括人們社會行為的動機，顯然是站不住腳的。但是，人的本能對於他的某些行為確實發生推動作用，所以也不能一概否定本能有動機作用。例如：

> 人有吃喝的本能，就會推動人們去尋找吃、喝的對象。但是，用本能作為人們行為的動機是十分不全面的，於是後來的一些心理學家用需要一詞來代替本能的概念。

(一) 需要激發

所謂需要，乃是指人的生理或心理狀態由於某種不足或過剩而失去了安定的不均衡狀態，由此產生不快感而造成一種緊張狀態。個人表現出追求安定以恢復平衡，這就是需要。例如：

人們喜歡人際交往，不喜孤獨，如果一人獨處，失去思想交流的機會，那就是心理狀態在交往方面均不足。

但是，如果人們整天忙於與周圍人交往，那就是情感交往過於頻繁，心理狀態在交往方面過剩了。不論是不足或過剩，都會產生不快感，造成孤獨或煩惱的緊張心理，於是個人就會去追求交往或逃避人群，前者表現為尋找朋友，後者表現為尋找安靜地方。這種追求就是需要。

人們的動機就是由其需要所激發。需要驅使個體趨向某個目標，變為動機。也可以說，動機是由需要轉化來的。一般而言，需要與動機兩個概念可以不必細分，許多有關書籍、文章中，都把動機與需要等同起來。不過，人們有時候即使有了需要，都並未激發出動機。例如：

人們處於一般饑餓狀態下，需要吃東西。但看到食品很不衛生，又冷又硬，知道如果吃下去會生病，就不想吃這食品。這就是說，饑餓狀態下吃的需要並未激發出吃東西的動機。由此可見，動機具有一定的對象。

動機是由需要所激發的。但有時候，人們的需要卻未被自己明確意識到，這是一種潛在的需要。人的潛在需要在某種場合下，仍然可以作為其行為的動機而發生作用。例如：

有人去書店要買一本數學參考書，正好看到有歌曲選，原本他並無購買此書的明確需要，但有潛在需要，於是他想買一本歌曲選。這就是潛在需要激發行為的動機。

(二) 情感與認知成分

情感的動機作用。需要的滿足與否會產生肯定或否定的情感，從而激發起某種動機。情感是人們快樂或不快樂的經驗，是人們對於來自體內與外部世界刺激所獲得的主觀感受。若是給自己帶來愉快的刺激，就發生趨近的行為，若是給自己帶來不愉快的刺激，就發生逃避行為。例如：

> 一個人在路上遇到了知己朋友，就會主動上前打招呼，談話；如果遇到了一個自己不太喜歡甚至討厭的人，就只點個頭，或有意避開對方。這就是人們的情感推動了自己的行動，故情感具有動機作用。

認知的動機作用。認知也有動機作用，因為認識外界事物，瞭解與掌握事物發展規律的本身，就是一種認識需要，這種認識需要會發生動機作用。例如：

> 當人們對於某個新事物缺乏認識時，由於好奇心的驅使而想要瞭解它；當人們對於某個事物只有初步認識，由於對它具有興趣而想進一步瞭解時，都會推動自己去認識它。所以說，認知也會對行為發生動機作用。

動機與需要層次

馬斯洛是西方人本主義心理學的創始人，生於美國紐約，父母是移居美國的俄國猶太人，幼年與父母居住在白人地區，備受歧視，生活孤獨。他一心讀書，先醉心於行為主義心理學，相信行為主義可以改變世界。事實教育他，依靠行為主義無濟於事，

於是轉而探求人的內在力量，即人的價值與潛能。他認為人的內在力量不同於動物的本能，人要求其內在的價值與內在潛能得以實現乃是人的本性。由此可見，他的人本主義心理學是以內因論為其根據的。

人本主義心理學形成於第二次世界大戰以後，是當代心理學的第三種力量，既不同於行為主義的外因決定論，又不同佛洛伊德的生物還原論。它以認知論的觀點，肯定人的行為的意識性、目的性與創造性，強調人與動物的差異，注重人的價值和人的特殊性。

馬斯洛認為，社會文化對人有影響，但人本身的內在力量尤為重要，社會文化因素對人的價值體系起一種促進作用。每個人都具有一定的內在價值，這種內在價值就是一種類似本能的潛能或基本需要。人要求其潛能得到實現，這就是馬斯洛的自我實現論的中心思想。

一、不同層次需要

馬斯洛認為，人的價值體系中存在著不同層次的需要，排成一個需要系統。其中最低層次的需要是生理需要，它是一種隨生物進化而逐漸變弱的本能或衝動；最高層次的需要是高級的需要，它是隨生物進化而逐漸顯現的潛能。馬斯洛認為，人的需要體系分為五個層次，從生理的、安全的、社交的、自尊的需要，一直到自我實現的需要。

第一、生理的需要。這是人們最原始、最基本的需要，它指對食物、水份、氧氣、性、排泄及休息等的需要，是由體內化學或神經中樞所控制。這類需要如不被滿足就有生命危險，所以是最強烈的需要。

第二、安全的需要。要求安全，希望避免如冷、熱、毒氣、災害、痛苦等物理條件下的傷害，經濟不穩定的威脅（例如，失業），學習失敗的威脅（例如，考試不及格）等。

第三、社交的需要。如渴望家庭父母、朋友、同事、上級等對其所表現的愛護與關懷、溫暖、信任、友誼、愛情等需要，人們還渴望自己有所歸屬，成為團體之一員。

第四、尊重的需要。希望他人尊重自己的人格，希望自己的能力和才華得到他人公正的承認和讚賞，要求在團體中確立自己的地位。這類需要可分為兩種：第一種是，希望自己有實力、有成就、能夠勝任工作，並要求獨立和自由。第二種是，要求社會上給予名譽、地位、權力、讚賞，要求他人對自己重視或高度評價。

第五、自我實現的需要。希望完成與自己能力相稱的工作，充分表現個人的情感、思想、願望、興趣、能力、意志等，能使自己的潛在能力得到充分的發揮。馬斯洛說：「音樂家必須演奏音樂，畫家必須繪畫，詩人必須寫詩，這樣才會使他們感到最大的滿足。」是什麼樣的角色就應該做什麼樣的事情，我們把這種需要叫做自我實現。

二、自我實現的需要

馬斯洛指出不是每個成年人都能自我實現的，能夠充分使其自我實現需要得到滿足的人是極少的。雖然如此，自我實現卻是推動個人生涯發展的原始驅力，更是人類社會發展動力。

馬斯洛提出的自我實現的人具有以下十四個特徵：

第一、具有一種領會自己、他人和自然的能力。他們有一種積極肯定的自找認識，也能領會他人和大自然的能力，有一種甘

當覺察者而不願當評判者的傾向，就像一個孩子一樣，用廣闊的、不帶批評的、天眞無邪的目光觀察世界，看待自己和他人的內在的人類本性。

第二、建立良好的人與人之間的關係。他們喜歡接近人們，他們懷有一種善良的願望，善於與他人建立良好的人際關係；他們待人和藹可親，克己耐心，對同伴富有同情心。

第三、對於現實有較強的感受能力，並能夠和現實建立和諧的關係。他們能感受世界的本來面貌和人們的眞實情況。發生問題時，由於他們能夠瞭解事情的實際情況，因此能有效地解決問題。

第四、能不斷地欣賞新生活。他們能經常從生活中尋找樂趣；他們對於生活中許多事物都能作出新的反應，就好像是第一次遇到似的；他們帶著敬畏、興奮、驚奇的心情，百看不厭地、天眞地欣賞生活中常見的事物。對他們來說，即使是生活中偶然的、平常的、暫時的事情，也是令人興奮而入迷的。

第五、能夠獨立自主，不受文化和環境的束縛。他們有良好的自我感受和自制力，能夠遵照自己的行爲與價值標準，知道應該怎麼做，不應該怎麼做，而不是處處依賴於別人的規定，或按照群體生活方式的規定辦事。

第六、富有創造能力。他們不管做什麼事情，都以一種創造性的方式來對待，從不按照自己或別人已經做過的成功經驗來重蹈覆轍。

第七、具有一種民主型的性格結構。他們常常讚賞並崇尚別人的優點，願意聽取別人的意見並向其學習，尊重別人的獨立性與特異性，他們向任何有學問的人學習而不必去顧慮別人會有什麼想法，他們明智地懂得自己知道的東西比起應該知道的和別人已經知道的是微乎其微的。

第八、具有驚人的不可思議的經驗——頂峰室經驗。大部分人也曾經有過頂峰室經驗，具有自我實現的人遠比一般人有更多的頂峰室經驗。頂峰室經驗總是出現在美好的時刻，那是在快活而略帶有神秘感的時刻。

第九、相信永恆和神聖的東西。當他們看到母親在照料孩子，教師在教育學生，醫生或護士在減輕別人痛苦的時候，會產生一種眞和善的感受。

第十、認爲助人是一種義務。他們能設身處地去幫助別人解決困難，當別人的希望得到實現時，別人的痛苦減輕時，自己會感到由衷的高興，因爲他們是懷著一種眞正的願望去幫助別人的。

第十一、對人一片深情。他們有一種把自己與人類合爲一體的感受，他們眞誠地相信，所有的人基本上都是好的，都是善良的，都是非常值得自己去愛他們的。

第十二、富有一種哲理性的、友善的幽默感。幽默感是一種對荒誕的、不合理的和自相矛盾的事情進行評說的能力。他們即使在逆境中，雖然在軀體上、心理上尚未被損害，但在有潛在的痛苦的情況下，能表現出一種幽默感，而在幽默中卻不含有敵意。因爲運用幽默感是一種在緊張狀態下達到心理放鬆的有效手段，有益於心理健康。

第十三、具有強烈的道德感。他們的道德境界包括了整個人類，他們似乎受著內部最高法庭的支配，這個法庭保障著所有的人的眞誠、善良和尊敬，而不管這些人的國籍、民族、宗教和政冶信仰如何，不管這些人是親人、朋友、還是敵人。因此，他們不受法律條文的約束，而是受法律精神所支配，以理性和邏輯爲根據。

第十四、有一種獨處的需要。他們樂意並主動尋找自己獨處

的機會，在這個獨處的時刻，他們能夠深謀遠慮，設想解決各種問題的可能途徑。許多舉世聞名的構思就是在這種獨處的條件下闖進意識的。

馬斯洛的需要層次理論已成為組織管理心理學和教育心理學的重要組成部分，並在西方許多國家企業界應用推廣。據估計，在美國大學中，現在約有三分之一的心理學人士贊成馬斯洛的人本心理學的基本觀點，而實驗心理學則批評馬斯洛的概念模糊，理論體系不夠嚴密，方法欠科學。但是總的來說，社會上對於馬斯洛的理論是普遍持歡迎的態度。

動機的有效應用

我們已經知道，動機如何作為內、外因素的結果而發展。我們也已知道，某些動機比其他動機更屬於基本動機。我們還考察了一種新的動機理論，它認為人處於向自我實現相超越兩個階段不斷發展的過程之中。我們希望現在你對自己或他人的行為的理由有了更深的理解。具體地說，我們希望你現在能夠：

一、理解和承認你自己的一些基本動機。

二、知道如何改變你的一些動機——那些你可能為之感覺不舒服的或給你造成困難的動機。

三、理解如何開始滿足較低層次的需要，以便逐步達到動機階梯的頂層，向自我實現發展。

一、理解自己的動機

　　這裡我們談論的是不僅要理解，而且要承認你自己的動機。我們知道，有的人可能理解自己為什麼做某一件事，但是卻不承認它為自己人格的一部分。事實上，他可能為之而產生罪惡感，我們這樣說不是要你承認你所有的動機。你可能想改變其中的一部分動機。不過，在你有力量改變它們以前，你必須在它們影響你的行為時，首先理解和承認它們。

（一）在動機階梯上的層次

　　讓我們看一看你自己在動機階梯上的位置。目前，你處在哪一層？你也許已經使你的大部分生理需要得到了相當程度的滿足：當然，如果你是一個勤工助學的自立學生，可能有的時候為付你的伙食費而感到捉襟見肘。

　　你是否已處於階梯的較高一層——安全和有保障？你們之中的許多人可能會由於下述種種衝突而感覺相當不安全，自主與依賴家庭；性自由與習得的社會和宗教價值觀；想在社會上某職業中得到認可與在家中可以得到舒適和保護；在社會中表現自己均在家中可得到的無條件的接受和愛等等之間的衝突。

　　愛和歸屬也許是大多數學生和許多成年人感到沒有被充分滿足的兩種需要。這是可以部分地預料到的，因為你現在正在逐步脫離父母家庭。隨著你發現了自己是誰，你就能在密切的個人交往中更好地與他人相處。

　　自我尊重對學生來說也是一個較難滿足的需要。在中學裡面常常只有體育尖兵受到普遍承認。即使在大學裡，學生有時也會受到感覺遲鈍的教師、行政人員或秘書們以各種微妙方式表現出來的歧視。應該指出，你的許多具體需要似乎不一定和馬斯洛階梯的需要層次——對應。

換言之，一種需要的剝奪常常在個人身上以獨特的個人方式表現出來；不同的行為可能是同一種需要的表達形式。

對許多需要僅僅是部分地被滿足所表示的容忍能力稱為挫折耐力 （frustration tolerance）。有些人不能容忍他們的需要受到挫折。他們想要的東西或人，現在就必須得到！他們想做的事情，現在就必須做到！

心理健康的人的特徵之一就是，為了日後，也許多年以後，得到更大程度的滿足，他們能抵擋追求滿足眼前需要的誘惑。就是說，他們想滿足安全和自我尊重的需要，但是在目前容忍這些需要暫不被滿足，為了以後能得到更高程度的安全感和自我尊重感。

許多學生會面臨這類困境，例如，有兩位學生打算退學，為的是能離開家庭 （更大的獨立），找到公寓和工作（自我尊重）。但在和筆者談話以後，他們斷定自己目前能容忍這些需要不被滿足。這樣，當他們成為助理牙科醫師之後就能更充分地滿足這些要求。因為，到那時，他們就有了一份技術性工作，使他們有時間能在更大的程度上去挖掘和發展自己的個人潛力。

二、滿足不同的動機

你也許已經形成了滿足正給你造成問題的某些動機的方式。從本質上來說，馬斯洛階梯的一系列動機代表了人類共同的所有基本動機。行為的個人差異是人們透過家庭的和文化的強化而習得的滿足需要的不同方式所造成的。

我們要在這裡闡明的一點在筆者與一位學生的談話中清楚地顯示出來了。

這位學生叫瑪麗，她感到自己出了什麼毛病，因為她總是

必須和他人呆在一起。她孤獨得太久了，變得十分焦慮、抑鬱和惶恐。她正在失去許多朋友，她們討厭她總是纏著他們，或者每天有時在夜裡給他們打二、三次電話。

你可能會說，瑪麗已學會了用一直呆在他人身旁的辦法來對付自己不安全和不適合的感覺。她是七口之家中最年輕的一員，其兄、姐都已結婚或在外求學，於是她感到了孤獨。她試圖用自己的朋友來填補對兄姐的思念。這給她造成了問題。

對瑪麗的問題沒有簡單、快捷的解決辦法。我們和她討論了她可以做的、會給她的歸屬和自我實現提供額外滿足的事情。她參加了美術俱樂部（她有畫風景畫的才能），她的幾幅水彩畫上了畫展，得了獎。而且她還試著在獨處的時候做些事情。她發現給自己的好朋友寫信是一大樂事。她還從縫紉和聽音樂中得到了滿足。當她對朋友講述自己的感受時，她寬慰地發現，她們獨處時也有相同的感覺，至少每隔一段時間一次。

上述例子說明的主要一點是，你的動機不是固定不變的。它們能透過精神療法、劇烈事件、對他人的信任、教育或社會壓力而被改變。你可以找到你自己的辦法來引起你體內動機的改變。

三、與他人生活

人類的行為無窮：造橋、作曲、爬山、互相殘殺或為他人獻身。理解他人行為的關鍵是要知道他們為什麼做這些事情——他們的目的或動機。

為了更好地理解他人，要設法確定他們在動機階梯上所處的層次。例如，如果我們想要理解一個小孩行為的原因，我們可以

預料下述動機的存在：生理需要、刺激、安全、愛，然後是探索性行為。

在理解另一個人的動機時，我們會預料為滿足歸屬感和自我尊重的行為。一位典型的學生，如果已感受到安全和愛的話，會正在尋求其他學生已經得到的東西——合格的成績、社會地位和一個值得透過學習去爭取的職業。如果一個學生已感到有所歸屬，已具有他人所有的東西，他就會無牽掛地去從事滿足自我尊重需要的事情。

換言之，他的興趣已不僅僅在於去做別人做的事情，去擁有別人擁有的東西。他想要出類拔萃，做一篇普通的學期論文已不能使他滿足。他要使自己為作為一個個人而自豪，他為取得自我尊重感而努力。

一個具有自我尊重感的學生不那麼關心他人正在做什麼，他更多地關心的是他自己在做什麼和怎樣做。他對自己從事的活動的品質優劣更是十分注意，對個人批評非常敏感。如果一位教師對他的論文評分不公正，他會去力爭，不會為了維持教師對自己的好感而接受這個不公正的分數。他會說：「讓我不及格也罷，把我開除也罷，但是，不能侮辱我作為人的尊嚴！」

另一方面，如果一個學生仍在主要地關切自己是否被他人所愛或需要，則常常在他人對自己的侮辱和貶低面前忍氣吞聲，特別是當這種侮辱和貶低來自他認為地位優於自己的人時。一個拼命追求一位他所中意的女郎的年輕男子會在她面前俯首貼耳。

一個想得到好分數的學生很可能願意做教師要他做的任何事情，而且從不和教師的意見相左。班級中丑角人物的滑稽言行也正是為了博取他人的認可，因為他用社會可接受的體面方式做不到這一點。

四、在社會生活中

當我們環顧四周，我們會發現更多的人正在滿足馬斯洛階梯上的所有基本需要，但是很少有人達到階梯的最高層次——自我實現。許多人感到安全，擁有許多優越的物質財富，享有威信，感到了個人價值。他們看上去志得意滿。他們追求的是否就是這一切？

有人回答說：「是的」。他們已經得到了社會所珍視的，認為是重要的一切。因此，他們參加更多的俱樂部，買更多的汽車，建造更氣派的房子。他們卻像飽食的牛那樣——他們已停止發展，不再學習。

不過，人的本性似乎是這樣，只有當我們積極地追求，探索和試驗的時候，我們才覺得自己的能力發揮得更好，生活得更幸福。在某種意義上，我們應該避免完全的滿足感。不管怎麼樣，當我們的基本需要得到滿足之後，我們面臨著選擇。我們可以從此踏步不前，像一個自鳴得意的機器人，也可以從滿足的頂端繼續向前發展，以達到自我實現。這樣，我們就有可能在高度個性化的、使人振奮的基礎上繼續發展和學習。

筆者發現很難把飽食的牛這個思想對大學生解釋清楚。許多人認為，真正富裕的成功的人已經達到了人類生存的最高水準。有一位大學生多年來在富裕人家輔導他們的孩子學習。他最後得出的結論是，許多富裕人家的父母並不幸福，儘管他們有房子、豪華型轎車、遊艇和飛機。例如：

一個十多歲的孩子要求他的家庭教師去跟他的百萬富翁的父親說，讓他在暑假裡去加油站工作。父親解釋說，這辦不到；全家在假期裡要乘自己的遊艇去太平洋遨遊。而這小孩卻不想去，他想到加油站去工作，他想要和同年齡的

其他孩子一樣，去做他們正在做的事情，去發展，去學習。而他的父母，卻像飽食的牛，只有興趣去再三重複相同的行動。

從這些關於動機的討論中可以看出的更重要的一點是，從本質上來說，所有人的需要是相同的。然而，人們學會了用各種不同的方式來達到相同的目標。為了更好地理解他人，你必須研究他們用來滿足相同動機的各種各樣的特定方式，

總之，動機理論研究人們行為的理由。雖然所有行為都是有目的的；但是，要把特定的動機和特定的行為一一聯繫起來，常常是很困難的。主要的動機理論來自人類思維的三個領域：宗教、哲學和心理學。宗教的和哲學的動機理論：包括：宿命論、猶太／基督教、理性主義、利己主義、利他主義和享樂主義。心理學動機理論包括：精神分析論、行為主義和人本主義。

有關動機的人本主義理論認為，動機層次不斷向自我實現和超越發展。他們認為，所有動機依一定的層次排列，在較高層次的需要得到滿足以前，必須先滿足基本需要。研究已向我們揭示了：

（一）動機在實際生活中，如何發生作用的某些原則。

（二）動機可能改變，動機不是總能被意識到。

（三）同一動機可能以不同的方式被表現出來。

（四）幾個動機可能結合起來產生強大的行為。

（五）人類行為不總是遵循需要層次。

（六）不是總可以找到重要理由來解釋所有的行為。

摘要

本章根據「動機的理解——滿足人類需求的內在驅力」主題，討論四個議題項目：動機問題的重要性、理解動機的觀點、動機與需要層次、動機的有效應用。

第一部分：動機問題的重要性。內容包括三個項目：動機：為什麼、動機的重要性、心理學的觀點。

第二部分：理解動機的觀點。內容包括三個項目：動機的作用、動機的社會背景、動機與需要。

第三部分：動機與需要層次。內容包括兩個項目：不同層次需要、自我實現的需要。

第四部分：動機的有效應用。內容包括四個項目：理解自己的動機、滿足不同的動機、與他人生活、在社會生活中。

思考問題

1.何謂「動機」？請舉例說明之。

2.請舉例說明：動機的重要性。

3.請從心理的觀點指出動機重要性的三個項目。

4.動機的概念包括有四種意義，請指出這些項目。

5.動機是推動個人活動的內部動力，請舉例說明它的四種
作用。

6.哈佛大學麥克萊倫教授對動機研究做過長期研究，請指
出他的兩項重要發現。

7.動機與需要有著密切的關係，請舉例說明之。

8.根據馬斯洛的看法人的需要牽涉到不同的五個層次，請
舉列說明之。

9.馬斯洛認為人的自我實現具有十四個特徵，請舉例說明
其中的五個特徵。

10.請舉例說明：如何從「理解自己的動機」中有效的運用
動機活動？

11.請舉例說明：如何從「滿足不同的動機」中有效的運用
自己的動機活動？

12.請舉例說明：如何在「與他人生活」中有效的運用自己
的動機活動？

13.請舉例說明：如何在「社會生活中」有效的運用自己的
動機活動？

8

態度的理解

──建立衡量外界的價值觀念──

態度問題的重要性

　　態度在社會心理學研究中是一個最古老、最重要的領域，其主要原因是，這個問題具有極大的實用價值，例如，廣告就是讓人們形成對某一產品的態度，思想教育是讓人們確立一種態度或改變一種態度。1918年，最早的研究人員W・I・托馬斯等人甚至這樣說過：「社會心理學就是態度的科學」。

　　雖然今天已沒有人會下這種結論了，但這對理論研究者和實際工作者仍具有極大的吸引力。1968年，有位叫威廉・麥克基爾的心理學家說過，這一課題似乎具有巨大的內在動力，以至於我們期望將來的研究會一如既往並會達到一種高水準。

　　我們在現實生活中，幾乎無時無刻不在談論態度，例如：

　　我想去阿里山旅行一次，你認為怎麼樣？

　　這件事我非常不贊成。

　　至於他當選與否，我都無所謂等等。

　　然而，在西方社會心理學的文獻中，關於態度的論題多數卻是人們對待其他民族的成員和集團所持的態度問題。對於他們所提供的資料和研究結果，我們必須謹慎地分析和使用。我們的出發點，應該是透過態度的研究和實際運用，解決我們社會中所存在的問題，團結人民、教育人民，推動國家的現代化建設。

一、態度的意義

　　對於什麼是態度，社會心理學家的看法很不一致，有人作過統計，認為大約有三十多種不同的定義。其中，有三種基本說

法。

第一、最簡單的說法是，態度是一種評價或情感反應。持這種看法的是路易斯・瑟斯頓。他強調的是一種主觀心理狀態，他認為，某個人對某個對象或問題的態度就是他在感受上贊成還是不贊成這個問題或對象。

第二、另一種比較複雜的定義是由G・阿爾波特所下的。他認為，所謂態度就是人們對某個態度對象或問題以一定方式做出反應的準備狀態。他強調的是行為傾向。

第三、這種定義是由認知心理學家所下的，他們認為，態度是認知、情感、意向成分的集合，即態度就是我們如何理解對象、感受對象和針對對象採取行動的一種混合物。這個定義常常被引用。

因此，我們可以說，態度是人們對待某個人、某種觀念、某個東西的心理傾向，它包括：認知、情感和行為意向成分。換句話說，我們的任何一種心理傾向，如果在某種程度上包括了認識、情感及意向的特點，那麼它就是一種態度。

不過也有人把意向成分視為行為成分，金巴爾多等人曾指出，情感成分包括一個人對某物或某人的評價、愛好及情緒反應，認知成分被概括為一個人對此物或此人的信念或真實知識，行為成分包括指向物或人的外顯行為。例如：

在開發中社會裡存在著各種對待知識教育的不正確態度。他們認為，知識教育並沒有對社會作出多少貢獻，他的這種看法來源於某些表面的享有特權感受，如果知識分子多得一些報酬，多分一點福利，認為就會擴大腦力勞動者和體力勞動者之間的差距，而且是不公平的。

此外，他們對知識分子也可能有一種忌妒的否定情緒，不太喜歡他們。結果，他可能會散布言論，不同意提高知識分子的待遇。因此，我們可以說，對鼓勵知識教育的政策所持的是消極態度。

二、認知成分

認知指個人知覺物體或他人的方式，即在此人的大腦中形成心理映象的方式。態度的認知成分包括對於該物體或他人的所有思想、信念、知識和經驗的集合。人們常常把它看做是有理智的、合乎邏輯的對於事物的一種陳述。從這種敘述中，不僅表現出一個人對事物特性的瞭解，也表現出這個人對事物的好壞、是非的評價。當然，對於這種瞭解和評價可能不正確的，也可能是片面的，還可能是錯誤的。

社會心理學發現，態度的認知因素具有分化性、概括性和傳遞性的特點。分化性是指對於某一類事物的認知運用到各種個體的事物上，概括性是指把類似的事物按某些特徵聯合起來加以認知，傳遞性是指對於某種事物的認知遷移到相關的另外的事物上。這種認知因素的分化性、概括性和傳遞性也帶來態度的分化性、概括性和傳遞性。例如：

> 某人對蔬菜有一個好的態度，根據分化性，他對白菜、花椰菜、高麗菜等都有好的態度。根據概括性，他對含有豐富的維他命C的新鮮水果和綠葉蔬菜都有好的態度。根據傳遞性，他對豆製品、水缸裡長出的豆芽也有好的態度。因為認知成分具有分化性、概括性和傳遞性，所以它能夠成為態度三成分中最為活躍的一種因素。

　　人們透過學習和實踐，接受新知識，可以相對迅速地形成或改變對某種事物的態度。當今社會上，一切經濟的、政治的、生活的各個方面的宣傳，絕大多數都是透過傳遞某種信息，使人們形成某種認知。進而形成和改變態度。

　　需要說明，認知的重要性會隨著感情變化而有變化。例如：

　　某人擔心提高知識分子待遇會擴大體力勞動者和腦力勞動者差別，但是如果這種擔心被沒有科學技術也難以改善體力勞動者物質生活的更強烈擔心所壓倒，那麼此人會對知識教育轉從而持積極態度。

　　不過，我們還必須注意，事情是複雜的，人的心理更為複雜，在開發中社會裡某人對知識教育將採取積極態度的時候，同時會有大量新的認知成分出現，假如此時他們的領導者又興起打擊迫害知識分子的活動，並且編出了一些冠冕堂皇的理由；還造成了一股的輿論，那麼，他也可能相信了這些輿論理由，而對加強知識教育政策，又轉而持消極態度。

　　態度的認知成分有時還會自相矛盾，而把態度弄得十分複雜。聽起來這似乎是不可能的事，其實很常見。例如：

　　有人既可能不同意落實知識教育政策而又覺得應該為他們增加工資。因為，此人的兒子大學畢業每月只有二、三萬元收入，而他兒子的一些考不上大學的朋友倒是每月賺四、五萬之多，這太不合理了。

三、感情與情緒成分

　　心理學的研究結果告訴我們，大多數人在態度形成過程中並

沒有經過周密的推斷，態度似乎是直接地，簡單地形成的。因為，心理傾向首先就是指一種過分簡化和一種概括。人們在面臨一件事情的時候，會無意識地認為：如果以前這件事性質如此，那麼只要情形相似，哪怕是表面上的相似，眼前這件事性質也會如此。

大多數人在日常生活中表示自己的態度時不說，經過反覆周密的考慮以後，我的態度是……，而是說：我不贊成，……、我完全同意……等等。人們常這樣說：我不喜歡塗脂抹粉的人，年輕人留小鬍子真不像話，我從來不看這類小說。

這些態度都是些簡略的概括，它們並不表示複雜的理由，而僅僅反映強烈的情緒。有的心理學家指出，一旦這人被證據說服，情感發生改變，即使原來的理由被忘卻，效果也將長期存在。

在日常生活中，我們經常看到，感情比認知更為重要，兩個人得到相似或相同的信息，而態度卻可能截然不同。在西方，贊成使用原子能的人與反對使用原子能的人在辯論時往往使用同樣的事實，他們的態度卻取決於情緒，贊成者所擔心的是能源枯竭，強調原子能廉價，而反對者則擔心會發生破壞力巨大的原子能事故。

有時我們和其他人發生了爭吵，彼此出言不遜，都氣得要命，而事後我們則感到自己太過火了，應該主動向對方道歉言和，雖然有這種認知，但是一接近對方，卻感到生氣，最後還是轉頭而去，這就是情感情緒在做怪。心理學家們認為，如果有些人對某一社會問題表錯了一定情緒，而另一些人僅有理性認識，感情沒有介入，那麼，前者會比後者態度更為強烈，行動更堅決。

有時雖遭別人非難，我們仍傾向於堅持自己的態度，即使有

新的材料出現，我們也不大願意改變態度。例如：

> 一個認為「女大當嫁」是理所當然的父母，也許寧可把非
> 侍奉自己而不結婚的女兒看作例外，而不會改變他生女不
> 如生男好的態度。他在與別人談話時，也承認自己的女兒
> 好，但認為世界上像這樣的女兒不多，因此，他會勸那些
> 只生了一個女孩便不想再要孩子的人，再生一個男孩。

從生理機制的角度看，人的認識活動主要是在大腦中進行
的，而情感情緒活動往往還引起內臟、肌肉多部位的反應。有些
情緒並不直接受大腦皮層的控制。從這個角度看，它對人的影響
是多方面的與更加深刻的、態度紮根於情感之中，就會變得穩定
和持久。

四、意向成分

態度的行為或稱意向成分指個體對待事物的動作傾向。例
如：

> 對落實知識教育政策持消極態度的人，在行為上便會散發
> 對知識教育的不信任言論，在他主管的工作範圍內有意無
> 意刁難知識分子，拒絕政府提高他們福利待遇的政策。

意向成分受認知及情感成分的影響。例如：

> 某個歧視婦女的人，一般只要在涉及這個問題的場合，他
> 都會歧視婦女，他或者在家裡虐待妻子，不讓女兒多受教
> 育。或者在他制定招募、招生標準時，增加某些歧視性的
> 條件，儘量不招或少招女性。

態度的三種成分之間在一般情況下是協調一致的、對於某一事物，如果認爲它是正確的，就會產生喜歡它的情感，發生接近它的行爲。社會心理學家的研究發現，態度的三種成分之間，情感和行爲之間的相關程度高，而認知和情感、認知和行爲之間的相關程度低。常常聽到有人抱怨：明知道是怎麼一回事，可是做起來又是一回事，這也許就是情感決定行爲的緣故。

五、價值和意見

在日常生活中，人們往往會把態度與有關概念相混淆，如與事實、價值（價值觀念）及意見相混淆。首先說說事實與態度的關係。事實是人們所知覺的事物的各種情況。雖然某些事實有助於形成態度，但是事實卻不包括情感成分，如果某些事實被推翻，人們可以較容易地承認它謬誤。例如：

> 有的人斷定世界上沒有什麼兩個腦袋連在一起的人，他們這樣說通常與個人利益並沒有什麼利害關係，但是如果有一天，他們看到了連頭人的照片，便會心甘情願地改變自己的看法。然而，事實可以與人的態度一致，也可以被態度所歪曲。由於態度的作用，有時甚至面對相反的證據，也會認為某種虛假的事實是真的。例如，前幾年西德所作的有關排猶主義的一次民意測驗中，許多德國人認為，西德當時有二十萬猶太人，其實猶太人至多只有兩萬人。

態度不應該與事實相混淆，同樣，態度也不應該被錯當成信念。信念就是把某個屬性歸於某一個對象的想法，如我們說只有民主制度才能發展台灣社會，就是承認民主制度的優越性。信念與態度相比，更多地立足於調查所得到的事實或推測得到的事

實，而較少立足於情緒。

價值是一種基本的原則，通常表現爲一種道德或倫理的命題。例如：

> 不勞而獲可恥就是一種價值陳述。價值經常構成態度的基礎。不勞而獲可恥這一價值將構成如下多種態度陳述的基礎，必須嚴厲制裁盜竊國家財產的罪犯，利用手中的權力為自己謀私利的做法是可恥的事情等等。

我們有著多種態度和信念，但僅有少數幾種價值。價值是些基本的框架，我們的認知就是依靠它們建立起來的。

社會心理學家把意見定義爲對某種態度、信念或價值的言語表示。意見與態度不一樣，因爲它本身不需要包括情感成分，也不會有動作的趨向。例如：

> 有人會說，南水北調是個好主意，然而這僅僅是表達了他內心存在的某種事實而己。

應該指出，對於上述各種概念，社會心理學家們還有許多不同的看法，因爲討論態度問題沒有必要介紹很多這方面的爭論，所以就不必多說了。

態度的測量

態度是個人的一種比較持久的內在結構，它無法被直接觀察到，但可以從人們的言語、行動以及其他方面表現出來。凡是社會中各種社會角色、各個社會團體、家庭、學校等組織、各種制

度以及各種社會問題，如生育、戰爭、宗教等，都是人們態度的對象。要研究人們的態度，必須對之進行測定。

測定態度有以下幾種方法：

一、自我評定法

自我評定法被視為最精練的一種方法。這是被試者對一定的項目的自我評定。自我評定有兩種方式，即總加量表法與社會距離尺度法。

（一）總加量表法

總加量表法是由美國社會心理學家里開特在1932年所創用，用以測量每一種態度的一個態度量表，態度量表是針對某個態度對象而設計的，它是由若干個問題組成，根據被測者對個各問題所作的反應給予分數，以代表該人對某個事物所持態度的強弱。

總加測量的方法如下：

第一、設計測量態度的問題。總加量表法大約由二十個問題組成。首先有一個前提，即認為構成態度的各個問題的價值相等，每個問題的意義大小並無本質的差別，被測者只要對所提的問題表示同意或不同意的程度。程度可以分為兩等：同意和不同意、三等：同意、無意見、不同意，也可以分得更細，如五等、七等，甚至更多。測量一項態度，調查的問題一般最低不少於五個，最高不多於二十五個。

第二、被測量者進行自我評定。被測量者根據自己的觀點在相應項目內打上記號，從中可以反映出被測量者對某個對象的態度是積極的還是消極的。

第三、整理結果。研究者對每個項目給予相應的分數。如果

有五個等級，則最贊成均為五分、贊成者為四分、無意見均為三分、反對均為二分、最反對均為一分。最後將各人的調查表所得的分數加在一起，可以代表該人對某個對象的態度，分數越高表示態度越肯定。

(二) 社會距離尺度法

　　美國社會心理學家布加達斯在1925年創立了社會距離尺度法，用以衡量人們對某個事物的態度。

　　測量的方法是研究者設計出一套能反映不同社會距離的意見，請被調查者根據自己的實際看法在相應的意見項內打上記號，然後把一個團體的所有成員的態度距離加以統計，製成曲線圖。曲線圖反映了一個團體對某個對象所持態度的距離分佈。不同的團體對同一事物的態度的距離分佈可以作比較，同一團體對幾個事物的態度距離分佈也可以作比較。

　　舉例：對於某個成員 （甲）的社會距離調查表。

1.願意和他作為知己。

2.願意請他參加自己所屬的社團活動。

3.願意和他做鄰居。

4.願意和他做同事。

5.願意和他保持一定的距離 （例如，一般的社交）。

6.願意和他少來往。

7.願意和他絕交。

二、自由反應法

　　自我評定法主要是測定態度的情感成分，而且所獲結果常常

以數字來表示。有時候，人們還必須瞭解態度的認知成分，這就
需要讓被測者作自由反應。

（一）問答法

最常用的方法是用所謂開放式問題讓被測者回答。這類問題
的特點在於，它並不向對方提供任何可能的答案，以便使對方能
充分地反映出自己的態度。例如：

你對家庭計畫的看法如何？
可以讓對方作任何形式與內容的回答。

（二）投影法

投影法的特點是透過間接的方法來瞭解人們對某個事物的態
度。這是透過分析人們對某個刺激物所產生的聯想來推測其態
度，這種聯想是人們內心深處的想像、願望、要求以及思想方法
等等無意識地在某個刺激物上的反映。由於被測者事先不知道測
定者的意圖，猜不出測定者想要他回答些什麼，故難以作假，有
一定的可靠性。但對其反應進行分析時，測定者主觀性很大。投
影法一般都採用看圖說話（TAT測驗）的方法，被測者在看圖編
故事時會不知不覺地把自己對某一事物的態度投射進去，從而洩
漏出自己的眞實態度。

（三）語句完成法

語句完成法是事先準備好幾個有關某一事物的未完成的句
子，讓人們把句子寫完，從中也可以反映被測者態度。以瞭解被
測者對其父親的態度爲例，讓人們完成以下幾個句子：

假使我父親……，父親說，……，今天我父親……等，句
子可以適當增多些，從其完成的句子中可以知道被測者對
其父親的態度。

三、行為觀察法

觀察人們的行為，也可以用來估計人們對某事物的態度，而且還可以不使本人察覺，從而獲得比較可靠的材料。運用行為觀察法時，必須同時再結合被測者在上述幾種方法中所表示的態度，加以相互印證，才有一定的可靠性。一般不宜單以觀察行為來確定其態度，因為行為和態度不是一對一的簡單關係，行為是態度的一個重要參考方面。

以上幾種測定態度的方法中，以自我評定法為最普遍，方法也很簡便，直截了當，但缺點是真實性、可靠性較差，因為人們的態度體系中都有一種自我防禦機能在發揮作用，害怕自己反映的真實態度不符合社會及其所處的團體的規範與準則。因此用這類方法所獲資料可能會發生誤差，還必須結合其平時一貫表現出的行為，加以綜合評定。自由反應法中除了問答法以外，其他方式運用起來比較困難，可以作一些嘗試研究。

四、生理反應法

生理反應法，是透過檢查被測者的生理狀況來測定其態度的一種方法。生理反應法測定人們態度的情感因素，情感在人們的態度中起著重要的作用。

當人們產生某種態度時，其態度中的情感因素會喚起機體的植物性神經系統的變化，例如，心跳加速、呼吸急促、血壓升高、瞳孔擴大等生理變化，因此透過生理指標的測定，可以推測人們的態度。專家們還認為，人們的植物性神經系統較難自己控制，因此這種方法尚有一定的可靠性。

其實，生理反應只能測定其反應的強度，要識別生理反應的方向卻是十分困難的。例如：

聽到「電影」這個詞，被測者的皮膚電反射會發生變化。
問題是：

這種變化是因為被最近看過的電影的某個場面所感染？
還是因為電影票價太高而生氣所導致的？

答案是無法確定。瞳孔反應也是如此。瞳孔擴大意味著愉快，瞳孔收縮意味著不愉快，這種關係也未必正確無誤。

態度的轉變

態度形成之後比較持久，但也不是一成不變，它會隨著外界條件的變化而變化，從而形成新的態度。

研究人們態度的轉變是十分重要的，它隨著社會的進步和人類社會的相互依存性而日益顯得重要。在科學技術飛速發展的今天，人和人的關係、團體和團體的關係，國家和國家的關係，其中都有人們的態度在發生作用。態度是個人行為的基礎，如果轉變了人們的錯誤態度，可以消除一些偏見、歧視和隔閡，有助於協調人際關係。

態度的轉變指兩個方面，即方向與強度。方向與強度有關係，從一個極端轉變到另一個極端，既是方向的轉變，又是強度的變化，而且說明了強度變化很大。

個人態度的轉變應注意說服——工作的方式方法。而怎樣進行說服宣傳才能取得良好效果呢？社會心理學家作了大量實驗，歸納起來有以下幾項：

一、提供事實信息

在進行說服宣傳時，宣傳者所提供的信息必須實事求是，既不過份誇大，也不過份縮小。過份誇大會使人產生懷疑感與不信任感，過份縮小則不易引起人們充分重視。

有人將同一型號汽車作了兩則廣告，一則廣告說：這種車門的內把手太偏右了一點，用起來不順手，但除此之外，其他方面都很好。另一則廣告中沒有這一條，全都講優點，結果顧客都相信前一則廣告。這說明實事求是地介紹優缺點能獲得人們的信任，從而容易接受宣傳的內容而轉變其態度。

這裡有一則有趣的案例：

話說有一位台灣的旅客攜帶被禁止的肉鬆罐頭進入美國，在入海關之處，當被海關官員詢問是否攜帶有肉製品時，趕快把一罐肉鬆拿出來，推說不知情，被沒收。海關官員則認為該旅客「誠實」，而讓他輕易的過關，其實該旅客的其他行李中，則藏有更多的肉鬆罐頭，被帶進入美國。

二、以利害說服

美國社會心理學家施肯認為，宣傳必須使人們的內心感到有壓力與威脅，只能聽從勸告轉變態度以消除心理上的負擔。也就是說，說服宣傳必須曉以利害，但又必須理智地實事求是地提供信息。而且在轉變人們態度時必須注意下列兩個問題：

第一、如果需要人們立即採取行動轉變態度的話，則宣傳應該能引起較強烈的恐懼心理，使這種恐懼心理轉化為一種動機力

量，以激發人們迅速改變態度。例如：

> 安全行車的宣傳使人們認識到如果不注意安全行車後果危
> 險，發生強烈的情緒體驗，從而很快轉變其態度。

第二、如果宣傳者要求人們可以延長一段時間改變態度，則
不必過份強調危險，因為恐懼心理會隨時間的推移而逐漸消失，
但人們理智上卻是清楚的，而且會逐漸佔上風，認識到應該重視
它，轉變原先的態度。例如：

> 抽煙致癌的宣傳，過份作恐懼的宣傳反而會發生抵觸情
> 緒，認為不抽煙的人也會導致肺癌，即使致癌只要早期診
> 斷、早期治療也不會危險。但是，理智上終究認識到抽煙
> 有致癌的危險性，應該戒煙，但遲幾天問題不大。

由此可見，情緒性作用和理智性作用，對於態度的轉變隨問
題的性質而有所不同。

三、雙方與單方宣傳

要轉變人們的態度，應該宣傳正反兩方面的內容，還是只要
指出所強調的一方面的內容，這就是雙方面宣傳和單方面宣傳何
者有效的問題。

日本社會心理學家原崗1967年開始以中學生為研究對象，採
用了四個課題進行單方面和雙方面兩種內容的宣傳，然後測定其
態度轉變。結果是，單方面宣傳能引起被試態度轉變的平均尺度
為零點八三，而雙方面宣傳的結果平均尺度為零點四一，從而顯
示了單方面宣傳的優越性。

　　分析以上結果可見，單方面與雙方面宣傳對人們態度的轉變作用不是絕對的，要根據對象的特點有針對性地進行宣傳。當人們和宣傳者所提倡的方向保持一致時，並且他們在這方面的知識經驗不足時，單方面宣傳比較合適。當人們早已具備比較充分的知識經驗，而且習慣於思考和比較時，雙方面宣傳可以向他們提供更多信息，以權衡利弊得失。

　　目前許多商業廣告幾乎都是一邊倒的單方面宣傳，從社會心理學角度看，對一些知識經驗豐富或教育程度較高的人來說，並不能發生多大作用。但確實也會使一些人相信，甚至有些商品廣告言過其實、過多誇大而矇騙了一些人。

四、逐步提出要求

　　實驗社會心理學研究表明，要轉變一個人的態度就必須瞭解他原先的態度，然後再估計一下兩者的差距是否過於懸殊，若差距過大、操之過急反而會發生反作用；如果逐步提出要求，不斷縮小差距，才使人們能夠接受。

　　弗里曼曾作對比實驗：

　　以家庭主婦為被試對象，向一組被試者先提出一項要求，要求在她家門口掛一塊牌子，待家庭主婦同意了這要求之後又提出另一項要求，則要求在她在院子裏立一個架子。同另一組被試者同時提出上述兩項要求。如果表明，最初提出較小要求，後來再提出進一步要求這種方法比一開始就提出兩項要求，容易使別人接受而轉變態度。

　　上述研究表明，要求人們轉變態度時，應該分階段逐步提出要求，不要急於求成，欲速則不達。如果要求過高，不但難以改

變原先的態度，反而會使人更加堅持原來立場，持對立情緒。這
種情況在日常生活中也是經常會遇到的。例如：

> 對於後進者提要求必須循序漸進，先提出他力所能及的要
> 求，然後再逐步加碼，容易奏效。又如，人們突然聽到不
> 幸消息（親人死亡）時，由於無思想準備而一時接受不
> 了，甚至會發生意外，因此必須逐步給以信息。

五、積極參與活動

要轉變一個人的態度，必須引導他們積極參與有關活動。在
這方面，社會心理學家曾進行過一系列研究。

布魯奇做了一個實驗：

> 被試者是耶魯大學一年級學生，他們原先都不信天主教，
> 實驗者要求他們寫出支持天主教的文章，共分為四組：
>
> 第一組被試者寫文章可以自由選擇材料。
> 第二組被試者必須按規定寫，不可自由選擇材料。
> 第三組被試者著重考慮文章的內容。
> 第四組被試者著重考慮文章的結構和語法。
>
> 四組被試者寫好文章後，實驗者再詢問他們對天主教的態
> 度，分析與比較他們原先的態度是否發生轉變。結果發
> 現，自由選擇材料組和注意文章內容組的被試者更多地轉
> 變了原先的態度，他們變得相信天主教了，而另外兩組的
> 變化則不大。

上述實驗表明，引導人們參加實踐活動有助於改變其原來的態度。在現實生活中也有正反兩方面的事例。對於體育運動抱消極態度的人，與其口頭勸說，還不如動員他們去操場上轉轉，往往容易使其態度發生轉變。有人本來不喜歡抽煙，不贊成賭博，後來在別人的建議下抽上一支煙，或偶然踏進賭場，由於好奇心的驅使也試著去賭上一兩次，最後也可能轉變他們原先的態度。

六、團體約定

團體的公約、規則可以有效地改變人們的態度。二十世紀四十年代，社會心理學家勒溫在這個問題上曾做了一系列的實驗。

其中一個實驗的對象是生產住院的產婦。當她們離院回家時，實驗者把產婦分為兩組，用兩種方式告知：一種是透過醫生的個別勸說，醫生告訴產婦，為了嬰兒的健康，每天應該給孩子吃魚肝油和桔子汁；另一種是醫院給大家規定，回去以後必須給孩子吃上述食品。一個月以後進行了檢查，發現被醫院規定的產婦幾乎全都照辦，而被醫生個別勸說的產婦卻只有部分人照辦。

上述實驗說明，團體規定比個別勸說有助於轉變人們的態度。那麼，是否就可以不必重視思想工作呢？可以認為，這些實驗所揭示的結果和做思想工作是並不矛盾的。轉變人們的思想，包括態度，必須採用各種途徑。

團體規定，對於人們執行那些起碼的、基本的準則是必要的，如要求公民遵守國家憲法 要求學生遵守學生守則等。團體規定之後如果有人不遵守，可以進行個別的勸說，雙管齊下，促使其態度發生轉變。

態度轉變的有效操作

態度轉變的有效操作牽涉到下列三個項目：說服宣傳者的威信、態度轉變的個人因素、對態度變化的心理抵抗。

一、說服宣傳者的威信

要有效的說服被宣傳者，首先必須「說明」宣傳者的有效身分與權威，與此同時，更要「證明」這個「說明」的事實與可靠性。

（一）宣傳效果與宣傳者威信的關係

宣傳者有無威信，這對被宣傳者態度的轉變與否有很大的關係。哈夫蘭特的研究表明，宣傳者本身威信高則其宣傳效果好，宣傳者威信不高則其宣傳效果差。也就是說，被宣博者的態度轉變與宣傳者的威信有直接關係。

一般來說，宣傳者威信的高低與其效果是成正比的。但哈夫蘭特透過研究又指出，這種正比例關係只是發生在較短的時期內。時間一長，不管是有威信的宣傳者還是無威信的宣傳者，兩者的宣傳效果無多大差異。哈夫蘭特的研究表明，有威信的宣傳者在宣傳之後即刻就具有很大的說服力，但幾星期後優勢就逐漸消失；而威信低的宣傳者在宣傳之後過一段時期，宣傳效果會逐漸上升，因此最後兩者的宣傳效果幾乎相等。

可以認為，上述情況在社會生活中確實是存在的。

人們聽了一個重要報告，當時情緒激動，紛紛表示要按照報告指出的方向與要求去行動。可是事過境遷，人們逐漸淡忘；有時候被宣傳者接受了一般的宣傳，當時還看不出有多大效果，但一段時間後，人們的態度則發生了變化。

這兩種情況可能對我們的工作有所啓發，當人們接受宣傳之後情緒激昂時，必須趁熱打鐵，以促使其態度的轉變；當人們接受宣傳之後無動於衷時，我們也不必操之過急，要耐心等待一個時期，幫助他們轉變態度。

（二）證明宣傳者的威信

美國社會心理學家伯魯曾從三個方面研究宣傳者本身的威信、宣傳者的對人態度、專業水準、表述能力。

第一方面：是宣傳者的對人態度，包括以下幾項：

> 公正——不公正。
> 友好——不友好。
> 誠懇——不誠懇。

這是可信性因素。

第二方面：是宣傳者的專業水準，包括以下幾項：

> 有訓練——無訓練。
> 有經驗——無經驗。
> 有技術——無技術。
> 知識豐富——知識欠豐富。

這是專業性因素。

第三方面：是宣傳者的表述能力，包括以下幾項：

> 勇敢——膽怯。
> 主動——被動。
> 語調堅定——語調軟弱。
> 精力充沛——疲倦乏力。

這是表達所能夠產生的效果。

伯魯透過研究指出，上述三個方面中以第一、二兩個方面是主要的，第三個方面相對來說不太重要。

二、態度轉變的個人因素

態度轉變也有個別差異，即使在同一情境內接受同一宣傳，人們也並不作出相同反應。有人容易轉變態度，有人則不易，這與他本人的個性特點有關係。個性特點主要有以下幾項：

自尊心強的人一般對自己的評價會高些，自尊心弱的人一般對自己的評價會低些。前者不易被他人說服，後者比較容易被他人說服。權威主義傾向，是指人們對權威過份尊敬與服從，權威主義傾向重的人容易被他人說服。

想像力豐富的人比較喜歡猜測宣傳者的意圖，對宣傳者將會帶來什麼獎勵或懲罰十分敏感，他們往往對宣傳內容不作客觀的評價，容易被說服。許多研究資料表明，女子比男子容易被說服。

就一般常識而言，智力水準高的人似乎比智力水準低的人不容易接受宣傳說服而轉變態度。因為前一種人具有更多的批判力，知識經驗也相應會豐富些，比較善於辨別宣傳者所講的是否真有道理，是否合乎邏輯。有人研究發現，智力在不同情境下對自己轉變態度有不同的作用。因為宣傳說服有兩種性質：

一種是強調對方注意和瞭解情況是這樣的而不是那樣的。
一種則是強調要對方相信要這樣做，而不要那樣做。

前一種宣傳內容複雜，意義較深奧，因此智力水準過低的人

不易接受；後一種宣傳內容意義簡單，缺乏說服力，因此智力水準高的人不易受影響。如果可以滿足本人當時最大的需要，逃避最大的懲罰，獲得新知識，發揮自己最大的潛力時，容易接受宣傳而轉變其態度。

總之，個人能否轉變其態度要看個人本身的心理狀態。個人如果確實迫切要求改變自己的現狀，則能改變態度，這就涉及到改變態度與他切身利益關係的大小。例如：

> 有些學生或青年的學習態度很差，要求他們立即奮發圖強一時難以辦到，但當其認識到如不抓緊學習，就不利於自己時，也會努力學習。
> 如果他們知道學校畢業後繼承父母的家庭事業也須經過專業考核、勞工提昇晉級要有檢定證照時，轉變其學習態度的可能性就會變得很大。

也就是說，學習態度的轉變與個人的切身利益關係十分密切時，外在的因素容易轉化為他的轉變態度的動機，從而構成了他的參照結構，最後轉變了學習態度。

三、對態度變化的心理抵抗

宣傳者進行宣傳時，也會發生事與願違的情況，即人們的態度會向相反方向變化，或仍持原來的態度，即所謂逆反心理。

人們發生對態度變化的抵抗有主客觀原因：

(一) 主觀原因

產生心理上的抵抗的主觀原因是什麼呢？有一種觀點認為心理上的抵抗是個人感覺列在某些方面享有自由行動的權力被剝奪時，自身激發出的一種動機狀態，目的是想確保行動的自由。而

且這種自由對個人來說越重要，則心理上的抵抗也越大。

還有，如果個人能夠自由地決定自己的態度是否需要轉變，而其態度轉變對個人具有重要價值的話，則心理上的抵抗也越大，更難以產生態度的轉變。

產生心理上抵抗的另一主觀因素是人們由於好奇心的驅使，而產生了與宣傳意圖相反的效果。有些文學作品，本身有不少缺點，宣傳者的目的是想讓大家否定它們，於是提出種種禁止的辦法，但宣傳往往起了相反的作用。

尤其是青年人，他們單純、幼稚，因此錯誤地認為越是被否定、被禁止的東西，內容肯定是新奇的，獨特的，有魅力的。於是他們千方百計想要佔有它、瞭解它。這是在電影、文學作品的宣傳中比較普遍產生的一種副作用。

以上主客觀原因的分析對我們的宣傳工作可能有些啟發：

一方面，我們的宣傳要實事求是，不要嘩眾取寵，否則會引起人們的反感；另一方面，我們的宣傳要引導人們自己去辨別什麼是好的，什麼是不好的，也可以有目的地組織討論，共同評價，相互提高，這樣會收到較好的效果。

（二）客觀原因

宣傳者的宣傳如果單純地為宣傳而宣傳，以命令的形式進行宣傳，要求人們不准這樣，不准那樣，那麼，這樣的宣傳效果可能適得其反。

宣傳者的宣傳如果言過其實，或強調得太過份，則其效果也不好。

瓊斯等人探討了引起什麼程度的恐懼心最能轉變人們對抽煙的態度。他設置了兩個實驗組，一是引起高度恐懼組，另一是引

起中等程度恐懼組。給高度恐懼組被試者看一部彩色科教片，電影介紹一個抽香煙厲害而導致肺癌的人接受手術的過程，讓被試者看到患者打開了胸腔中靡爛的肺；中等程度恐懼組被試者看這一電影時，上述鏡頭剪去了，被試者只看到患者肺部X光片及醫生的口頭介紹。然後比較兩組被試者對抽煙態度改變的情形結果是前者態度改變的人數少於後者，比數是百份之三十六點四與百份之六十八點八。

這一實驗表明，不轉變態度的危害性強調得太過份，引起對方的恐懼心太厲害，其宣傳效果反而不好，會引起人們心理上的抵抗。

摘要

本章根據「態度的理解──建立衡量外界的價值觀念」主題，討論四個議題項目：態度問題的重要性、態度的測量、態度的轉變、態度轉變的有效操作。

第一部分：態度問題的重要性。內容包括五個項目：態度的意義、認知成分、感情與情緒成分、意向成分、價值和意見。

第二部分：態度的測量。內容包括四個項目：自我評定法、自由反應法、行為觀察法、生理反應法。

第三部分：態度的轉變。內容包括六個項目：提供事實信息、以利害說服、雙方與單方宣傳、逐步提出要求、積極參與活動、團體約定。

第四部分：態度轉變的有效操作。內容包括三個項目：說服宣傳者的威信、態度轉變的個人因素、對態度變化的心理抵抗。

思考問題

1. 何謂「態度」？請舉例說明三種代表性的看法。

2. 人類的態度具有相當的「認知成分」，請舉例說明之。

3. 人們的態度也具有相當的「感情與情緒成分」，請舉例說明之。

4. 人類的態度具有相當的「意向成分」，請舉例說明之。

5. 人們的態度具有相當的「價值與意見」，請舉例說明之。

6. 在態度的測量方法中，請舉例說明「自我評定法」的應用。

7. 在態度的測量方法中，請舉例說明「自由反應法」的應用。

8. 在態度的測量方法中，請舉例說明「行為觀察法」的應用。

9. 在態度的測量方法中，請舉例說明「生理反應法」的應用。

10. 在操作「態度的轉變」時，有六種方法可以運用，請舉例說明之。

11. 在態度轉變的有效操作中，「說服宣傳者的威信」扮演了重要角色，請舉例說明。

12. 在態度轉變的有效操作中，「個人的因素」也扮演了重要的角色，請舉例說明。

13. 在態度轉變的有效操作中，「心理抗拒」扮演了重要的角色，請舉例說明。

9

情緒的理解

——建構情感管理的有效機制——

情緒問題的重要性

　　有些人認爲理解別人的最好方法是觀察他們的行爲。另一些人認爲最好的方法是設法知道人們在想什麼和怎麼想。本章將提出下述觀點，知道人們的情緒能幫助我們更好地理解自己，更好地理解他人。

　　情緒就如空氣一樣包圍著我們。無論我們做什麼，學什麼，想什麼，都伴隨著情緒。情緒有時狂暴的能衝決一切，有時卻很微妙，我們幾乎覺察不出它們的存在。

　　情緒表現不全會剝奪人最寶貴的必要的特性。如果這種情緒表現不全蔓延開來，就會造成一個「機器人」社會。社會上精神疾患的基本形式—— 精神分裂症—— 實質上就是情緒表現與行爲的分離或者情緒表現的缺欠。

　　歷史上也充滿了諸如：德國的希特勒、羅馬的克勞迪斯皇帝、英格蘭的亨利八世等人的暴行。他們表現出積極情緒的嚴重喪失，以致做下令人髮指的野蠻行徑。

　　如果我們把行爲比作人的骨骼，那麼動機和情緒就是肌肉。從這個比喻可以看出情緒的重要意義。

一、早期的經驗

　　下面是幾個敘述過去經驗的例子：

其一：我所能記起的最早的兒童期的經歷是那次我幫媽媽烘餅。那真好玩。不過我敢肯定媽媽不高興在她出去時，我拿了一把調羹在牆上到處畫圖案、畫人臉。

其二：那一次我和家裡人一起去山裡度週末。我們打算住
　　　在朋友的小房裡。我們在那裡確實呆了幾天。不
　　　過，到姐姐在浴室裡發現了一隻蝙蝠，媽媽在廚房
　　　裡發現了蜥蜴，而我在起居室裡看見了一窩蛇之
　　　後，那還用説，我們飛也似地逃了。

其三：我記得有一次在電影院裡走失了。我出去買糖果，
　　　原想一定能找到原來的座位：我是和媽媽坐一起
　　　的。可是當我想在黑暗中找到原來的座位時，卻再
　　　也找不到媽媽。我害怕極了，覺得再也找不到了。
　　　那是一種絕對的孤獨和被丟失的感覺。一位領票員
　　　發現了到處亂跑的我，幫我回到媽媽的座位邊時，
　　　是多幸福的一刻！

　　從這些引文可以看到，我們過去的和現在的情緒具有使我們
的生活有趣和興奮或俘虜我們、完全取代我們全部行爲的潛在能
力。

二、情緒的重要性

　　我們知道，情緒在使人際關係變得和歡樂或痛苦悲哀方面起
著重要作用。情緒也使我們變得對自然界高度敏感，與他人有效
地進行交流，精神極其健康的人就是這樣。我們還知道，情緒還
影響我們的身體狀況。

　　由於情緒反應和表達是習得的，我們能夠學會如何把有害的
情緒模式變得有利於我們向自我實現發展。我們也能學會如何表
達更多情緒的方法。心理學課程的一個目的就是幫助學生更容易
地表達情緒。

　　這個目的與在本書前面裡提到過的下述觀點相聯繫，社會上

人們常常會發生喪失或脫離表達情緒的能力的現象。有時候，許多人似乎忘記了如何為自己、為他人去哭、去笑、去表達真實的情緒。

感受和表達情緒的能力是與生俱來的。嬰孩受驚或受傷就哭，他的弱小的心臟開始急速跳動，作出常見的憤怒的反應。再大一點，如果受到愛撫，他就會笑，並且常常就恬然入睡。

不受到任何刺激，嬰兒似乎就喪失了感受和表達情緒的能力。斯畢茨1945年的研究發現，沒有受到過撫愛的嬰兒有如「傻子」；再愛他親他，也不會產生任何方式的反應。他的研究也表明，這種嬰兒即使成人以後也不能感受真實的情緒。他們會表現出假的情緒，就如演戲一樣，但在他的手勢和話語後面卻並沒有真實情感。

人類的情緒發展

從古希臘到現在，認為理智或理性是人性中光輝的觀點一直佔據著上風，「我思故我在」的哲學命題成為研究成功的人生的理論前提。在此前提之下的結論是，人類可以按照理性的方式來戰勝生活，而感覺或情緒，不過是困擾生活的因素罷了。

隨著心理學的進展和成功學的研究，我們發現：在人的成長過程中，不是智商而是情商起著更為重要的作用。高智商者富有進取心而且創造力強，但他們往往不善於表達和控制自己的情緒，因而很可能是冷漠、易怒或神經質的。與高智商者不同，情商高者，善於表達和控制自己的情緒，有良好的心理狀態和融洽的人際關係，從而更成功地應付生活的榮辱浮沉。

由於社會生活的複雜化，人與人的關係、物質與精神的關係

也日益複雜和多樣。而情緒在人們的社會生活中又經常處於極為敏感前沿地位。於是，人們在實踐中便日益無法再平靜於對情緒奧秘的混濁狀態，而希望能執起一把照亮迷宮的燈燭，在對於情緒的理智把握中，能更主動、更自覺地投身於紛紜複雜的生活和日新月異的科學研究之中。

一、情緒的認識

情緒是客觀事物是否符合人的需要而產生的態度體驗。人在活動與認識活動中，既表現出對事物的態度，同時也表現出對事物的情緒。

情緒總是由某種刺激引起的。自然環境、社會環境以及人本身都有可能成為情緒刺激。當然，同樣的外界刺激未必會產生相同的情緒狀態。情緒有時與人的動機有關。人們處於某種情緒狀態時，個人是可以感覺得到的，而且這種情緒狀態是主觀的。

一定的情緒狀態總是伴有內臟器官、內分泌腺或神經系統的生理變化，通常當事人是無法控制的。人的情緒總是透過面部表情、身體姿勢和言語聲調表現出來的，其中面部表情最能表現一個人的情緒狀態。

關於情緒的理論很多。最早嘗試描述情緒生理學的是美國心理學家詹姆斯和丹麥生理學家蘭格。他們認為情緒就是對機體變化的知覺，即快樂是因為笑，傷心是因為哭，恐懼是因為顫慄等。也就是說，情緒並不是由外在刺激引起的，而是由身體上生理的變化所引起的。

詹姆斯—蘭格的理論提出機體變化對情緒的影響，這是其合理的一面，但他們忽略了中樞神經系統對情緒的調節與控制作用，否認了人的態度對情緒的決定意義，引起心理學界的一些爭論。

首先反對詹姆斯─蘭格情緒理論的是美國生理學家坎農和弟子巴德。他們認為，根據生理的改變很難分辨各種不同的情緒，因為機體在各種情緒狀態下其生理變化並無很大差異。例如，人們在恐懼時會心跳，激動時也會心跳，那麼又如何僅憑心跳去分辨是激動還是恐懼呢？因此，情緒經驗的產生，並不在生理變化之後。事實上，兩者是同時發生的。

坎農─巴德情緒理論強調大腦皮質解除丘腦抑制的機制，其意義在於把詹姆斯─蘭格對情緒的外周性研究推向對情緒中樞機制的研究。但他們過分強調丘腦在情緒中的作用，忽視了大腦皮質對情緒的作用，也是不正確的。

現代心理學家的研究表明，情緒的發生受三種條件的制約：環境事件（刺激因素）、生理狀態（生理因素）和認知過程。其中認知因素是決定情緒的關鍵因素。1962年美國心理學家沙赫特和辛格指出，個體對其生理變化與刺激性質兩方面的認知，都是形成情緒經驗的原因，而當事人對自己的認知解釋是產生情緒的主要原因。

人的情緒的表現是多種多樣的。根據情緒發生的強度、持續性和緊張度可以把情緒狀態分為心境、激情和應激。

心境是一種比較微弱的、持久的、影響人的整個精神活動的情緒狀態。它具有彌散性的特點。當一個人處於某種心境中，往往會以同樣的情緒看待一切事物。所謂憂者見之則憂，喜者見之則喜，就是指人的心境。一般說來，心境持續的時間較長，從幾個小時到幾週、幾個月或者更長，主要取決於心境的各種刺激的特點與每個人的個性差異。

引起心境變化的原因是多方面的。例如，工作的成敗，人際關係的變化，生活的起伏，個人的健康以及自然環境的變化，對過去生活的回憶等。每個人都有自己獨特的、穩定的心境。積極

良好的心境會使人振奮，提高效率，有益健康。消極不良的心境會使人頹喪，降低活動效率，有損健康。

激情是一種強烈的、短暫的、失去自我控制力的情緒狀態。具有爆發性。它是由對人具有重大意義的強烈刺激和發生對立意向衝突而過度抑制或興奮所引起的。激情狀態下自我捲入的程度很深，失去了心身平衡，伴有明顯的生理和身體方面的變化。激情狀態不同，自我控制力喪失的程度也不同。在激情發生的初始階段，人還是具有自我控制力的。

激情有積極和消極之分。積極的激情會成為激發人正確行動的巨大動力，而消極的激情常常對機體的活動具有抑制的作用，或者引起過分的衝動，作出不適當的行為。

激情是出乎意料之外的緊迫情況所引起的急速而高度緊張的情緒狀態。例如：

> 人們遇到突然發生的火災、水災、地震等自然災害時，剎那間人的身心都會處於高度緊張狀態之中。此時的情緒體驗就是「應激」狀態。

在應激狀態中，要求人們迅速地判斷情況，瞬間作出選擇，還會引起機體一系列的明顯的生理變化。所以，適當的應激狀態，可提高活動效能，但過度或長期處於應激狀態之中，會過多地消耗體內能量，以致引起疾病和導致死亡。

在應激狀態下，人可能有兩種表現：

（一）要麼急中生智，當機立斷，擺脫困境。
（二）要麼束手無策，手忙腳亂，陷入困境。

究竟會出現何種行為反應，是與每個人的個性特徵、知識經

驗以及意志品質密切相關的。

二、情緒與生活

人生需要有一種生活的藝術，而所謂生活的藝術就是駕馭情緒的藝術。每個人的情緒都會時好時壞，這並不意味著你應該壓抑所有這些情緒反應。我們的生活離不開情緒，它是我們對外面世界正常的心理反應，我們必須做的只是不能讓自己成爲情緒的奴隸，不能讓那些消極的心境左右我們的生活。學會控制情緒是我們成功和快樂的要訣。

實際上，沒有任何東西比我們的情緒—— 也就是我們心理的感覺，更能影響我們的生活了。

情緒可以影響和調節人的認知過程。它幫助人選擇信息與環境相適應，並駕馭行爲去改變環境。我們會經常感到，在心情良好的狀態下工作時思路開闊，思維敏捷，解決問題迅速；而心境低沉或鬱悶時，則思路阻塞，操作遲緩，無創造可言。突然出現的強烈情緒會驟然中斷正在進行著的思維加工；持久而熾熱的情緒則能激發無限的能量去完成活動。

所以，情緒是我們工作是否順利、生活是否適宜的及時反應和信號，我們應當像注意天氣預報告訴我們氣溫變化一樣注意我們的情緒和心境變化，以我們的人格力量去預測它的影響去改變環境。

心理學家沙赫特等在1962年做過這樣一個有趣的實驗：

他把大學生分爲三組，各組被試都同樣接受腎上腺素的注射 （不告訴他們藥物名稱）。給第一組以藥物效應的正確資料，並告訴他們會產生心悸、手顫、臉面發熱等現象；給第二組以藥物效應的錯誤資料，並告訴被試注射後身上

有些發癢，手腳有點發麻，此外無興奮作用；對第三組則不做任何說明。

然後讓兩組被試分別進入兩種實驗性的休息情境；一是惹人發怒的情境（強迫回答一些繁瑣的問題，加上吹毛求疵，橫加指責），另一是惹人發笑的情境（有人做滑稽表演）。結果發現，雖然三組被試都因藥物激起同樣的生理變化，並處於同樣的兩種刺激情境中，但第二與第三組被試大多感到或表現出更加歡快或憤怒，而第一組被試由於已經預知藥物的效應則不顯示出愉快或憤怒。可見，一個人對自己狀態的認知是駕馭情緒的基石。

當然，在現實生活中，並不是每一個人都能瞭解自己面對一件事實的真實感受，不能認清自己的情緒。因為大多數的情緒活動都是無意識的，不是所有感覺都會達到意識層面。但是，一旦這種反應上升到意識層面，便會對發生的事重新進行評估，拋開不愉快的情緒，換上輕鬆的心情。

有這樣一個老太太，她有兩個兒子。大兒子開染坊，小兒子賣雨傘。晴天她愁小兒子的雨傘賣不出去，雨天她愁大兒子染坊的布沒法曬。久而久之愁出了病。一天一位得知其病因的算命先生來看她，對她說：「老太太你的命好啊。晴天大兒子生意好，雨天小兒子生意好，晴天雨天都不怕。」老太太豁然醒悟從此不再發愁，不但身體好，而且兩個兒子的生意都好。其實算命先生並不高明，但他善於使用辯證的觀點，去化解人們無意識層下的消極情緒。

實際上，透過有意識的努力，我們每個人都能辯識自己的情緒，走過惡劣情緒的困境。

三、情緒與人際

　　情緒是人類社會生活和人際交往中不可缺少的一個重要環節，它可以透過表情的渠道達到人們相互瞭解，彼此共鳴的目的，它為人建立相互依戀的紐帶，培植友誼，以十分微妙的表情動作傳遞著交際的信息。事實上，人與社會之間和人際之間的關係都可以透過情緒反映出來。諸如：愛和恨、快樂和悲傷、期望和失望、羨慕和忌妒等等，它們和語言一起或它們單獨本身調節著人際行為。

　　對於現代人來說，知識信息量的快速增長，工作和生活節奏相應加快，人們的心理負荷亦隨之加重，容易產生緊迫感，壓力感和焦慮感，不順心的事也會增多，如果處理不好，心理上則容易失衡，不但不能建立和諧的人際關係，嚴重的可能會因情緒而犯罪。

　　憤怒時，人會變得毫無寬恕能力，甚至不可理喻，思想儘可能圍繞著報復打轉，根本不計任何後果。科學家們已經發現，經常發怒和充滿敵意的人更可能患了心臟病。所以，學會控制情緒是每個人生活中一件生死攸關的大事。

　　調節消極情緒最有效的方法之一便是宣洩，即疏導。透過這種方法將內心不良的情緒體驗表達出來，往往可以減輕情緒反應的強度，縮短情緒體驗的時間，從而使情緒得以較快的恢復。你不妨痛哭一場，你會感覺哭後自然暢快得多；你也可以將內心不良的情緒體驗傾訴於別人，一吐為快，可以獲得較多的勸解、安慰和同情；你也可以在運動中放鬆自己，如心情不好時踢一場球，跳跳舞，也會使你在不知不覺中疏洩了自己的不快。當然寫日記、寫信也具有相同的宣洩作用。

　　轉移也是一種有效的控制情緒的方法。如煩悶時找朋友聊聊

天；或做一些自己感興趣的事；或回想以前發生的令自己感到愉快和高興的事等等，也可以使不良的負性情緒得以減輕。

透過自我暗示提醒自己，善於用理智來控制情緒，也是一種有效的控制情緒的方法。所謂三思而後行。據說德國軍隊曾有過一條紀律，即當內部發生嚴重衝突時，當天誰也不許再談這件事，等到第二天再說。早晨醒來，人的火氣會小多了，頭腦冷靜了，也許會有理智的處理辦法，這是符合心理規律的規定。

學會覺察自己的不良情緒，並努力加以調節，變消極情緒為積極情緒，那它就可以成為激發我們熱情、幹勁和信心的動力，會使你的事業生活甚至是保持好心情帶來意想不到的效果。

在人類社會已經步入二十一世紀之際，以知識為基礎，直接依賴知識和信息的生產、擴散及應用的知識經濟浪潮撲面而來。知識經濟時代是瞬息萬變的時代，高節奏、高科技、高風險、高競爭和壓力給人帶來的不僅僅是成功的機遇，同時更有失敗帶來的挫折感。這是產生消極的不良情緒的最直接的因素。

四、情緒與挫折

人的一生不可能是一帆風順的，遭遇挫折是不可避免的。一個人在日常生活的秩序上發生的重要改變，會使人產生生活的壓力，進而形成負面情緒體驗。例如，親人的去世、失業、個人患病等。有時生活中的一些不起眼的瑣事，日積月累，也會給人帶來壓力，產生消極情緒。例如，家庭支出的拮据、工作待遇不好、家人生病、工作過忙、空氣污染、生活保障的擔憂等。

如何從挫折造成的黑洞中逃離出來。善待自我，直視挫折，樂觀生活，是逃離挫折的有效途徑。

寬容之心是化解不良情緒的最佳良藥。一個人應具有包容能力，面臨挫折時，要能沉得住氣，不發火，鎮定自若，具有驟然

臨之而不驚，無故加之而不怒的心理素質，才能理智地對待挫折。

三國時，諸葛亮初出茅廬，劉備稱之為如魚得水，而關、張兄弟卻未然。在曹兵突然來犯時，兄弟倆便魚呀水呀地對諸葛亮冷嘲熱諷，諸葛亮胸懷全局，毫不在意，仍然重用他們。結果新野一戰大獲全勝，使關、張兄弟佩服得五體投地。如果諸葛亮當初跟他們一般見識，爭論糾纏，勢必造成將帥不合，哪能有新野一戰和以後更多的勝利呢？

在日常生活中，當沒有緣份的對手出於內心的醜惡，在背後說你壞話做錯事時，此時你是伺機報復，還是寬容？當你親密無間的朋友，無意或有意做了令你傷心的事，此時你想從此分手，還是寬容？冷靜地想一想，還是寬容為上。一個善於寬恕別人的人，心理上便會經過一次巨大的轉變和淨化過程，使人際關係出現新的轉機，諸多憂愁煩悶可得以避免或消除。

當然，寬容決不是無原則的寬大無邊，也不是對現實的無可奈何和軟弱，而是一種「大事講原則，小事講風格」的態度。在短暫的生命里程中，學會寬容，意味著你的人要更加快樂，就要學會善待自己，別跟自己過不去。當今社會，競爭日益激烈，人人都想在競爭中擊敗對手。但你要知道，云云眾生，各有所長，各有所短。爭強好勝失去了一定限度，往往受身外之物所累，失去做人的樂趣。只有承認自己某些方面不行，才能揚長避短，才能不因嫉妒之火吞滅心中的靈光。

現實中，一些人往往將自己的消極情緒和思想等同於現實本身。其實，我們周邊的環境從本質上說是中性的，是我們給它們加上了或積極或消極的價值，問題的關鍵是你傾向選擇哪一種？

心理學家霍德斯做了一個有趣的實驗，他將同一張卡通漫畫顯示給兩組被試者觀看，其中一組的人員被要求用牙齒咬著一支

鋼筆，這個姿態就彷彿在微笑一樣；另一組人員則必須將鋼筆用嘴唇銜著，顯然這種姿態使他們難以露出笑容。結果，前一組比後一組被試者認為漫畫更好笑。這個實驗表明，我們心情的不同往往不是由事物本身引起的，而是取決於我們看待事物的不同態度。

安徒生童話裡有一篇《老頭子做的事總是對的》故事：

有一位紳士整天憂慮，他問農夫為什麼會那麼健康快樂。農夫說不管發生什麼事，老婆子總說我做得對，幹得好，所以我沒有煩惱，心情安樂。紳士不相信，他和老頭打賭，讓他幹最荒唐的事。老頭把家中的馬牽到集市上去換了一隻羊，老婆子高興地說：「嘿，老傢伙你真聰明，這一下咱們能喝上羊奶了。」老頭又把羊換成雞，最後用雞換了一筐壞蘋果。老婆子總能為老頭的行為找到高興的理由。紳士只得認輸，付了一大筆錢。老婆子說：「瞧，老頭子做的事不會錯吧！」

許多專家認為，當一個人遭遇挫折後，與自然親近有助於心情愉快開朗。著名歌手弗·拉卡斯特說：「每當我心情沮喪、憂鬱時，我便去從事園林勞作，在與那些花草林木的接觸中，我的不快之感也煙消雲散了。」

假如你並不可能總到戶外去活動，那麼，即使走到窗前眺望一下青草綠樹也會對你的心情有所裨益。密西根大學心理學家斯蒂芬·開普勒做過一個實驗，他分別讓兩組人員在不同的環境中工作。一組的辦公室靠近自然景物，另一組的辦公室則位於一個喧鬧的停車場。結果發現，前者比後者對工作的熱情更高，更少出現不良心境，其效率也高得多。

挫折是生活的一個組成部分，每個人都會遇到，不是大的坎

坷就是小的麻煩。雖然不喜歡它，但又躲不開。所以我們應該正確對待挫折，勇敢駕馭它。

情緒的有效運用

既然我們已經討論了情緒發展的一些方式以及它們如何積極地或消極地影響我們的行為。現在讓我們看一下，所有這些與你作為一個獨特的、活生生的、有發展、有感覺的人有什麼關係。

最能有助於你更好地自己生活的事情之一是思考一下你自己的情緒生活 —— 或者，換句話說，為你自己的情緒變化列一張表。

一、情緒的變化

列表的一個辦法是連續數天或一至兩個星期記錄有關自己行為的「情緒日記」。就是說，每天結束時，請寫下當天各段時間的情緒反應，把這天經歷的積極情緒（愛、溫柔、溫和、高興、熱情、幽默和笑）和消極情緒（害怕、敵意、罪惡感、焦慮）列成表。

然後，請回想產生這些情緒的事件、情景或人。有時，你不能把某種情緒歸因於一件事或一個人，或者也許不能確定生氣或敵意的原因，在這種情況下，請記下原因不詳。

一至兩星期之後，你將能夠分析自己，情緒生活中一些變化模式。你可以問自己如下的五個問題：

（一）我的日常生活中表示消極情緒的時間百分比是多少？
表達積極情緒的時間百分比是多少？

（二）我的情緒反應是否與情景相適應？例如，自己在某種
　　　情景中生氣是否有正當的理由？

（三）有多少情緒反應是由未知的或無意識的因素引起的？

（四）每隔多久我改變自己的情緒反應？自己情緒變化的幅
　　　度是否很大？

（五）我是否往往總是產生一種或兩種情緒反應？還是自己
　　　的情緒反應常有變化？

　　如果你已經列出了自己的情緒變化表，回答了上述五個問
題。下一步要設法確定自己為什麼會具有這些情緒傾向。

　　我們大部分特定的情緒模式是透過家庭成員間的相互作用中
得的。為了幫助理解自己某些情緒行為的原因，你可以列一份家
庭情緒變化表。你可以透過想一下自己的家庭背景和家庭中處理
情緒反應的方式來列這份表。

　　你可以先列出積極情緒和消極情緒，然後再自問如下這些問
題：

（一）在我的家庭中，處理積極情緒和消極情緒的典型方式
　　　是什麼？

（二）哪些積極的或消極的情緒往往在我家庭的相互關係中
　　　佔主導地位？

（三）家中有誰更經常產生積極情緒？

（四）家中有誰更經常產生消極情緒？

（五）家中我學到了哪些應付消極情緒的方法？

（六）在家中我學會了哪些應付消極情緒無效的方法？

（七）我的情緒變化表和家庭情緒變化表的相互關係如何？

二、情緒的改善

　　既然你對至少是自己目前的情緒行為的一些方面以及這些情緒已產生的原因有了更深的理解，現在就可以由你自己來確定是否有某些情緒模式干擾你有效地生活，特別是干擾你和他人的相互關係。

　　我們已經向你作了一些建議以幫助你形成應付消極情緒和發展積極情緒的方法。這些建議可能不適合你的個人情況，所以你必須自己在各種不同的情景裡進行試驗，以找到能幫助你建設性地導洩自己情緒的通道。

　　這裡所討論的事情又回到向自我實現發展的問題上。自我實現型的人似乎最能建設性地利用自己的情緒潛力。心理學家朱納特說：

　　健康人格的標誌是能自由地感受情緒和控制情緒表達。一個具有健康人格的個人能感受焦慮、害怕、憤怒、內疚、溫柔、哀愁、溫情、熱情、笑、厭倦和沮喪，只要實際生活情景觸發了這些情緒。既然他願意有效地與現實接觸，他的情緒反應和情景之間的相適應率是很高的。既然他有約束自己行為的能力，他在必要時就會恰當地表達自己的情緒，或者不讓這些情緒表達出來。

　　雖然人們在日常生活情景中以常規方式行動，他們的行為在別的不同的生活情景中可能有很大的改變。例如，參觀精神病院的人的典型反應是：

　　這些人的行為不是很正常嗎？
　　怎麼被看作是精神病患者呢？

　　回答是，差不多所有這些病人已學會了在醫院中的常規行動方式。然而，精神病患者一旦面對日常生活的正常壓力，卻會很容易地流露出怪異的言行和情緒反應，而這些言行和情緒反應本身會揭示出他的精神問題的性質。因此情緒反應提供了使我們更好地互相瞭解的重要鑰匙。

> 一個孩子向正在忙於工作的父親請求幫助，期待父親對自己的真誠請求作出積極的情緒反應。然而，父親卻大發怒氣。事後，父親的情緒轉好（精神宣洩），向孩子道歉（內疚），並給予了幫助。

　　這個孩子是轉移的消極情緒的受害者。白天，這位父親不敢把因工作而積聚起來的攻擊性情緒向自己的朋友和上司發洩，他就選擇一個不那麼重要的人物──自己的孩子──來作為發洩這種情緒的對象。

　　我們大家都身受過這些轉移的情緒，特別是來自我們的親近的人所轉移的情緒。把情緒轉移在我們所愛的人的身上是安全多了，因為他們可能會原諒我們。一個孩子對父母要脾氣說討厭，通常說明了他感到他們愛他需要他。一位體貼的妻子會常常接受丈夫的轉移的情緒發作，因為她知道，精神發洩對其丈夫的精神健康是有益的。

　　轉移情緒的危險在於這個過程會變得太頻繁、太過份，以致這種轉移敵意的承受者可能會感到壓力太過份了。例如：

> 筆者在分析一樁離婚案的根本問題時發現，這位妻子是嚴重的轉移怒氣和敵意的受害者。她的忍受已達極限，不能再忍受下去了。解決辦法是設法消除她丈夫的敵意的起因。筆者最後勸他關閉了一家惹他心煩的店舖。這對夫婦因此結束了一個惡性循環，從而挽救了自己的婚姻。

　　歡樂和愉快正如憤怒和敵意一樣具有傳染作用。一個具有熱情的人會使其他積極的有益的情緒更強烈。一個滿懷歡樂和熱情的教師會把這些情緒轉嫁給自己的學生。一位事業成功的丈夫會感到自己的妻子和孩子也是成功的。

　　只要我們做了使他人感到自身的重要、被愛和被需要的任何事情，都會引起他們對待我們的行為發生變化而使我們得到回報。一位僱主誇自己的工人做得不錯，於是他會很快發現他們做得更好了。快樂的有尊嚴的父母也會教養出快樂的有尊嚴的孩子。換句話說，我們在相互關係中表達出來的情緒種類部分地決定了社會情景中的情緒氣氛，包括積極的或消極的情緒氣氛。

　　對使人不舒服的生活情景的逃避常常是透過對與以往的痛苦經歷相似的情景所產生的情緒的否定來實現的。大學生常常提出對自己的異性朋友實行情緒隔離的問題。這是很可理解的，因為戀愛中的情緒是強烈的持久的。「愛情使人不顧一切」這句話有一定道理。愛是需要用心去愛的，誰願意讓自己的心和夢一起反覆地被揉碎呢？

　　幫助他人克服情緒隔離的方法是對他們施以長期的無條件的關心和愛。由於他們以往的消極經歷，這可能需要幾個月以至一年。受到情緒傷害的人必須得到這種傷害不會再發生的保證。這種人往往透過以怨報德或者從不以愛和關心來回報他人的辦法，來試試他人的誠意。一旦覺得可以再信任他人時，他就會隨時會克服情緒隔離。

　　當然，防遠勝於治。因為要找到一個具有愛和耐心來幫助他人克服情緒隔離的人是太幸運但又太難得的機遇了。我們曾見到許多人在學校、診所或醫院都沒能得到這方面的幫助。因為校方或院方沒有人有時間給予一個病人所需要的東西——愛和關心。

三、改善社會角色

　　從社會學，心理學和經濟學的角度看，我們的世界正在越變越小。這個事實更使我們確信，我們將需要更多地與不同於我們的社會集團相互交往。隨著我們的社會、經濟和教育地位的上升或下降，隨著與不同的種族、宗教和民族群體的交往的增加，我們必須準備學會扮演新的社會角色。

　　學會扮演新的社會角色的一個重要組成部分是理解不同的情緒氣氛。在某些社會群體裡，如果你想要真正被接受，表達情緒時不能單靠說一聲又見到你，我真高興，而且還要擁抱對方或熱情地長時間地握對方的手。其他的社會群體卻討厭把身體的接觸作為表達情緒的證據。甚至你和他們講話時靠得太近通常都會促使他們退後。

　　某些社會組織和宗教團體有一些莊嚴的儀式，在這些儀式上需要相應的情緒表達。在這些場合，我們就得入鄉隨俗，表現出相同的情緒。這種情況下的裝假是尊重他人而不是虛偽的表示。當我們開始理解這些儀式的意義時，我們就學會了真正地和他們表現出相同的情緒。例如：

　　　看棒球比賽，我們的情緒表達可以支持一隊，反對另一隊，這是可以理解的。但在看鬥牛時，通常要求我們向鬥牛士歡呼，因為他象徵生命。而牛象徵死亡。所以，有哪一位美國人為牛而歡呼，那麼在世界上的某些地區，他的情緒表達會被認為是不相宜的。

　　有人說，情緒是人們保留下來的能超越種族、膚色、信仰和語言差別而相互交流的少數幾種通用語言之一。例如：

笑是在任何語言中都能被理解的；一個憤怒或害怕的神色在世界絕大多數人中間也是普遍地能被理解的。

這樣，我們的情緒反應就被看作能消除把人類分割開來的、人們認識上的巨大差異的手段。不同社會群體的人習得了表達相同情緒的不同方式，知道這個事實能減輕籠罩在某些種族和少數民族周圍的神秘和偏見的氣氛。我們懂得，這是他們所習得的表達某種情緒的特定方式，而不是他們的愚蠢和無知。　　'

總之、情緒能導致更好地交流和理解的不形諸於文字的偉大語言。積極情緒如愛、歡樂和幽默有助於我們更高程度地實現自我。積極情緒的更充分表達可以透過下述途徑來實現，創造表達這些情緒的情景，增強積極的自我感覺，學會更多的解決問題的有效辦法等等。

有證據表明，情緒發展階段和認知發展階段相平行。儘管社會鼓勵壓抑情緒，情緒隔離會干擾有效地生活。消極情緒如敵意、焦慮和罪惡感等不表達出來就好比身體內積貯了淤泥。應付消極情緒的一些策略是：

（一）學會面對害怕和焦慮。
（二）情緒宣洩之後再行動。
（三）戰略性撤退。
（四）避免情緒潛伏。
（五）尋找建設性發洩的途徑。

現在如下的認識比在以往任何時候都更使人振奮；人們能透過更深刻的理解思維、生物回饋以及（更有希望）透過實現更大程度的自我實現來學會控制情緒。

有關情緒的綜合性原則有助於更好地理解我們的行為：

（一）在特定情景裡的特定的情緒反應是習得的，是從兒童期的一般情緒狀態發展而來的。

（二）情緒包括從模糊的、不易描述的、我們不能或很少能有意識地加以控制的情緒，直到我們能自覺地清楚地控制的情緒。

（三）情緒是人的行動的一個組成部分。它們究竟是積極的或消極的取決於情緒本身、情景和個人。

（四）我們每個人都有一個情緒變化的總模式。

（五）社會是決定情緒表達的時間和方式的一個因素。

（六）我們具有對尚未發生的事件產生情緒反應的能力。

（七）我們能夠改變自己情緒表達的方式。

四、在社會生活中

在與我們周圍的人一起生活中學到的情緒能力是為在社會中生活所必須的情緒能力的基礎。換言之，社會是檢驗我們所習得的情緒能力的巨大的生活實驗室。

也許，我們習得的情緒能力或情緒無能對我們產生影響的最重要的生活領域之一是工作。因為正是在這裡，在工作中與他人日復一日、年復一年的相互交往中，我們情緒的真正作用才被顯示出來。

你也許知道有些人確實不喜歡自己的職業，可是由於家庭的和經濟上的壓力而陷於無法改變其職業的境地。有職業者產生不滿的主要原因之一大概是他的職業不能滿足他習得的情緒模式。

可以說，每種職業或工作有一整套不同的情緒要求。有些職業可能需要你去應付的主要是消極情緒，比如，警察、訴訟律師或法官。有些工作可能需要你去應付更多的積極情緒，比如，教

師、牧師、社會工作者或傳教士。

　　有些工作需要較多的情緒壓抑（例如，工程師、律師、校長等），而另一些工作卻主要地需要情緒發洩和表達（例如，演員、藝術家、推銷商等）。

　　有些工作需要情緒表達的穩定性，即情緒行為較少變化（例如，工程師、裝配線上工人、會計）；另一些工作就要求你表現出高度的情緒變化（例如，醫生或護士，他們在這個場合告訴一位父親說他得了一個新生男孩；在下一個場合可能不得不告訴病人說他得了癌症）。

　　你可以試著把自己的情緒模式和你打算從事的工作或職業聯繫起來。你已經列出自己的情緒變化表，你應該更有可能挑選一個適合你情緒需要的工作。

心理測驗：你善於克制自己嗎？

這個心理測驗的主題為「你善於克制自己嗎？」主要內容包括三個部分：測驗部分、評分部分、諮詢部分。

一、測驗部分

根據你的實際情況，對下列題目作出唯一適合你的選擇。

【 】1.你在辦公室裡，為了趕一件工作而忙得暈頭轉向，此時電話鈴卻急促地響個不停，你趕忙抓起電話，對方抱怨你接晚了，可他又打錯了單位，這時你：

A.對對方的埋怨表示接受，然後告訴對方「您錯了。」
B.說一聲「這是火葬場」，卡擦掛電話。
C.你告訴對方要找的單位，可你不是這單位的人。
D.你說：「我是XX單位，請另撥號吧。」

【 】2.當你排長隊買球票等得不耐煩時，一位不速之客試圖混在你前面插隊，這時你：

A.你想：「反正也不是只我自己排隊，插就插吧。」
B.你吹鬍子瞪眼：自重點，後邊去。
C.你說：「我倒沒什麼，早點兒晚點兒都行，可後邊的人們有意見。
D.你說：「對不起，你來得比我晚，是吧？大家都很忙，排好隊也不慢。」

【 】3.這天下午你提前下班，爲了讓妻子（丈夫）改善一下
生活，你想 在她（他）面前「露一手」，不辭辛苦地
張羅起來。由於技術不熟練和手忙腳亂，菜沒做好。
你妻子（丈夫）回來一看，埋怨你：「做的味兒不可
口，火候也小了，把挺好的材料也浪費了。」這時
你：

A.雖然心裡很委屈，還是一聲不吭地聽了。

B.你說 「不好吃別吃」，隨手將其倒掉。

C.你說：「我本來是可以做好的，可是由於火不好控
制才做糟了。」

D. 你理解妻子（丈夫），只是恨鐵不成鋼，高興地對
她（他）說：「這次是有點兒不成功，下次包你滿
意。」

【 】4.你到一家餐館就餐，服務員給於零錢時少找給你20
元，你發現以後：

A.你想：「算了，這樣忙亂，她不承認也沒辦法」，便
悄然離去。

B.你氣勢洶洶地質問、斥責她，說她這是「故意想討
便宜。」

C.你什麼也不說，但離開時將一個杯子裝進口袋，以
作抵消 。

D.你對服務員說：「對不起，能否查一下，你多收了
我20元的錢。」

【 】5.你剛買回一台錄影機，還沒有好好使用過，你一位朋

友說要借看幾天，而你並不願意外借，你怎麼辦呢？

A.儘管心裡老大不願意，還是借給他看了。

B.你不但不借給他用，還說難聽的話給他聽。

C.你說：我們是好朋友，你不來借也要讓你看幾天，只是不巧別人借走了。

D.你說：「我剛買來，看看品質好不好，要沒問題第一個借給你看。」

【 】6.你的經理交給你一件並不屬於你職責範圍內的事情，雖然你對此項事情不熟悉，但還是費九牛二虎之力完成了。當你高興地去向他報告時，不僅沒受到讚揚，還指責這也不對，那也不妥。這時你：

A.雖然滿腹委屈，也沒有說一句話，默默走開。

B.你不買他的賬，拂袖而去。

C.你說：「這事我也覺得不當，但科長讓這樣做。」

D.你耐心聽完他的話，找出錯在哪裡，今後如何改進工作，並提醒他注意態度。

【 】7.你的朋友當著眾人的面喊你很少人知道的不雅「綽號」時，你怎麼辦？

A.你面紅耳赤低頭不語，在眾人笑聲中顯得尷尬，無地自容。

B.你怒聲斥責他不懂禮貌，胡說八道。

C.你反唇相譏，當著眾人面給他起個不雅的外號。

D.你向大家解釋「綽號」來歷，說明並沒惡意，以澄

清是非。

【 】8.你好不容易擠上公共汽車，還沒站穩就被旁邊一個人
　　踩了一腳，而且連一句道歉的話都沒有，這時你怎麼
　　辦呢？

　　A.踩一腳就踩一腳，反正也沒踩傷。
　　B.怒聲斥責他罵他「眼瞎」並因此吵架，甚至動武。
　　C.不動聲色，到下車時回敬他一腳。
　　D.告訴他踩得怪痛的，雖說不是故意的，也該說聲對
　　　不起。

【 】9.你到一家餐館就餐，要了一份價錢比較貴的菜，當服
　　務員送來後，你感到分量不足，這時你怎麼辦？

　　A.你想，開飯店就是為賺錢，再說也沒絕對準確，湊
　　　合吃下算了。
　　B.你把菜端上找到服務員大吵大鬧，指責他們故意坑
　　　顧客，發不義之財。
　　C.你一聲不吭吃下，但臨走時給飯店使點兒壞，比如
　　　把醬油、醋倒掉或把桌布弄得很髒亂。
　　D. 你把意見詳細寫在意見簿上。

【 】10.你走在馬路上，突然被一個騎自行車帶小孩子的人撞
　　　著了，你怎麼辦？

　　A.你想，怪不得昨晚做不好的夢，今天自認倒霉吧。
　　B.你厲聲批評他，不讓他走，要他向你道歉，賠償損

失，結果把孩子嚇得哇哇哭。

C.你想到騎車帶小孩子違反交通規則要罰款的規定，你以找交警評理罰款威脅他。

D.你對他說：「多險，差點碰傷孩子，往後騎車留心點兒，再說帶孩子也不安全。」

二、評分部分

數一數你選擇了多少個A、多少個B、多少個C和多少個D。

多數選擇A：表明你對來自外界的干擾、糾紛都持消極退讓的態度，即使屬於自己的正當權益也不能予以維護，至於對周圍發生的事情更是不分良莠，「睜一隻眼，閉一隻眼」。其實這並不是克制，而是逆來順受，自我解脫。不瞭解你的人還可能以為你胸懷大度，瞭解你的人會認為你缺乏個性，如果是個男性還可能被女孩子們認為是個「窩囊」。

多數選擇B：表明你脾氣暴躁，克制力又很差。你想怎麼說就怎麼說，想怎麼做就怎麼做，時間長了會被認為是個缺乏修養的「粗魯漢」。在人際關係上容易出現危機，搞不好還要惹出事端。有時人們也可能敬你三分，但那並不是由衷佩服你。

多數選擇C：說明你有較強的克制力，不至於激化生活中出現的矛盾。不過你這種克制在多數情況下並不是真正意義上的控制消極情緒的鍛鍊，而是一種隱蔽、轉移等變相發洩。與人相處天長日久，會使

人感到缺乏誠意，也不夠坦率，並由此對你敬而
遠之。

多數選擇D：說明你有很好的克制力，克制的方法好，社會
效果也蠻不錯。你寬宏大度、以誠待人的品
格，受到人們（其中也包括起初對你懷有「敵
意」的人）的尊重。在人際關係上你是個有雅
量的人。

米開朗基羅說：「被約束的力才是美的。」我們說，被控制
的情緒情感才能夠幫助你。

三、諮詢部分

在60年代早期的美國，有一位很有才華、曾經做過大學校長
的人，出馬競選美國中西部某州的議會議員。此人資歷很高，又
精明能幹、博學多識，看起來很有希望贏得選舉的勝利。但是，
在選舉的中期，有一個很小的謠言散布開來：

三、四年前，在該州首府舉行的一次教育大會中，他跟一位
年輕女教師「有那麼一點曖昧的行為」。這實在是一個彌天大謊，
這位候選人對此感到非常的憤怒，並盡力想要為自己辯解。由於
按耐不住對這一惡毒謠言的怒火，在以後的每一次集會中，他都
要站起來極力澄清事實，證明自己的清白。

其實，大部分的選民根本沒有聽到過這件事，但是，現在人
們卻愈來愈相信有那麼一回事，真是愈抹愈黑。公眾們振振有詞
地反問：「如果他真是無辜的，他為什麼要百般為自己狡辯呢？」
如此火上加油，這位候選人的情緒變得更壞，也更加氣急敗壞、
聲嘶力竭地在各種場合下為自己洗刷，譴責謠言的傳播。然而，
這卻更使人們對謠言信以為真。最悲哀的是，連他的太太也開始

轉而相信謠言，夫妻之間的親密關係被破壞殆盡。最後他失敗了，從此一蹶不振。

人們在生活中有時會遇到惡意的指控、陷害，更經常會遇到種種不如意。有的人會因此大動肝火，結果把事情搞得越來越糟。而有的人則能很好地控制住自己的情緒，泰然自若地面對各種刁難和不如意，在生活中立於不敗之地。例如：

> 1980年美國總統大選期間，雷根在一次關鍵的電視辯論中，面對競選對手卡特對他在當演員時期的生活作風問題發起的蓄意攻擊，絲毫沒有憤怒的表示，只是微微一笑，詼諧地調侃說：「你又來這一套了。」一時間引得聽眾哈哈大笑，反而把卡特推入尷尬的境地，從而為自己贏得了更多選民的信賴和支持，並最終獲得了大選的勝利。

缺乏自我控制能力的人想必已經明白，你是生活在社會中，為了更好地適應社會、取得成功，必須控制自己的情緒情感，理智地、客觀地處理問題。但是，控制並不等於壓抑，積極的情感可以激勵你進取上進，加強你與他人之間的交流與合作。如果你把自己的許多能量消耗在抑制自己的情感上，不僅容易患病，而且將沒有足夠的能量對外界作出強有力的反應，因而一個高情商的人應是一個能成熟地調控自己情緒情感的人。

摘要

　　本章根據「情緒的理解——建構情感管理的有效機制」主題，討論四個議題項目：情緒問題的重要性、人類的情緒發展、情緒的有效運用、心理測驗：你善於克制自己嗎？

第一部分：情緒問題的重要性。內容包括兩個項目：早期的經驗、情緒的重要性。

第二部分：人類的情緒發展。內容包括四個項目：情緒的認識、情緒與生活、情緒與人際、情緒與挫折。

第三部分：情緒的有效運用。內容包括四個項目：情緒的變化、情緒的改善、改善社會角色、在社會生活中。

第四部分：心理測驗：你善於克制自己嗎？內容包括三個項目：測驗部分、評分部分、諮詢部分。

思考問題

1. 何謂「情緒」？請舉例說明之。

2. 請舉例說明：兒童期的早期經驗如何影響個人的情緒表現。

3. 請舉例說明「情緒」的重要性。

4. 請舉例說明：情緒與生活的重要關係。

5. 請舉例說明：情緒與人際關係的重要關聯。

6. 請舉例說明：情緒與挫折的重要關係。

7. 如何在「情緒的變化」中對個人情緒做有效的運作？請舉例說明。

8. 如何在「情緒的改善」中對個人情緒做有效的運作？請舉例說明。

9. 如何在「改善社會角色」中對個人情緒做有效的運作？請舉例說明。

10. 如何在「社會生活」中對個人情緒做有效的運作？請舉例說明。

11. 請從心理測驗：你善於克制自己嗎？檢驗與分析自己的測驗結果。

12. 請參考心理測驗的諮詢部分，舉例說明你個人的自我克制能力。

10

學習的理解

───挑戰自我發展的重要途徑───

本章重點

有效學習的重要性

　　如我們所討論的是為了成為更有人性、更懂得愛、更為勇敢的人，以更開放的態度應付迅速變化的社會的複雜挑戰，人與人之間需要互相幫助的社會人，而這顯然是牽涉到我們的學習能力。

　　然而，這種學習能力主要是作為經驗和實踐結果的、行為方面相對持久的變化、思維能力，包括：解決問題、使得學習更有成效的思維過程和創造能力，包括：思維能產生新的思想、方法或新的理解相聯繫的。

　　為了達到更高程度的自我實現，我們的行為須有與之相應的變化，而達到此目的的主要方法之一是，對學習心理有更全面深刻的瞭解。改變人類行為的企圖並不是現在才有的，但是關於學習方法和理論研究的最新發現和進展，使得我們今天能夠更好地幫助自己和別人培養形成更有效地生活、熱愛和工作的能力。

一、學習的意義

　　在我們討論學習的時候，你認為學習的意義是什麼呢？如果你和我們的大多數人一樣，你或許會想到學校以及你與老師交往和學習方面的經歷等。對這一問題的回答反應是多種多樣的。遺憾的是，你或許也與我們的許多學生一樣，在你的回答中帶有許多消極的情緒。

　　看來在剛進小學時，學生往往有相當高的學習熱情和積極性；然而過不了多久，這種學習的熱忱就消失了，有的學生甚至放棄了學習，視學習如受苦一般。因此退學率很高，有的學生在學校裡再也見不到他們了。也有些學生，特別是那些曾離開過學

校一段時間的，則感受到學習是最有益的、促進人生長成熟的生活經歷。

正是透過學習，無論是校內還是校外的學習，我們才得以作為人而成長起來，這不僅體現在智力上，也包括：理解、同理心、熱愛人類同伴等的能力發展方面。

不論我們的觀點如何，我們還是相信，一旦人們感到自己是為人需要、為人所愛、具有安全感時，他們就會要求繼續學習，因為學習就是生活；生活就是學習。學習和生活都是以人自身發展為動機的——兩者都不需要外界的獎賞或原因來刺激。基於這一觀點，我們說學習和生活的願望是一種自然現象，它來自人的本身。

二、學習的重要性

學習是否僅限於在學校裡進行呢？學習是否僅指讀、寫、算呢？學習與我們個人究竟有什麼關係？在回答這些問題之前，我們需要先回答另一個問題。

> 你，作為學習的結果而成為一獨特的個人，究竟處於怎樣一種狀況？換言之。你出生時是怎樣一個人，經過學習之後又成了一個怎樣的人？

在思考這一問題時，你會逐漸認識到，你自己是一架多麼巨大的學習機器！你一生的種種方面，就是你與周圍的環境發生作用、經受體驗的直接結果。事實上，你之所以為你，完全都由此而來！當然，你的遺傳特徵，包括生理因素對學習產生作用和影響，這一點已由事實所證明。

這些原理可以分為兩個方面：

（一）我們必須考慮到與個人相關的一些原理。

（二）我們也要考慮到獨立於個人之外的原理。

我們把這兩項分別稱為學習的主觀原理和客觀原理。學習的主觀原理與個人的內部因素有關，諸如：遺傳、個人經歷、個人的見解及價值觀等。客觀原理則與獨立於個人之外的外部因素有關，例如，學習技巧，對學習的獎賞，學習時間的長短及學習次數等。

學習的原理與過程

人類除了本能的活動，其他的活動都是透過學習獲得的。學習使人類的智能得到開發，使我們瞭解到了已知的世界，重要的是使我們認識到未來世界，使人類的視線延伸。人類的學習與動物的學習有著本質的區別。

人類的學習不是以遺傳的形式，而以個體掌握或學習的形式把前人積累的知識經驗傳授下去，它以語言文字的形式，透過交往進行。這種學習，是有目的、有計畫、積極主動的。人的學習是多層次、多側面的複雜現象。

一、學習的本質

學習心理主要研究學習的本質及其規律，凡是由個體經驗引起的比較持久的行為變化，都可以稱為學習。由於研究問題的角度不同，衡量學習的標準不同，學習被分為不同的種類。

目前影響較大的是加涅和布魯姆的分類法。加涅根據學生的情況把它分為下列八項：

（一）學習。

（二）刺激與反應學習。

（三）連鎖學習。

（四）語言聯合。

（五）多樣辨別學習。

（六）概念學習。

（七）原理學習。

（八）解決問題。

上述這些是一個由低級學習為基礎到高級發展的過程。布魯姆根據學習所要達到的目的把它分為：認識、理解、應用、分析、綜合、評價六類。

學習心理學大致可分為兩個體系：

第一，刺激─反應理論和認知理論。近年來人本主義學習心理發展勢頭強勁。刺激─反應理論。即S─R理論，主要代表人物有桑代克、巴浦洛夫、赫爾、斯金納。基本觀點是認為學習就是刺激和反應之間產生聯結。

桑代克的理論認為學習是一個盲目的、漸進過程，透過不斷地嘗試，錯誤反應減少，正確反應增加，最終在刺激和反應之間產生固定聯結。桑代克的理論又稱為「嘗試─錯誤說」。桑代克用三條定律，四種類型，五項原則概括學習理論。

三條規律是：「準備律」、「練習律」、「效果律」，此外還有副律。四種類型指：普通動物式的形成聯結；以觀念形成聯結；分析或抽象；選擇性的思維或推理。五項原則是：多式反應原則；定向態度或順應原則；情境中個別要素的優勢原則；同化或類化原則；聯想交替原則。

巴浦洛夫根據條件反射學說，研究了學習的生理機制，提

出了學習高級神經形成的暫時聯繫的觀點。

赫爾主要把S－R區分爲「不學而能的刺激－反應」以及「獲得刺激－反應」兩種。前者指一種在神經組織中固定的東西，相當於巴浦洛夫的無條件反射。後者指透過學習獲得的聯結。學習就是使刺激引起反應的時間縮短。如果刺激很快引起反應，那麼以後該刺激引起該反應的傾向就得以加強，赫爾把它稱爲「習慣強度」，它的強弱同強化次數的增減、保持時間長短成正比。透過強化，學習者在刺激－反應之間產生了牢固的熟練的聯結。

斯金納的理論被稱爲「操作條件作用說」，他把條件作用區分爲「S」型和「R」型。S型條件作用是一種與刺激相關的反應，是由可觀察到的刺激引起的，是一種應答性行爲。R型條件作用是一種觀察不到的外來刺激的反應，這個反應表現爲有機體的行爲作用於環境，是「操作性」行爲。在學習過程中，R型操作條件作用比S型應答性條件作用重要得多，人類的條件作用幾乎都是操作性的。

認知理論，包括：格式塔學派和認知學派，主要代表人物有柯勒、托爾曼、皮亞傑、布魯納、奧蘇伯爾。

格式塔心理學是認知學派的先驅，格式塔學派反對把學習解釋爲刺激－反應之間的聯結。他們認爲，人的感官知覺到的是對象的整個的「形式」、「樣式」，出現缺口，爲了「彌補缺陷」，知覺就要不斷地組織和重新組織這些「形式」、「樣式」，使之完整。這個過程就是學習。他們認爲：學習並不像桑代克所說的需要經過盲目多次的嘗試和錯誤逐步獲得，而是隨著對問題各部分之間關係的認識突然領悟的。這種理論又稱爲「頓悟說」。

托爾曼的認知理論主要包括兩個方面：一是認爲動物和人的行爲都是有一定目的的，學習者在實現目的的過程中，只有「認知」了各種環境條件，才能克服困難，達到目的。學習就是形成

達到目的的認知地圖。二是「認知地圖」可以透過有目的獎勵，也可以不透過獎勵獲得。前者是「符號學習」，後者是「潛伏學習」，可以透過內部自我強化而實現。由於托爾曼強調學習過程中認知和目的的作用，因此，他們的學習理論又稱為「認知—目的說」。

認知學派認為：學習是「認知結構」的組織和重新組織。通俗地說，認知結構指透過積累獲得的，按一定層次組織的知識體系。認知結構和新的學習內容相互作用。新的學習內容以原來的認知結構為基礎，對同一個學習內容不同的認知結構產生不同的感知和理解。透過學習，認知結構發生變化；或者同化新的學習內容，或者改造原來的認知結構，或者產生新的認知範疇以接納新的經驗和其他因素。

布魯納認為：認知結構的變化是透過學習中的發現獲得的。所謂發現，是指學習者對事物的新認識。這種對未知事物的新認識，促使學生在學習中產生自信心，提高學習的內部動機，激發他們的學習積極性和創造性，培養他們創造性思維的能力。此理論稱為認知—發現說。

奧蘇伯爾認為：學生在課堂裡主要是接受前人積累的科學文化知識，各門學科的材料不是零散的、孤立的，而是經過加工和組織，有著內在邏輯結構的知識體系，學生的任務是持久地掌握這些知識體系。但是新知識的獲得大部分不是透過發現，而是依靠「接受」，在一定指導下經過一番努力促使認知結構發生變化。此理論稱為認知—接受說。奧蘇伯爾還提出了影響學習和保持的三個因素。

（一）在原有認知結構中有沒有適當的起固定作用的觀念可以利用，它關係到新的學習內容能否促使認知結構向前發展。

（二）新的有意義的學習與原有認知結構的可分辨程度，它關係到學得的知識能否持久保持。

（三）原有起固定作用的觀念的穩定性和清晰性，它關係到原有認知結構能否為新的學習提供有力的固定點和會不會影響新舊觀念之間的可辨性。

　　人本主義學習理論，主要代表人物是：馬斯洛、羅傑斯、康布斯。學習活動中，學習者是主體，是整個學習過程的中心，任何強制命令、嚴厲的訓斥、填鴨式的教學等都會挫傷和打擊學生的學習興趣和學習積極性。

　　他們主張，應該尊重學習者，重視他們的意志、情感、需要、價值觀。應該信賴學習者，人人都有「潛能」，學習就是使自己的內在價值得到實現，達到「自我」境界。應該誘導學習者，激發學生的學習動機，發展學生積極向上的自我概念和價值觀體系，指導學生掌握有效的學習方法使學生能夠自己指導自己，應該促進學習者，培養自身的獨立性、創造性，更好地發展智能。

　　由此我們可以看到學習心理學的發展過程，在學習理論中，呈現出異彩紛呈的現象。對教與學過程的理解，學習活動的主體是學生，應該發揮學生自己在學習中的主導作用。

二、學習的因素

　　在學生學習過程中，有兩種因素起作用。一種是智力因素，另一種是非智力因素。

　　智力因素我們在思維、創造、智力中已談過了。這裡我們主

要談非智力因素在學習中的作用。智力是保證人們成功地進行認知活動的各種穩定心理特徵的綜合，它是由觀察力，記憶力、想像力、思維力、注意力這五種基本心理因素組成。

非智力因素是指除了智力與能力之外的又同智力活動效益發生交互作用的一切心理因素。它是指在智力活動中表現出來的非智力因素，而不是指智力因素以外的一切心理因素，非智力因素是一個整體，具有一定的結構和功能；非智力因素與智力因素是相互的，而不是單向的；非智力因素只有與智力因素一起才能發揮它在智力活動中的作用。

非智力因素影響智力因素的發展。良好的非智力因素能提高智力水準。例如，一個人的責任感、堅持性、自信心、勤奮等會影響智力水準的提高，非智力因素影響智力因素的表現。智力活動是透過成就活動表現出來的，在這個過程中，需要良好的非智力因素的支持。如果一個人智力水準一般，然而學習慾望強烈，情緒體驗深刻，學習認真刻苦，自我意識水準高，性格堅強，意志堅定，他就能獲得超過其智力水準的成就。

相反的，如果一個人智力水準較高，然而非智力水準很差，那就會對智力的發揮起干擾或妨礙作用，致使智慧無法在認識活動或完成任務中正常顯示出來。非智力因素能夠彌補智力上的某些弱點。非智力因素方面的優勢能夠彌補智力因素方面的不足，結果在學業上、事業上，有可能後來居上，成為爭取上游的強者，獲得較大成功。成大業者不一定有超常的智力，但一定要有堅強的意志、遠大的抱負、博大的胸懷。

各種非智力因素在人們的學習、工作、生活中起著十分重要的作用。因此社會各界十分重視非智力因素的培養。專家們認為非智力因素在智力活動中對智力的發展起動力作用、定型作用和補償作用。動力作用是指學習的需要以及表現形態，例如，理

想、動機、興趣、價值觀、信念、世界觀等組成的個性意識傾向性以及情緒、情感等因素。

這是引起學生學習從而使其智力與能力發展的內驅力；定型作用是指把某種認知或行為的組織情況越來越固定化，智力和能力正是有效地認識客觀事物順利地進行實際活動的穩定的心理特徵的綜合；補償作用是指非智力因素能夠彌補智力與能力的某方面的缺陷或不足。

動機在智力活動中的作用是相當大的。動機是在需要刺激下直接推動人進行活動以達到一定目的的內部動力。動機使人的活動具有選擇性，動機越強，行動的目的性越明確，前進的動力就越大。動機一旦發揮作用，就會使行為具有穩定而完整的內容，對獲得該目標出現極大的積極性。

動機可以加強行為的力量，個人成功和失敗的經驗對他的活動志向有一定的影響，可以起強化作用，同時動機又好似活動的發動機和方向盤，它既給學習者帶來動力，又同時起發動了導向作用，並可以對活動的方向進行調整。動機激發的有效方法：

第一、改變外在動機為內在動機。外在動機是指推動智力活動和學習的動機，是由外因誘發出來的，而內在動機是指人的行為出自於個體本身的自我激發。比如，讓一個人學習時清楚學習的意義，知道透過學習可給自己帶來滿足、愉快和成功的喜悅，學習時就會有無窮的力量，變「要我學」為「我要學」。

第二、樹立正確的遠大理想。透過樹立正確的人生觀、價值觀，會使正確的長遠的學習動機成為引導一個人前進的主要動機，以推動其堅持不懈地完成學習任務和各種智力活動。

第三、提高成就動機水準。個體在主動參與事關成敗的活動時，不畏失敗，克服困難，以期達到目標並獲得成功的心理歷

程。成就動機高的學生能主動參與學習活動，持續從事學習活動，獨立完成指定作業，能接受失敗的教訓，並將成敗歸於自身的努力程度，有較好的學習成績，每一個要想獲得成功的人，都必須盡力提高自己的成就動機水準，用高標準，嚴格要求來把握和衡量自己。

第四、豐富知識，及時回饋。在強調動機對學習和智力活動起促進作用時，也應看到所學知識反過來也可以增強學習動力。古人言「學然後知不足，教然後知困」。當一個人表現出對學習或求知行為有相當高的動機與興趣時，就會時時認識到沒有必要和理由推遲學習的進行。當嚐到了學習後的甜頭，就有可能產生繼續學習的動機。

人越是學習，越會感到自身的不足與欠缺，因此，一個人掌握知識越多，求知慾越大，就越不容易滿足和停步。學習的結果對學習具有回饋作用，能提高學習熱情和積極性，提高努力的程度和堅持到底的決心。

興趣在智力活動中的作用亦不可忽視，興趣是個體積極探索事物的認識傾向。興趣使人對有興趣的事物給予優先注意，積極地探索，並且帶有情緒色彩和嚮往心情。興趣以認識和探索某種事物的需要為基礎，是推動個人去認識事物探求真理的一種重要動力，是一個人學習活動中最活躍的因素。有了學習興趣，便會在學習中產生極大的積極性，並產生某種肯定的積極的情感體驗。

興趣是智力活動的巨大動力。興趣是推動人們進行求知活動和學習的重要的心理因素，使人集中精力，積極愉快地從事某種活動。興趣是引起和保持注意的重要因素。對感興趣的事物，人們總是愉快主動地去探究它。興趣是開發智力的鑰匙。皮亞傑說過：「所有智力方面的工作都要依賴於興趣。」

美國的心理學家研究表明，興趣比智力更能促進學生努力學習，提高學習成績。古今中外有成就的偉大人物都酷愛自己的事業，迷戀自己的事業，他們都有濃厚的創造興趣和對事業的高度責任感，兩者結合起來，凝成一股強有力的力量，去推動他們孜孜不倦，百折不撓地工作。

培養興趣的途徑：

第一、逐步培養間接興趣。馬克思50多歲學習俄語；諾貝爾為發明炸藥，差點送命；許多科學家與科學工作者長期生活在荒野叢林之中，只有在完成一項重大突破之後，才能體會到經過千辛萬苦得來的快樂與滿足。

第二、培養廣博的興趣。具有廣泛興趣的人就會經常注意多方面的新問題，並努力去鑽研這些問題，從而大大增加各方面的知識經驗。古今中外的各種專業人才，幾乎都對哲學、藝術、科學、音樂、文學、美術有一較高的造詣。例如，達芬奇、笛卡爾、牛頓、萊布尼茨、伽利略、愛因斯坦、貝多芬、歌德等。

第三、養成穩定的興趣。在興趣愛好廣博的基礎上，還得有持久而穩定的中心興趣，保持興趣的持久，才能推動深入鑽研問題，進行艱苦的創造性活動。

第四、保待永久的好奇心。強烈的好奇心和濃厚的求知欲，是使一個人走向成功的必經之路。好奇心在某種程度上意味著天真、傻氣，往往會引起嘲笑、譏諷。世界發明之父愛迪生，從小就對周圍的各種事物有強烈的好奇心。

三、情感、意志與個性

在個人學習的過程中，情感的調控、意志的培養和個性的塑造在學習中都具有重要意義。

（一）感情作用

　　情感是人對事物所持態度的體驗。情感是一種對智力活動起顯著影響的非智力因素。積極的情緒具有正面作用，而消極的情緒具有負面影響。情感對人的智力活動的影響包括下列六點：：

　　第一、是情感在智力活動中起動機作用。即情感能激勵人的求知行為，改變行為的效率。積極的情感，可以提高學習效率，起正向的推動作用，消極的情感則會干擾、阻礙求知行為，減低學習行為，起反向推動作用。

　　第二、是情感對智力活動起組織作用。即情感是智力活動的組織者，對人的感知、注意、記憶、思維、想像、智力因素具有調節組織作用。高尚的情感是人們從事工作、學習和勞動的巨大的動力，良好的、積極的情感體驗，在整個人類獲得知識和發展個性品質上都具有重要意義。法國數學家高斯之所以成果累累，其中一個重要原因是他善於控制情感。

　　第三、是情感發展正確的需要。需要是情緒、情感產生的基礎。一般而言，正確的需要會使情感具有正確的傾向性，不正確的需要會把情感引入歧途。

　　第四、是情感提高認識水準。情感過程必須建立在認識過程的基礎上。認識過程也往往有情感過程伴隨產生。因此，要培養健康情感，必須使自己能從事物中獲得正確的認識，不斷提高認識水準。認識水準提高之後，才可以用理智控制情感，避免不良情感所帶來的不良行為結果。

　　第五、是情感端正態度。情感是一種態度體驗，因此端正態度對智力活動而言有很大作用。就學習而言，如果認識到學習的重要性，理解學習的意義，知曉它的價值，就會喜歡它，願意參加學習活動。這就是對學習的積極態度，為了端正態度，就應開

闊胸懷，容納各種觀點，克服偏激，正確認識爲何而學，爲準而
學。

第六，是情感提高挫折容忍力。每一個人在追求成功的征途
中，不可能事事順心，更不可能一舉而成，而要付出艱辛的勞
動，有時還得經受失敗的打擊，不能因暫時的失利一蹶不振，排
除由失敗帶來的悲觀情緒，保持積極樂觀的態度，重振旗鼓，再
展雄風。

(二) 意志作用

意志是人們爲了實現預定目的而自覺調節自己的行動，克服
困難，以實現目的的心理過程。意志所起的作用主要有下列三
個：

第一、意志是對外部活動的調節作用。意志對行爲的調節保
證著行爲的目的方向性，其結果就是預定目的的實現。

第二、意志另一方面是可以調節人的心理狀態。它不僅可以
調節注意、思維等認識過程，還可以調節人的情緒狀態。意志在
學習和智力活動中的作用。

第三、意志使認識具有目的性。首先使認識更加廣泛而深
入。其次，完成對學習和認識活動的主動調節作用，不斷排除智
力活動中的各種困難和干擾，不斷地調節、支配自己的行爲，向
既定目標前進。

在智力活動中，意志的作用是確定認識的目的，選擇活動的
方式，然後付諸行動。然後透過意志的調控作用，可以克服困
難，保證活動順利進行。提高智力活動的力量和效率。當一個人
認識到活動的結果之價值意義之後，就會調動自己的積極性去加
快活動的速度，提高前進的動力。個體根據條件的變化，原計畫

不符合形勢需要時，當個體認識到智力活動的速度加快，幅度過大時，會根據各項條件，適當地改變減速，以保證智力活動穩步展開，這是一種積極的減速。

意志的磨練途徑包括以下四點：

第一、明確學習目的。有遠大目標，才能勝不驕、敗不餒，再接再勵。理想是一種偉大的推動力量，所以有正確的理想信念的人，才能在實現自己理想的道路上，奮勇前進。

第二，勇於與困難作鬥爭。為了磨練意志在困難面前一定要努力地克制艱難情緒，保持冷靜的頭腦，善於理智支配和控制自己的行為，以頑強的毅力與決心克服面對的困難。

第三、針對自己的意志品質，採取不同的鍛鍊方法。如果自己過分活躍，缺乏自制力，則要提高自我控制和掌握行為的能力。

第四、加強自我控制的能力。一個人良好意志品質的形成，既要教育、環境等因素的影響，更需要個人的主觀努力。

自我磨練、自我認識、自我檢查、自我評價、自我監督、自我命令、自我鼓勵是意志品質形成的重要條件。特別是善於控制排除各種內在、外在的干擾，克己制慾，使意志得到真正的鍛鍊，真正挑戰自我、戰勝自我，使智力因素和非智力因素共同在學習上發揮作用，創造出成績。

有效學習的應用

學習的最高目標或許就是自知了。心理健康的人對自己是

誰，在朝哪個方向發展，將來有一天可能成為怎樣的人，有著更清楚的意識和認可態度。

就像生活本身一樣，自知是一個過程，一個旅程，一次冒險。日益增長的自知很可能成為自由的巨大源泉，因為我們信任了自己，同時我們也就能信任他人；瞭解了我們自己，也就能瞭解他人和周圍世界；我們對自己的認可也使我們接受自己的衝動、情感和夢想；而且，在注意和重視了自己後，我們才能把自己的注意力和精力集中到教育、就業、朋友和家庭生活等方面。

一、與他人相處

試想一下我們生活中最幸福的時刻吧。儘管幸福的體驗各不相同，但其中有一點是共同的：幸福的體驗是與朋友們、與我們所愛的人共享的。我們聽到一個有趣的故事，就會希望別人共享此幽默。在我們抑鬱悲傷的時候，和他人的交談會使我們感到好受些。

首先，與人相處要避免貼標籤。如果我們要真正理解他人，我們就必須避免給人隨意貼標籤。貼標籤的做法，即把人根據其種族和宗教的不同，以及行為的怪僻與否來分成不同的類型。這種做法阻礙了我們對別人的瞭解。我們應該努力去理解每個人行為發生的原因。我們必須意識到，正像我們自己一樣，別人的生活方式等等也是經過學習而形成的。

如果一個人對人不友善，我們可以相信，過去在他試圖對人表示友好的時候，並沒有得到相應的回報。很可能有好多次在他對人表示友好時，心靈反而受到刺傷，最後他也學會了對人冷漠、毫不關心。

如果一個學生大學考試不及格，而且沒有信心再透過考試

了，我們能夠相信他以前在學習上的努力取得了成功嗎？答案是，沒有！他可能過去學習很努力，但是沒有成功，沒有得到報償。他現在知道的是，不管他努力學習與否，反正總是那麼回事。

有的人在使人失望和惡意待人中得到滿足。他們成了失敗、不及格的老手，儘管他們人很聰明，也可能取得成功。要理解其中原因，我們就應該知道造成他們現在這種情況的以往的經歷。

其次，與人相處要學習認識人是在跟著環境轉變的。人是能夠、而且的確在不斷轉變的。他們學習尋找新的方法來對付各自的情境。我們看到許多學生以前是那麼精神抑鬱、冷漠，現在卻成了活潑、勤奮、具有獻身精神的人。請聽聽學生們自己說的話吧：

> 我以前從來也沒認識到教育有這麼重要。
> 我早就應該調整自己了。
> 我簡直難以相信我以前對人會這麼冷漠。

關鍵在於，我們應該看到，人是能夠、而且實際上確實在學習改變自己的行為。下列是幫助別人轉變的三個步驟：

第一、不加批判的接受態度。人在感到自己為人所需要和認可時，學習得要好些。因為這時候他不必對自己進行防禦，他的精力和注意力可以集中到新的學習上。在教育那些具有嚴重身心障礙的兒童和成人時，要花上幾小時甚至幾天的時間使他們消除疑慮，然後才開始教他們新的技巧等。請記住，一個人在受到非難抨擊、受人輕視時是不可能學習得好的。

第二、排除消極條件。過去同時發生的事件往往會再次同時發生。如果老師多次把某個學生的成績評為不及格，那麼他往往

會厭惡所有的老師。這是可以理解的。不僅如此,學生還會厭惡學校裡的一切——書本、餐廳、食物、大樓等等。他這樣做是在自覺運用概括原理,這就說明了為什麼某些行為的發生有日益增加的情況。

如果一個人在與異性的交往中碰到過挫折,那他就往往會避開一切有異性在的場合。在他去赴約會的時候,心裡早就產生了一種敵對情緒,儘管他和那位異性從未見過面。

如果我們要幫助這樣的人轉變,我們就應教會他們辨別過去與現在的差別,在談論別人時勿使用貼標籤的做法。例如,在學生說老師都不公正時,就可以問清楚哪個老師不公正,原因何在。這樣做使學生認識到老師並不都是一樣的,勸他們和老師談談取得某一等第分數的原因。

大多數老師是願意與同學交談的。如果你約談的對象態度冷漠、有不信任感,那就用你友好、關懷的態度教育他,並不是所有的人都不可理解的。這樣做了以後,原先的消極態度就能得到削弱,他就能轉而採取新的積極態度。

第三、適當獎勵的採用。現在我們來談談適當獎勵問題。獎勵適當與否要看特定的情境與個人而定。在工廠裡,老闆的微笑對下屬就是很高的獎賞了。在學校,放學後與老師的一次談話就可能作為適當的獎勵。對一個少年犯來說,一張舞會票就是獎勵的表示。獎勵就是告訴別人,我們對他的新行為感到滿意。

二、在家庭生活

自我概念的一大半是在家庭情境中習得的。我們處世接物的態度——我們說話走路的方式、對生活的價值觀、我們表達愛和恨的方式等等——是在家裡形成的。確切說來,我們對自己的家庭瞭解得越多,對自己的瞭解也會越多。下面的例子就說明了這

一點。

　　一位三個孩子的母親提出要求離婚，因為她的丈夫生性極
為多疑。某位專家，作為婚姻問題顧問，與她的丈夫討論
了他的疑心病。他說他也意識到這一點，但就是制止不了
自己這麼做。經過幾個星期的諮詢談話後，這位丈夫說他
找到了自己多疑的根源。就在前一天他和自己的父母一起
吃飯時，他注意到父親吃的任何東西，他母親都要先嚐一
口。他問父親：「媽媽怎麼吃起洋蔥湯來了？我知道她不
喜歡洋蔥的。」父親回答說：「在他無論吃什麼以前，母
親總要先嚐一嚐。」
那天晚上他母親說要出去買東西。他父親跟母親說要記好
行車里程。當兒子問為什麼要這樣做時，父親解釋說他總
是透過計算行車里程來檢查母親去過哪裡了。奇怪的是這
位年輕人以前從來沒有意識到這一點。現在他明白了自己
疑心病重的可笑根源，他就能夠改變自己的行為了。

　　儘管自我概念在很大程度上是由家庭環境決定的，但在我們
自己和家庭之間並不是完全一致的。思想和價值觀的矛盾衝突是
不可避免的，因為我們的自我概念中很重要的一部分是在家庭之
外形成的。學校、社區、宣傳工具、朋友等等不斷給我們提供新
的思想來源。

三、在社會生活

　　人在社會生活中必須面對下列許多不同的生活面向或層次：

(一) 生活在學校裡

我們關於學習原理的討論與學校生活和教育有什麼關係呢？

現在看來很明白，只要你肯把這些學習原理運用到學校的學習中去，那麼在此討論的大多數原理都能提高你的學習效率。問題在於，儘管許多學生也知道，要改進他們在學校的學習該做些什麼，但實際上什麼都不做，結果直接影響了學習。

這裡曾有過這麼一件個案：

> 在大學二年級期間，這時剛剛意識到學習成績差的情況不能再繼續下去了。於是找了指導過他的一位教授，請他一起來尋找、分析困難究竟在哪裡。

部分問題在於他自己。例如，他過去在高中時的學習經驗養成了這樣的習慣，總是要到考試試前一天晚上才開始複習。在中學期間，他的這種做法所呈現的弱點大多被他取得的中上成績所遮掩了，因而未顯出其嚴重性。

另一個需要改進的方面是閱讀。在諮詢中心參加了幾次閱讀測試後，他發現自己的閱讀水準大有改進餘地。他報名參加了一個學期的閱讀補習班，大大提高了自己的學習技巧。

在他們探討學習上的癥結時，還發現了另一個因素，那就是他對測驗的情緒反應。一般課程都有兩次考試，期中考和期末考。通常期中考和期末考各佔該門課程總分的50%。他認識到在這兩次考試中自己受到很大的情緒緊張壓力。結果常常是，考試對他來說成了一種痛苦的經歷，他不是積極準備而是企圖躲避考試。

我現在不懂，以後也不會搞懂的，再學習又有什麼用？

他常常這麼說。這樣的態度，學習效果如何當然可想而知了。

(二) 不能在「瘋人院」裡學習

在改進學習習慣的過程中，作者發現了另一個情況，在一個有許多使人分心因素的地方，人是不可能集中精力學習的。如果有一個專門的地方集中精神學習，那效果就要好得多。它可以是臥室角上的一個書桌，也可以是學校圖書館的某一個角落。

重要的是，在這個地方你必須使自己專注於學習，不做其他任何事情，如果要休息，就必須離開這個地方。同樣重要的是，選擇的地方須無噪聲干擾，燈光、通風條件好，且比較舒適。作者發現，許多學生之所以學習成績差，學習有困難，與他們家裡未能提供一個學習的環境是有相當關係的。有些機靈的學生就利用盥洗室或是用磚石、糊牆紙板把車庫的一角隔開來，作為一個較安靜的學習場所。

(三) 有效地學習

如前面所討論的，當學習材料較有意義時，你會感到學習起來更容易、更有效果，學過的東西也不會很快遺忘。可以把這一學習原理用於重新組織自己的聽課筆記，把正在學習的教材的各章要點概括出來。

透過複習筆記，用自己認為有意義的方式把各種觀點記下來組織好，這樣就便於記憶，考試時更有用。另一個學生們認為很有用的技巧是把筆記要點寫在書的後邊空白上，然後複習這些筆記。

在課堂外也可以學到許多東西。你可能把學院看作是多少可以利用的一個資源庫。在學校圖書館書架上瀏覽，或是從某本書或雜誌上選讀幾頁篇章，那是令人流連忘返的。學校俱樂部舉辦的各種討論會、辯論會吸引著人們。有的大學舉辦的藝術系列講座向人們介紹新思潮。在校園裡和各國留學生共同學習、活動，既給了我們良好的人際接觸機會，又給了我們這些不同文化背景

的人們之間進行思想交流的機會。

在你的學校裡，或許也有大量類似的信息資源，這一切有助於使我們成長爲自我實現的人。爲什麼不去探索、加入你所感興趣的活動呢？這一切，間接來說，也會使你對學校生活、對學習抱持更爲積極的態度。學校對你來說不是一個令人畏懼、急於避開的地方，而是一個你不能不流連嚮往的場所了。

四、在工作生活

工作或職業學習同樣要運用學校學習的基本原理。然而，這兩種學習之間是有根本差別的。知識學習包括不斷接觸各種層次的複雜的新思想。另一方面，工作學習一般是重複同樣的或類型相似的動作。你可以看到，一旦學會了某一種勞動，諸如：遺忘、複習、背誦、過度學習等客觀原理，就沒有像學習的某些主觀因素來得重要。

可以用各種觀點來看待工作。從這裡討論的內容看，在某些工作中主觀成分，包括如自我、動機、情緒和智力，在這一工作的成功學習和繼續中起著重要的作用。試想一下：

> 一個售貨員的工作，在大多數情況下，開一張訂單的技巧
> 比起他向顧客兜售某一商品的而言，作用要小一些。

另一方面，其他工作則需要更多的基本技能學習（汽車機修工、製圖員、牙醫助理、X光機操作人員），而主觀因素，儘管從某一點來說也是重要的，但作用要小一些。那麼看教師、護士和秘書的工作，也來作這樣劃分的話，應各自歸入哪一類？

但是，人們對工作的看法裡最關鍵的問題是，隨著自動化和大規模生產的日益擴大，每一個勞動者本來在自己作爲僱員時所

感到的特性和滿足感，能否繼續存在下去。越來越多的證據表明，工作不再給予個人以它原來所提供的那種獎賞。隨著更多的日常勞動由更有效率的計算機來完成，許多新的工作只需要人瞧瞧紅色指示燈或是聽聽蜂鳴器聲響就可以完成，在這種情況下，一個勞動者又怎麼能繼續保持這樣的情感，即這個工作是值得我去做。需要我去做的呢？

筆者以前的許多學生也表示過同樣的憂慮，擔心人對工作重要性感覺的喪失。答案之一似乎在於我們對工作和空閒時間看法上的變化。看來不可避免的是，我們需要利用閒暇時間來使自己繼續成長、學習。

筆者的部分學生就是在不斷地學習成長進步。有的學生在夜校裡繼續接受教育。其他一些學生培養了各種興趣愛好，以發揮自己的個性和創造性。有的學生在精神病院或是在老人之家從事一些志工工作。可見我們都可以在工作以後的時間裡，做些有意義的事，這樣可以緩和、減輕今天許多勞動給人帶來的厭煩感。此外，人們也提出了並正在實驗各種饒有興趣的設想、建議等，使工作場所變得更具有人性。

當我們認真思考在現代世界生存下去的種種必需條件時，應該認識到，學習是人類各種體驗中最基本的體驗了。人的天性要求我們學習，以成為更完美的人。獲得新行為、修正舊的行為的原理分為三個部分，第一、主觀原理；第二、客觀原理；第三、特殊的學習技巧。

主觀原理把學習看作是一種高度個人化的過程，包括：自我概念、經歷、智力、動機和情緒。學習就是所有這些高度個性化的特點（來自人的內部）和外部世界的特殊性交互作用的結果。

客觀原理，傾向於視學習對所有人來說都是相似的過程，包括：學習曲線、潛伏學習、遺忘和記憶、經典性和操作性條件反

射、強化、概括和辨別、消退、模示和塑造。在實際練習中，客觀原理應與主觀原理結合起來，使學習有成效，且能長期持續下去。

特殊的學習技巧包括：過度學習、分散和集中練習，以及認知不協調。

心理測驗：你的左腦還是右腦佔優勢？

這個心理測驗的主題是：你的左腦還是右腦佔優勢？內容分為三個部分：測驗部分、評分部分、諮詢部分。

一、測驗部分

對下列各題作出是「是」或「否」的回答。

【 】1.別人徵求你的意見時，你是否總要在徹底弄清事情的來龍去脈後才表態？

【 】2.你是否有記日記的習慣？

【 】3.遭遇挫折時，你總是苦思冥想，試圖找出全部原因嗎？

【 】4.比起抒情性散文，你更喜歡閱讀一些議論性雜文嗎？

【 】5.你是否認為，一部好的電影，它最精彩的部分往往是其中的對白？

【 】6.晚上，你總是在感到睏了時才上床睡覺，而沒有固定的就寢時間嗎？

【 】7.你是否不太記歌詞，只是喜歡聽聽或哼哼歌曲的旋律而已？

【 】8.你很容易擺脫失敗時的沮喪情緒嗎？

【 】9.對你來說，要做的事情不到非要完成的時候不著急
嗎？

【 】10.只要感到肚子餓了，你就吃些東西嗎？

【 】11.你寫信時是否注意分段，並加上適當的標點符號？

【 】12.你在學習前總要先作一個計畫嗎？

【 】13.你常把自己看過的好的影視節目或小說詳細地講給別
人聽嗎？

【 】14.有人送你一件你喜歡的小禮物，你是否總是要仔細考
慮一下他的動機？

【 】15.回答問題時，你注重答案的全面完整嗎？

【 】16.你是否喜歡詩？

【 】17.打牌、下棋的時候，你常玩到盡興為止嗎？

【 】18.看書和雜誌時，你常常只是挑出一些感興趣的段落加
以閱讀嗎？

【 】19.社會上一掀起什麼新的遊戲熱，你是否希望能率先嘗
試一下？

【 】20.你對每天的活動大大例例，有些事延誤到第二天也不
太在乎嗎？

【 】21.你每天總是在某個固定時間大便嗎？

【 】22.如果初學溜冰，你喜歡先看或請教別人，弄懂原理後
再去嘗試嗎？

【 】23.休息日外出旅遊時，你腦子裡還常浮現與學習有關的
事情嗎？

【 】24.你習慣先列提綱，然後才開始動筆寫作文嗎？

【 】25.考試時，你總是按照考題順序逐一做下來嗎？

【 】26.打牌（下棋）時，你常常憑直覺來出牌（下子）嗎？

【 】27.你是否常常不等別人講完全部情況，就說出你的想
法？

【 】28.你有繪畫、書法、雕塑、篆刻這一類美術方面的愛好
嗎？

【 】29.你愛幻想嗎？

【 】30.你是否也能用左手寫字？

【 】31.看小說或其他書時，你習慣於從頭到尾按順序看下去
嗎？

【 】32.你是否習慣每天在同一時間起床，即使是在休息日？

【 】33.下棋或打牌時，你總是經過仔細計算才付諸行動嗎？

【 】34.你認為每學期進行一次總結很有必要嗎？

【 】35.對每天的活動，你總是事先作好計畫，並按計畫加以
完成嗎？

【 】36.你喜歡打開錄音機聽聽音樂嗎？

【 】37.碰到一大堆需要完成的事情時，你常常先做其中你感
興趣的事嗎？

【 】38.你喜歡欣賞廣播、電視中一些使人輕鬆的純娛樂性節
目（例如，笑話、幽默）嗎？

【 】39.有機會的話，你是否願意參加晚會或影視片中的演
出？

【 】40.有空的時候，你是否常去野外看風景或去外地旅遊？

【 】41.你是否有寫信先打草稿的習慣？

【 】42.買一台新機器，你是否總是先仔細閱讀說明書，待完
全弄清楚後才開始操作？

【 】43.你愛看電視中哲理性較強的節目（例如，新聞追蹤、
時事綜述）嗎？

【 】44.你說話具有邏輯性嗎？

【 】45.你習慣於根據事情重要性的不同，從大到小逐一加以完成嗎？

【 】46.你愛好攝影嗎？

【 】47.你是否喜歡憑直覺判斷對方的感情？

【 】48.參加考試時，你是否常常從想好答案的題目做起，而不管它是不是第一題？

【 】49.你喜歡翻閱一些圖片比較多的雜誌嗎？

【 】50.碰到感興趣的事情，你會臨時改變原先的計畫嗎？

【 】51.對你家裡的東西，例如，書籍、信件、磁帶等，你是否總是分門別類地放好？

【 】52.看書時遇到難理解的地方，你通常會停下來，先設法把它弄清楚，然後再往下看嗎？

【 】53.你是否認為雜誌裡的圖片太多了，印圖片的地方最好用文字代替？

【 】54.你的文章條理是否很清楚？

【 】55.你對上面多數問題是在反覆考慮後才作出「是」或「否」選擇的嗎？

【 】56.你通常初次見面便能記住對方的面孔嗎？

【 】57.你喜歡跳舞嗎？

【 】58.你頭腦裡常會有一些新奇的想法出現嗎？

【 】59.你愛看動畫片嗎？

【 】60.翻閱報紙時，你通常會注意看上面的照片和插圖嗎？

二、評分部分

評分規則：

　　對以上各題，答「是」的記1分，答「否」的記0分。

　　將第1～5題、11～15題、21～25題、31～35題、第41～45題、51～55題得分相加，算出總分A；將第6～10題、16～20題、26～30題、36～40題、46～50題、56～60題得分相加，算出總分B。

　　你的A分數＿＿＿

　　　　B分數＿＿＿

　　A比B多6分以上：那你是左腦優勢型，生活中你更多地使用
　　　　　　　　　　左腦功能來解決和處理問題。

　　B比A多6分以上：那你是右腦優勢型，生活中你更多地使用
　　　　　　　　　　右腦功能來解決和處理問題。

　　A與B之差不超過5分：那你是左右腦平衡型，生活中你比較
　　　　　　　　　　　　均衡地使用大腦兩半球。

　　無論以上三種情況的哪一種，如果A不足10分，說明你對左腦的使用缺乏足夠的重視，應加強對左腦功能進行訓練和開發，使它發揮更大的作用。類似地，如果B不足10分，就意味著右腦功能沒有很好地利用，應設法挖掘其潛力。

三、諮詢部分

　　人腦是大自然最神奇的創造。人的思想、感情、需要、興趣、性格、氣質等多種多樣的心理現象，都是從僅重約1,400克的腦中產生的。人腦由大腦、小腦、間腦、中腦、腦橋和延髓組

成。大腦是人腦的高級部位，重量佔全部腦重的70%左右，掌管人類特有的智力活動功能。

從正上方看大腦，可以看到一條深溝將其分割成左、右兩半球。大腦左半球（即左腦）與右半身的神經系統相連，接收來自右半身的各種感知信息，支配右半身的動作和運動；右半球（即右腦）與左半身的神經系統相連，接收來自左半身的各種感知信息，支配左半身的動作和運動。這就是所謂的左、右腦交叉控制。比如當左腦受到外傷損害時，可造成右半身麻痺和癱瘓。

由於大腦左、右半球被具有約四億根神經纖維的的胼胝體連接起來，使得一個半球的信息即刻能傳達到另一個半球，實現信息共享和活動的一體化，以至於我們平時無法覺察大腦兩半球各自活動的差異。為了治療癲癇病，一些患者的胼胝體被醫生作了切斷處理。這些患者成了「裂腦人」，但他們的病卻被治癒了。

美國腦研究專家斯佩理博士對這些裂腦人進行了仔細研究，結果發現，左、右腦機能存在著相當大的差異。左腦主管言語、數學運算、抽象分析、邏輯推理等，被稱為「語言腦」；右腦負責模型識別、空間關係、整體綜合、聲音節奏、樂感、想像、直覺、創造等，被稱為「形象腦」。歷史上曾經有人從言語中樞在大腦左半球這一點出發，輕率地判斷左腦是佔主導地位的腦。現在，心理學家和腦生理學家都拋棄了這種錯誤的看法。應該說，左腦、右腦同樣重要。

如果一個人在掌握語言、理解文字、撰寫文章、數學推理、數學計算這些方面能力突出，喜歡按照事物發展的客觀規律來考慮問題，作出決定時注意邏輯上的合理性，做事很理性，那他就是一個左腦佔優勢的人。如果一個人在音樂、舞蹈、繪畫、書法等藝術領域富於才能，或者具有較強的藝術鑑賞力，習慣於透過直覺來理解事物，行動時較多地考慮感情因素，思維活動常常透

過形象進行，那麼他就是一個右腦佔優勢的人。介於這兩種情況之間的人，左、右兩半球機能相對平衡，有時表現出左腦優勢型人的一些特點，有時又表現出右腦優勢型人的一些特點。

　　左腦優勢型和右腦優勢型各有特長，很難說哪種更好一些。從外部行為表現上看，左腦優勢型人像聰明冷靜、辦事嚴謹的領導者，右腦優勢型人則頗似感情豐富、思想靈活的藝術家。也許你想使你已佔優勢的大腦半球機能進一步得到發展，也許你想使你現在尚不佔優勢的大腦半球機能更多地得到利用和開發，我們下面分別介紹訓練左、右腦機能的十種方法，供你參考和選用。

（一）開發左腦的十種方法

1. 學習外語。隨著你掌握一門外語的熟練程度的提高和掌握外語種類的增多，左腦會愈加發達。
2. 寫文章。不妨多向一些報紙、雜誌投稿。
3. 經常與人交談。最好能對言及的話題作深入而多方面的討論，甚至辯論。
4. 記日記。透過記日記養成每晚對白天遇到的事進行反思和分析的習慣。
5. 訂計畫。每週開始時先對本週安排作一較詳細的計畫，並按計畫執行。
6. 多看一些推理小說和破案故事。
7. 做一些有意思的智力推理題。這種方法能訓練抽象邏輯思維能力。
8. 利用家用電腦作編程練習。
9. 讀報。可提高分析問題能力。
10. 打橋牌。

（二）開發右腦的十種方法

1. 欣賞音樂或跳跳舞。這可以說是集休息、娛樂、提高藝術修養、開發右腦於一身，一舉多得。

2. 繪畫、練字、剪紙、攝影、做花木盆景等家庭美術活動和業餘工藝製作。

3. 散步或郊遊。

4. 下棋。圍棋、象棋、國際象棋均可。

5. 寫報告、記筆記時多利用圖形。制訂工作、學習計畫也採用流程圖。

6. 有意識地記憶各種面孔。注意別人眼睛、鼻子、嘴巴、眉毛、鬍子、頭髮、臉型、臉色等特徵。

7. 做幾何題。立體幾何題尤佳。同時透過一題多解訓練自己的發散思維能力。

8. 讀詩和作詩。注意感情投入和運用想像力。

9. 看小說。可能的話，扮作小說中的主角表演一下以自娛。

10. 練習用左手寫字、畫圖。這可促使右腦活動。

摘要

本章根據「學習的理解－挑戰自我發展的重要途徑」主題，討論四個主題項目：有效學習的重要性、學習的原理與過程、有效學習的應用、心理測驗：你的左腦還是右腦佔優勢？

第一部分：有效學習的重要性。內容包括兩個項目：學習的意義、學習的重要性。

第二部分：學習的原理與過程。內容包括三個項目：學習的本質，學習的因素，情感、意志與個性。

第三部分：有效學習的應用。內容包括四個項目：與他人相處、在家庭生活、在社會生活、在工作生活。

第四部分：心理測驗：你的左腦還是右腦佔優勢？內容包括三個項目：測驗部分、評分部分、諮詢部分。

思考問題

1.請從社會心理的觀點舉例說明「學習」的意義。

2.請從「主觀原理」與「客觀原理」說明學習的重要性。

3.學習的心理學大致可分為兩大類，請舉例說明之。

4.教育學家桑代克用三條定律、四種類型、五項原則來概括學習理論，請指出這些所指的項目。

5.奧蘇伯爾提出了影響學習和保持的三個因素，請舉例說明之。

6.智力因素與非智力因素對學習產生了關鍵性作用，請舉例說明之。

7.通常動機也對學習產生激發作用，請指出四種發生作用的項目。

8.請從社會心理學的觀點舉例說明培養興趣的四種途徑。

9.在個人的學習過程中「情感的調控」扮演了重要的角色，請舉例說明之。

10.在個人的學習過程中「意志作用」也扮演了重要的角色，請舉例說明之。

11.請舉例說明：如何在「與他人相處」中有效的運用學習活動？

12.請舉例說明：如何在「家庭生活」中有效的運用學習活動？

13.請舉例說明：如何在「社會生活」中有效的運用學習活動？

14.請舉例說明：如何在「工作生活」中有效的運用學習活動？

思考問題

15.請做「你的左腦還是右腦佔優勢？」心理測驗，並評論你的得分

16.參考心理測驗的諮詢部分，請說明如何開發你的左腦。

17.參考心理測驗的諮詢部分，請說明如何開發你的右腦。

11

和諧的社會

—— 整合人類共同的生活體驗 ——

和諧社會的重要性

　　現代人類的社會活動，是具有創造性與舒尚性的活動，往往要超越早期較為簡單時社會和自然環境的特徵。在外部世界與人類內心世界之間雖橫著一條鴻溝，不過，個人的現時行為是由於他人行為而產生的變化結果，而大量持久的行為則由不同文化和社會背景所約定的。社會心理學在此，就扮演了關鍵性的闡釋者角色。

一、做一個社會人

　　雖然我們深受複雜的、變幻莫測的社會遺傳因素的影響，而且一般看來，我們好像與我們的社會「成了夫妻」，「不管好歹，只有死亡能將我們分離」，但我們仍能常常改變被動的地位。成為左右我們世界和生活的創造者。我們有必要活躍在這世界上，並進而改變它，過著更和諧、更愉快舒適的生活。

　　未來與青年人的關係尤為密切。他們認識到，在其生活方式中，有許多是別人在很久以前所選定的。很多青年人感到，我們眼下的機構和制度並沒有造就一個能讓人生活得更好的世界，它們未能跟上科學、技術、教育、通訊、政治和社會生活各方面的交集，變化的衝擊加太大了。

　　既不滿過去，又懷凝現在，青年人需要有決定和塑造自己未來的發言權。若是青年人的活力和創造力與現存的機構和制度所代表的、多少個世代沉澱下來的智慧相結合，那麼它或許能產生這麼一個社會，它允許不斷的更新和創新，而這樣的更新和創新對人類取得自我實現的不懈的努力是必不可少的。

約翰‧W‧加德納，美國前健康、教育和福利部長，在其《自我更新：個人的和創新的社會》一書中寫道：

> 若是社會的主導方向不是面對著未來，那麼無論哪個社會，它都不可能更新自身。這並不意味著一個社會可以無視自己的過去，一個民族要是沒有歷史學家，那麼就會失去活力，變成殘廢；如同患有記憶缺失症的個人一樣，他們就不會明白自己是誰。在幫助社會認識自身的過程中，歷史學總是起更新動力的作用，但在革新社會的過程中，歷史學家是以借鑑過去的方式來為著現實未來服務的。

二、和諧的社會

看起來，我們似乎是無法離開社會的，我們幾乎令人難以置信地以忠誠和相應的態度對社會大量不同的情況做出反應。於是，邁向和諧社會是人類的終極願望。

但是，在現實生活中，有的社會更具有和諧社會的傾向，它們鼓勵人的自我實現，而在有的社會中，神經症的，甚至精神病的特徵才是正常的。有必要再次回顧赫伯特‧西倫的結論：「人生來是人，但必須獲得人性」。

近年前，有些社會工作者悲觀地說：

> 「我們都在扮演我們的角色，然而我們卻減弱甚至抵消了我們的共同情感」。

就這麼一句話，說出了我們每個人不僅在今天，而且在明天都要面臨的一大困境：怎樣在一個技術高度發達和日新月異的世

界裡扮演我們的角色，而又保留愛、憐憫、同情和利他主義這樣一些人性。

我們大多數人是一隻腳站在20世紀裡，另一隻腳走在21世紀裡，不過，將我們過渡到2001年世界的橋梁已經建造好了。我們學生的陳述表明了他們非常關心他們自己的未來，在20世紀的最後年月裡，他們想知道自己能為創造一個更美好的世界做些什麼。

明天的世界幾乎都在青年人身上，他們是知道這一點的，他們熱切地盼望能有這麼一種教育和機會，這一切會有助於他們在未來社會中求得生活。

三、需要和諧社會

密執安大學社會研究所花了大約20年的時間來「監視」美國的生命品質，坎貝爾、康弗斯和羅傑斯教授研究所做了含蓄的評語：

一個民族必須將其著眼點從基本上是經濟的目標移到本質上是心理的目標上來，從致力於富裕轉到關心健康這一意識上來。

另外，在絕大多數私立和公立的社會機構和協會的支持下，美國醫學協會評價了從出生到死亡的生命全過程《生命的品質》，目的在於尋找更多的有效方法，幫助我們在生命的不同階段實現全部的潛力。

生命品質的改進不能依賴於機會和好運氣，人類再也不允許自己悠哉悠哉地混過一世，即使犯錯誤，我們也該樹立起生活的目標。再者，隨著星際航行的普遍化，我們將不僅僅要以全球

的，而且也要以宇宙的觀點審視人類。弗蘭克·博爾曼說：

> 我們是漂浮在宇宙間的一大塊由土、水、空氣和雲彩組成
> 的東西，從外面來看，它的確就是一個世界。但應該清醒
> 地認識到，我們只不過是地球上40億左右的乘客，分坐在
> 百多個帶有名稱的區域裡，我們在寒冷空洞的、永無盡頭
> 的軌道上運行。除非在我們不斷地要為區域的界線位置發
> 生爭執時，我們忘了自己的處境，不然我們總記得我們都
> 是搭乘一隻並不堅固的小船、一同永遠航行的旅客。

發展和諧社會的途徑

社會活動的存在包含兩個層面：物質與精神。然而兩者之間，以及相對彼此之間存在著隔閡與痕溝難以跨越。也就是所謂「實現差距」。

我們高度機械化的社會在滿足我們的基本需要（馬斯洛通向自我實現和超越的階梯模式的下層梯級）方面邁出了巨大的步伐，然而儘管有了一切，我們卻忽視了人性更高層次的需要。

當要編纂20世紀人類歷史的時候，或許可以這麼說，我們最大的悲劇倒不在於可怕的地震、連綿的戰爭或者投擲於廣島上空的原子彈，而在於千百萬的人活著、死去，絲毫末認識到蘊藏在自己身上的未被釋放的、巨大的人類潛力；而在於如此眾多的現代人的生活僅僅滿足於安全、溫飽以及電視連續劇和漫畫片對其感官的刺激，而在於我們中有那麼多人從不知道我們究竟是誰或者我們能成為怎樣的人，而在於我們中有那麼多人直到生命終

止，仍沒有獲得全面的心理和社會的誕生。

一、人在社會中

我們現在討論這樣一些觀點和過程，它們有助於縮小橫著於我們現在的發展狀況和我們為自我實現和精神存在所做的努力之間的溝渠。

在我們尚未理解我們整個自身之前，我們是很難學習理解：

（一）生態學——我們與環境的關係。

（二）社會關係——我們與周圍人的關係。

（三）我們存在關係——我與整個人類以及我們生生不息的關係。

（一）個人社會化

或許我們費時過多地尋找能解決主要社會問題的技術途徑，就目前情況而言，這種途徑不是太簡單了，就原本是錯的。也許我們應該更多地從人類本身的內部去尋找創造和鑑別我們發展中的、未啓用的潛力的種種辦法。在人性和技術能結合起來尋找改善現今和未來生活的更有效的方法之前，大概首先需要縮小實現差距。

許多教科書將社會化（socialization）定義為將一個人塑造成能為社會所接納的過程，或學會與群體成員相處、並依照他們行動的過程。也就是說，只要一個人學會某一特定社會或社會群體的方式，並在其範圍內起作用，他或她就被認為是社會化的。我們感到，這類定義，雖然是客觀的和科學的，但遠遠不能適應時下和將來的要求，因而它們必須得到修正。

　　我們建議在「社會化的」之外加上「充滿人性」的一詞，因為僅僅適應任一社會的主導準則是不夠的，或者在某些情形下甚至是不合乎需要的。適應獵取人頭部落的準則或第二次大戰中納粹德國的準則，無疑不是具有完整人性者的行為。我們應該回顧一下那個叫「依克」的非洲部落發生了什麼。

　　　　我們早就知道世上有些經歷能使人變得如同野獸：到了某
　　　　一程度，我們曾那麼珍視的愛情、美、真理和其它一切都
　　　　會終了。我們應該獲得人性，它引導著我們成為更完善的
　　　　人，這樣我們才能創造一個尊敬和讚美一切人性的世界。

　　看來，一個「具有人性且社會化的」人，他受到的培養是，不僅要看重自己的也要看重別人的生命和成長，這種人不僅重視「台灣人」的或者唯有本教信徒的生命和成長，而且重視世界各地、穿戴著「不同服裝」、皮膚和靈魂的一切人的生命和成長；他是「為全人類的」，既能透過自己的眼睛也能透過他人的眼睛去瞭解他人，既能透過自己的心靈也能透過別人的心靈去感受別人。我們相信，要在現在和未來的世界裡過上更具人性的生活，有某些主要的尺度，它們見之於這類和諧社會的行為，例如，社會關心、道德成熟以及利他主義，或者關懷、分擔和幫助。

（二）社會關心

　　精神分析家阿爾費雷德·艾德勒曾提出，人類生來就有一種社會感情，一種與其同胞親密聯結的固有關係。但是，只有透過在一互為關心的群體或社會中的社會化過程，這一社會關心才能從天生的傾向中得到發展。依據艾德勒的觀點，一個人如果生在一個缺乏社會關心的社會裡或某一特定的家庭之中，那麼這種缺乏就是造成個人精神病和偏離社會的根源。

社會學習理論家則強調觀察和參與關心的行為。有研究表明，積極地參與到關心的情形中，比起模仿或推論，往往更有效地增加了有益行為的可能性。

我們希望在此就對社會關心的感情附加一點。我們使用同類感情（fellow feeling）一詞，因為這種感情傳達了我們與人類其他成員的感情關係。同類感情表明了個人與人類其他人的一體感。所以當在世界另一個地方發生了慘劇或喜事，我們心中會產生相應的悲痛或愉快的感情，即使發生在我們從未看見過的人身上或我們不曾到過的地方。2001年9月11日發生在紐約世貿大廈爆炸案所呈現的社會反應就是一個例子。

（三）利他主義

利他主義（altruism）是指為別人的幸福而做出的無私的援助行為。當面對社會問題時，利他主義者在決定做出行為之前，會為了一切有關的人仔細研究特定的情況，辦法就是用心理運算來實驗種種可供選擇的解決方案（形式運算思維）以及它們在目前和將來的運用。最後的行動取決於，在仔細研究之後，他們認為怎麼做才是合乎道德的，而並不僅僅因為「這是件要做的事」。

由於世界環境在繼續惡化，對利他主義的需要也在不斷增多。馬森和艾森伯格對類似關懷、分擔和幫助這些和諧社會行為的根源進行了探索性的研究，他們的結論是：

> 生命品質的提高，必須以個人的行為變化作為開端，特別要更多地關心別人，同時要樂於奉獻相當的努力和精力來促進別人的健康和幸福——確保整個人類都能享受基本的尊嚴、自由、權利和機會。

到目前為止，他們的研究表明，嬰兒早期對母親的依戀會延

及到他們兩歲時與其他孩子的有益的娛樂交往中去，而且這可能
是後來利他主義的主要先驅。20世紀的60年代，許多年輕人積極
地參與了民權運動，對這些人的早年經歷的研究證明，他們的父
母也曾整個身心地投入反抗非正義的鬥爭。相反，那些只是在口
頭上控訴社會弊病而未參與反抗行動的年輕人，他們的父母年輕
的時侯不曾參加過任何行動，只是掛在嘴上說說而已。有益的社
會行為的其它前例在歐文·斯托布的兩卷專著中得到了描述，如
下文：

> 對他人的心理狀態具有敏感和易反應性。
> 在日常交往中有合作和幫助的態度。
> 樂於做出物質犧牲，能與別人分享和給予別人。
> 在突發事件中能做出反應。
> 樂於介入重大的、潛在的或實在的犧牲，並承擔風險。
> 有參與社會和（或）政治行動的願望，以此來增進同一社
> 會中（或世界上）其他人的幸福。

　　看來，不管是哪一時代的人，要是他們想更多地具備和諧社
會的行為，他們就需要有能積極地參與關懷和同情別人的行動的
經歷，需要履行有助於共同幸福的相互義務，因為一旦人際關係
破裂後，「好人」的無人性的行為就會永遠地迫害著被稱作「公
眾、別人、路人、士兵、居民、敵人、反對者、學生」等等的無
名人物。不管我們是否認識到這一點，我們的生存及其品質不時
地依賴於他人的關懷、分擔和奉獻。

二、教育社會人

　　和諧的社會建立在健康個人的基礎上，然而個人的健康與

否，需要依賴教育的過程——透過教育縮小實現差距，以便改進未來教育的品質。

教育的進程必須與知識激增保持同步。因此，下列三個項目值得我們加以思考：

（一）知識結構

在數學、社會科學、自然科學和語言學方面新發展的研究項目，強調知識結構——構成課堂上講課內容有意義的框架和基礎的基本觀點、法則、方法和態度。換言之，當學生掌握了一門科目的知識結構後，他們便能有準備地學習更複雜、更高級的課程，因為他們已具備了所有基本原理的實用知識。在其獨創性的研究中，布備納提出了教授知識結構的四大好處：

第一、基本原理的理解使一門科目變得更容易領會了。這不僅在物理學和數學方面而且在社會科學和文學方面也是相同的情形。

第二、與人類記憶有關。仔細地研究了100年後，對人類的記憶能說的最根本的一點或許是：如果細節不是被安置在有結構的模式中，那麼它很快就會被遺忘的。一位科學家是不會去記住在不同的引力作用場中、花費不同時間的落體所經過的距離。相反，他記在腦袋裡的是一條公式，依照這條公式，他便能以不同程度的精確再現容易記住的公式所依賴的種種細節。

第三、如前文所述，對基本原則和觀點的理解，似乎是通向完整的訓練轉移（transfer of traning）的一條大道。理解一個更具普遍意義的特定的例子（這也就是理解更為基本的原則或結構的要求），不僅認識了某一特定的事物，而且也認識了一個將來或許會遇到的、有助於理解其它類似事物的範例。

學習中強調結構和原理的第四條好處是：透過不斷地複習在小學和初中所學材料的基本特徵，一個人便能縮小高級的知識和「初級的」知識之間的差距。

（二）全球教育

依據美國教育局羅伯特・利斯特馬的看法，對未來教育的一大挑戰是：使全人類做好準備，去生活在一個大家共有的全球性社會裡。現有的問題是全球性的問題，其影響——除非一切有關的人都認識了這點，能在全世界引起地震般的、可能無法挽救的波動。利斯特馬說：

> 現今，沒有一個國家的教育能完全適應世界環境、事件和問題的現實。如果已知現在世界和能預見的未來的本質，每一種教育系統都應該比現在更充分地反映這類事情，如人類的統一和差異，國家和民族的獨立，以及創造一個能被接受的、未來所需要的國際合作。

對各級教育工作者的挑戰是，發展一種人本主義的教育，這一教育合乎自然資源短缺、種族繁多和文化各異的星球上互相依賴的現實，它涉及到了在題材、互相制約關係和觀點方面的新舊因素。

全球教育與人類大家庭中的所有成員的共同點和差異有關，這種關係的五大方面是：

1. 提高了對人類統一和差異的認識。
2. 對所有人的、所有的權利表示出毫不動搖的尊重，所有的人，包括：而且特別是最弱的人、最窮的人、病最重的人和最不合心意的人。

3.肯定在我們稱爲人類聯結的「生存鏈」（living chain）中的
所有相互依賴。

4.提高對這一生態事實的敏感性，即：我們現在對地球做下
的一切，會影響到後代如何在這我們唯一的「嬰孩護欄」
內的生活。

5.對我們的四鄰表現出更多的利他主義，這些鄰居和我們共
同生活在一個星球上，而這顆星球永遠地奔向不能確定的
目的地。

　　私人和政府機構正在發起一項長期的規劃，名稱叫作「學校
教育研究」，爲全球時代的有效教育作準備。該計畫的第一本書
《全球時代的學校教育》（貝克爾著，1979出版）總結說，現在就
有迫切的和巨大的需要來開始著眼於全球生活的教育。

（三）新教學方法

　　在授課時、在輔助練習冊和教科書中，教學大綱（透過不斷
的回饋、循序漸進的學習方法）爲教師所採用。不過，複雜技巧
更熟練的運用尚處於實驗階段。教學輔助方法，如配有習題及題
解的學習、電視、語言實驗室和運用計算機的教學，都是用來幫
助教員更有效地與單個學生交流，而不能被當作是教員與學生接
觸的替代物。

　　與教育有關的一項新技術是儲存或「記憶」信息。儲存和精
確快捷地發送信息的能力意味著躍進了一大步。影星股份有限公
司（Ginestar Incorporated）開發了一種多聲道系統，運用這種系
統就可能同時以四、五種不同語言的配音來放映電影，語言翻譯
電腦現仍處於摸索階段。換句話說，有可能在不遠的將來爲個人
再造一個不在乎距離、時間或語言的知識世界。

在《奔向2018年》一書中，國際商用機器公司（IBM）自動化研究所所長C・R・德卡洛對記憶和通訊技術發展趨勢可能產生的後果作了概括：

首先、電子檢測、儲存以及提供給大腦和感官的信息量將超出我們的想像。在將來，個人能獲得為他而再造的極廣泛的感受和體驗。

其次、很小的、可以攜帶的儲存裝置的開發，將使一個人具備（歸自己所有，自己使用）獨特的技能。不用「指南」之類的書籍，他或許有「活生生的」專家來教他並給予指點。另外，學習和教育必定會由於這類技術的發展而變得面目全非，這些技術能被運用在經驗中心庫之中，使個人能獲取無限制的幫助和經驗。

第三、性能更優良的輸入──輸出裝置的開發，能使記錄下來的經驗更直接地傳送到「感官」。用修改過的口語、有一定風格的書寫和編碼將信息輸入機器裡，這樣電子技術就能造福於受過不同教育的人，他們無需經過專門的訓練。

（四）師生關係

從根本上說，教育是社會使其成員適合於過社會生活的努力之一種擴展。由於美國社會是多元化的、複雜的和不斷變化的，教育體系就必須尊重這些不同的特徵，課程的內容、方法和成功的教育的定義應該具有多樣性，以適合社會的、感情的和認識的風格上種種差異。

詹姆斯・S・科爾曼在1966年曾著有《教育品質》一書，該書是迄今為止對美國初等和中等教育體系有著最詳盡的研究。作者的結論說：那些社會家庭背景是中產階級所能夠發揮巨大的社會功能者，其成功率最高，因為配合絕大多數教師所持的中產階級

價值觀。然而，家庭背景低下的孩子，其價值觀則不為人們所注意，反過來，這些孩子就忽視了學校教育。

對一個孩子來說，其家庭的價值觀和生活方式像是呼吸的空氣，缺了一樣他便要「窒息」。卡茲登的研究表明，只要教師能以生活在低層裡的孩子所熟悉的「黑人」英語授課，那麼這些黑人孩子就能與中層的白人孩子學得一樣出色。盧格的研究──之後又得到阿克曼的支持，發現了以平均年級衡量的學術成就和教師對學生的文化與語言背景的瞭解之間的顯著關係。換言之，當教師尊重了個人的差異，學生便以更多地學習教師所授的課程作為回饋。

三、發揮社會潛力

重大的社會變化或創新是很少的，且間隔時間較長。與技術發展相比，社會變化要佔200個生命期，而不是1個生命期。沙恩認為，技術的發明需要有與之適應的新的社會發展，而且新技術本身也造成了社會的飛躍發展。

如同我們支持癌症研究、宇航和儲存軍事裝備一樣，我們也需要創辦和支持社會創新中心（social invention centers），我們再也不能依賴現存的組織機構，包括如學校、執法機構和政府機關等來促進人們相互關係的新方式了。現存組織的主要任務是提供其尋常的服務，關心自給自足。康格為獨立性的社會創新中心的建立作了如下的陳述：

> 我們目前的法律、教育、福利和地方政府的體系能直接地追溯到二、三、四甚或五千年以前，幾千年的變化對這些體系作了某些修改，但並未創立全新的體系。再則，社會體系通常來說多數是壟斷者，當然也就不大容易接受變化

或替換。公民無法做出上學、在監獄、上法庭或去福利機
關的選擇！

當回顧教育的發展背景，我們必定會有深刻的感觸：

學校發明於公元前2500年的蘇麥，
教師合約則出現於公元前445年，
由國家資助的學校出現在公元75年，
有證書的教師出現於362年，
教師薪資表出現於376年，
教師培訓出現於1672年，
課堂教育出現於1684年，
職業教育出現於1695年，
義務教育出現於1717年，
成人學校出現於1754年，
公立學校出現於1763年，
幼稚園出現於1837年，
授課的正規步驟出現於1838年，
教育訓練出現於1845年，
教育指導者出現於1909年，
教員助理出現於1953年，
電視教育出現於1956年，
有習題和解答的教科書教育出版於1957年，
由計算機輔助的教育出現於1960年。

在學校和大學創辦後的所有創新使教育變得更有效了，但它
們並沒有改變教育「機構化」實質。

我們必須學會將社會問題看作是目前社會制度沒有做它們原

本該做的工作的標誌，而不是人類本性弱點的跡象。人們需要新的社會創造；當帆船不管用的時候，汽船發明了；當病人死於染病的時候，醫生便尋找抵抗疾病的新方法；當埃德塞爾銷路不好的時候，福特汽車公司開發了更好的車子。現在該是人類將自己置於他歸屬之地的時候了，做自己船上的船長，做自己星球的建築師，做自己的朋友和恩人。

(一) 人類成長中心和診所

人類成長中心和診所（**Human Growth Centers and Clinics**）這個中心和診所的主要目標在於幫助人類發展和恢復其潛力，其功能與作用是不能被低估的。

第一批旨在發展個人潛力的成長中心之一建於1961年，地點在加利福尼亞的大蘇爾，該中心名叫埃沙倫院，它座落在一處俯視太平洋的懸崖上。人們可以來參加一個星期或一個週末的刺激性的相互交流話題，包括：呼吸和認識、幻想的產生、隔離和孤獨；文學、感情和身體，創造性和認識；身體感覺、存在感和偶遇。該院的目的在其公告中得到了說明：

> 埃沙倫院是探索那些在行為科學、宗教和哲學方面強調人類生存潛力價值的趨勢的中心，其活動包括本冊子所描述的專家討論會和實驗班、研究和諮詢計畫以及探索教育和行為科學方面新動向的長期規劃。（《埃沙倫計畫》，1968）

自從埃沙倫院創建以來，有5萬人參加了這些計畫，並有其它30多所中心在美國成立。雖然該院的許多活動仍然是實驗性的，但有更多的心理學家、社會學家、精神病醫師，甚至還有教士和牧師，對此產生了興趣，並將研究移到這個方面來。在大都市

裡，這些眾多的計畫將給居民帶來便利，在未來，為了進一步的自我更新和通往自我實現，去這類中心將成為我們日常生活的一部分。

（二）自助運動

自助運動（self-help movements），自助或互助小組包括解決團組問題，具有相同要求或障礙的人合在一起，透過與其同伴真誠、坦率的交談，來解決或理解自己的困境。卡爾·R·羅傑斯認為：「迄今發現的有助於積極的學習、生長和變化，在個人或他們組成的團體內的最見成效的辦法是：深入細緻的團組體驗。在一相對來說無結構的、無威脅的又無『領導或老闆』的環境中，人們往往能找到自己最好的方式來改善他們的生命品質」。

也許這一和諧社會行為的精神最顯著地體現在聯合國教科文組織（UNESCO）的工作之中，該組織專為幫助全世界的兒童工作。世界精神健康聯合會曾出版過一本題為《文化形式和技術變化》的手冊，米德在為此寫的引論中說：

> 「更為緊迫的是，在20世紀內出籠的種種破壞性力量；嚴重地干擾了我們所居住的世界，這樣我們有理由在這個世界上保持忠誠，對將來的人類生活有一個合理的信念，這點是萬分重要的。在消除長期恐懼的技術方面，全世界的人所能共同具有的速度和益處，決定了我們能抱有什麼希望」。

透過教育的過程，透過對人類潛力的挖掘和發展，實現差距就能得到消除。教育的新進程包括運用教育技術更有效地向越來越多的人傳授知識結構。對潛力的探索包括社會創新中心的需要和從心理上、生物學上和社會學上對人進行的研究。

和諧社會的實踐

不管人們對未來的世界所預言的一切變化是多麼令人興奮，以及對人類具有怎樣的挑戰性，對人類將怎樣面對這些變化的最終答案只能在你——作爲獨特的、有創造力和生長著的個人——自己本身找到。

一、從自己開始

自動化、計算機化和超音速的明日世界將會更珍惜個人，因爲只有人類才能奉獻智慧和指明方向，只有人類才能規定一切編制機器程序所依據的中心指導原則——一項使大家更好地生活在適合自我實現的社會中的使命。

因此，對你在明日世界裡所處位置的看法極爲重要。故事說：

有一位作家，當他還在讀大學的時候，他曾自問他將對其生命做些什麼。他順路拜訪了一位他十分喜歡和尊敬的教授。當他們坐下來，交談對自己和自己將來的種種疑慮的時候，那位教授突然地問他：

「當你老了，行將入木的時候，有什麼事能使你帶著笑容死去？」

「您的意思？」那位作家是用不解的口氣發問的。

我的意思是，有多少人他們臉上帶著痛苦、懊悔和悲哀死去了。

我也聽到許多上了年歲的人說：

「但願我能從頭活起」。

你打算在你的生命途中做些什麼事情，才能使你笑著死去？才能使你在生命的最後一刻說道：

我覺得我度過了美好的、對自己有意義的一生？

那問題當然無法馬上就回答的。

但自從許多年前的那一天後，該作家就常常問自己這一問題，特別當他在某一特定時間裡對自己所作所為的意義發生懷疑的時候。這一自省使他能將其生活的真正緊要和具有人性意義的方面，從我們大家所陷於的死板和瑣碎的事務中區分開來。

此處提及這一經歷，是因為它有助於指點生活的某一方向，有助於理解什麼才是真正重要的和不重要的價值觀。該作家所處的境地，也就是讀者中大多數人在各自的生活中所處的境遇，在這種情形中，你或許會問這樣的問題：

我是誰？
在這日新月異的世界上，我將走向何方？

在這一部分裡，我們探討你在未來將會面臨的一些經歷，這將根據：

（一）你現在對你自己的和別人的行為之瞭解。
（二）在你未來世界裡你將會體驗的哪些經歷種類，例如，教育、找工作、結婚、養育孩子、生活於團體之中、參加小組、扮演不同的角色；
（三）在你和你孩子的生命中已發生過、正在發生的和將要出現的某些劇變。

另外，我們希望你將會更好地答覆那位教授提出的深刻問題：我怎樣才能過著美好的和有意義的生活？

二、現在就開始

和諧的社會不但要從每一個人自己做起，還要從現在就立刻開始。以下有五個項目提供參考：

第一、自我評價。每個人對自己的力量和能力都有一定的、符合實際的看法。在過去，他可能已成功地解決了許多問題，透過增強力量和掌握新的技術，他又應付了其它更困難的問題。在嚴重的危機時刻，他已經學會如何透過防禦機制的有限度的運用，或者當他面對嚴峻的情形時，以暫時承認失敗的方式來維護他的自尊心。基於這類體驗上的自我評價，形成了一個人自我概念的核心。

第二、積極的自我概念。一個人做的或拒絕做的大多數事情取決於其自我概念的完備程度。那些並不認為自己是有天賦的或有價值的人，通常不會去追求崇高的目標，而且當他們沒有辦好事情的時候，他們不會感到不安或內疚。這樣看來，當人們準備承受生活的負擔時，如果他們想提高成功的可能性，那麼很關鍵的一點便是，他們要對自己有一種積極的、現實的看法。

我們能做些什麼，我們自己常常是最清楚的。但是，在有些時候，我們仍需要來自朋友和親屬的回饋，因為防禦機制可能已歪曲了我們的自我認識。在一項研究中，一個小組的每個人都被要求對自己某些人格特徵進行評價，同時他們的好友也被要求用同樣的方式評價每個人，結果表明，大多數人對他們身上相當多的缺點視若無睹。

應該仔細地考慮到我們對自己的看法和別人的看法之間的種

種差異，不管我們在什麼時候承認別人所說的，我們都不應該有不必要的罪惡感；相反的，我們應該計畫採取建設性的步驟來改進我們的能力。這樣，我們就會提高我們的自尊水準，結果也就提高了我們未來成功的可能性。

第三、教育。我們的教育越成功，我們獲得發展自己潛力的機會也就越多。不管正確與否，僱主往往提昇那些受過更高層次教育的人。沒有機會，一個人就不能發揮其尚未開發的潛力和才智。毫無疑問，不管是愛因斯坦，還是牛頓，如果他是在斐濟群島或南極洲上長大的，那麼他就不可能發揮其創造性的天才。在美國；教育是探索和實現人類潛力的一大必要的條件。

第四、學習。作為信息爆炸和技術飛速變化的結果是，任何領域內的知識體系都不可能回避劇變。因而，教育和再教育將日甚一日地成為終身的活動。現在有許多大學和學院招收成人在職進修和大學畢業生比白天上課的傳統學生還要多，大公司也有在職訓練計畫或資助僱員回到學校去，以趕上新的方法和技術。所以，大多數學生們應該在學習上，採用那些能使他們在未來更有效地學習新材料的新技巧和新姿態。

這些技巧包括有：閱讀理解、聽的技巧、做筆記、圖書館查閱參考資料的技巧、有效的口語和書面交流以及參加考試。積極的態度，則是透過得到積極強化了的成功體驗所產生的。也就是說，在大學裡成功的人獲得了一生的獎賞，積極的姿態和技巧促進了未來的學習，而這種學習對我們有效地在一個快速變化著和複雜的社會裡生活來說，確實是不可或缺的。

第五、職業生涯。科學和技術的變化對職業有深遠的影響。好多年以前，子從父業，或者在青春期早年就開始了學徒生活；女孩子們，則步步不離其母親的腳印。今天，不論男女，都有比原先多得多的選擇，並且有更多的選擇需要掌握日益複雜的技

術。《職業名稱詞典》收入了21,741種不同的職業，它們有35,550個不同的職稱。有趨勢表明，對技術和專業程度具有更高要求的職業，一直在增加。

事實上，職業教育的新信息現在是那麼多，以至於美國聯邦政府為此在1974年成立了信息中心——有關職業教育的教育來源信息交換中心，設在伊利諾斯州德卡爾伯的北伊利諾斯大學內。

我們越是瞭解自己和職業選擇，我們就越可能做成適宜的搭配。選擇時會出現許多的衝突，例如，收入與我們喜歡從事的工作，工作的要求與在家庭中需花費的時間、倫理與道德觀念、合作與競爭等；它也包含了如同在醫院、工廠和事務處所體驗到的職業情感的色調。

一個實習護士在一特別醫療房間裡工作了一週後或許會改變其當一名護士的初衷，一個喜歡談天說地的女人會從做一名牙醫的助手轉而去當一位社會工作者。

對許多學生來說，職業的確定是個易變的過程。有許多人還在大學期間就改變了他們的主意，這表明他們對自己的職業選擇是謹慎的。一個學生，如果他學會了如何有效地學習，具有廣博的教育基礎和經歷，並根據職業選擇嚴格地評價了自己，那麼他就有可能選上一種將會給他帶來更多的自我實現機會的職業。

除了職業生涯所要求的仔細選擇和準備，明天的世界將使這兩大變化成為必須：

（一）空閒時的更多的教育機會。
（二）要求與他人相關的職業增加。

在今天，在絕大多數技術進步尚未覺察到的時候，全美國人口中只有38%的人，按勞務統計局的定義是「被僱的」，而且即使

在他們全部工作年份——從16～65歲完全有事做，那些工作所佔用的時間還不及他們全部時間的23％。當事情果真像有些人所預料的那樣發生了——或許來得比我們想像的還要快呢。

假使美國人口的2％從事生活必需品的生產，98％的人沒事做，那結果會怎麼樣呢？誰能回答？但部分答案必然是教育個人將其空閒時間用來探索和發展其自身獨特的本領和才華。簡言之，在不遠的將來，自我實現的教育必定要成為教育——終身教育的大目標。

如果美國人口中2％能生產全部生活必需品的話，那麼其他98％的人將做些什麼呢？費奔在以物為對象的工作和以人為對象的工作之間，作了重大的區別。以物為對象的工作，是以生產對社會有用的東西為目標的，但是，由於自動化，人類已從這種笨重的工作中解放了出來，人類已有時間來從事以人為對象的工作，例如，教授、社會福利、預防犯罪、護理和為他人的一般服務。

哪些人能更好地與他人工作？
答案是：
那些具有人格特徵的自我實現者。

三、與人和諧相處

在明日世界裡能夠與別人和諧相處，是非常必要的。他們所應具備的下列四個特點。

第一、是對變化的開放態度。現在和未來對人們所要求的第一個特點是：對世界現實和他人有高度的開放性和靈活性。但我

們知道，這對許多人來說，不是件容易的事，特別是他們對自身還沒有一點把握的時候。

這也就是：為什麼我們感到人們必須在自己和其孩子身上發展某些自我實現型者人格的特點。如前所述，要這麼做，先得有一種自愛，有一個積極自我概念的發展。

第二、是友愛。世界越來越小，人口卻越來越多，這一事實意味著全世界各地的人與人之間的聯繫和接觸更為緊密了。大家一起住在大城市裡，這種狀況要求人們對人類其他種族和文化有高度的耐心和參與。

從我們的立場來看，在這種狀況下，最重要的特點之一，將是發揚友愛精神。團結一心，善於理解，加上尊敬關懷和對別人負責，這些都是必要的。為了自己的生存，我們將更多地依賴他人與相互依賴。

正如庫姆斯和斯尼格所說：「我們的社會是那樣的複雜和相互關聯，以至於我們之中幾乎沒有什麼人能離開他的夥伴，哪怕是很短的時間。不管我們是否喜歡，我們完完全全地有賴於他人的善意」。

第三、是創造性。創造性是明天世界公民的另一重要特點。涉及有效解決問題的創造性將具有特殊的重要性，因為神速的變化常常給我們許許多多基本要求的滿足方面帶來了問題。

創造性是指新的和不同的辦事方式，當我們與作為個人和團組的其他人發生密切關係的時候，我們就要具有創造姓。

第四、是責任。作為父母，當我們為明日世界養育孩子的時候，我們將承擔著更多的責任，我們將幫助孩子獲得一種勝任感，以應付他們能夠掌握作為明日世界公民的責任。

作為世界公民，我們在這日益縮小的世界上將承擔更多的責

任——在一個民主的社會裡履行我們公民的權利，和其他人一起工作，解決共同的問題。

四、在和諧社會中

在和諧社會中生活是我們作爲一個社會人的終極願望。首先，爲了完成這個願望，有賴於每一個人的自重以及對他人的尊重。

每一個人都有被當作有價值的人類個體，並會得到如此對待和尊敬的權利。不管他來自什麼種族、信仰什麼宗教、屬於什麼國籍、有多少財產、天賦或從事什麼職業。一個人和其生命，在根本上是有價值的和神聖的，因爲他是人類中的一員，其它特徵則是次要的。

其次，每一個人都有獲得達到自我實現和超越的機會之權利。

每一個人都有做利他主義者的權利，即實踐「己所不欲，勿施於人」的黃金法則。我們每個人都有關懷、幫助和愛護他人的權利。想像一下吧，如果你周圍所有的人都是利他主義者，你會感到多麼地安全和舒適，妙不可言！

與此同時，每一個人都有保持差異的權利。正是我們之間的差異造成了如此令人興奮的多采多姿生活，正是當我們從別人那兒學到了別的東西，我們才能成長。傳統的社會統一的壓力已經使我們好多不同的人民變成了多數人文化中的邊緣人，以美國爲例，儘管這個國家很偉大，它仍然失去了許多由少數民族帶來的文化和語言的豐富多采，這些少數民族包括：德國人、法國人、黑人、俄國人、希臘人、義大利人、西班牙人、東方人和其他一些民族，他們已熔於大集體之中，在多年之後，再也分辨不出了。

　　現在我們已認識到了這些失誤，並在花力氣研究其它文化和語言，這樣我們將學會怎樣比以往更多地培育人民中有價值的差異。似乎可以做出這種合理的結論：

　　我們最重要的源泉在於世界尚未開發的人民之中——那些與你和你鄰居一樣的人民。

　　急劇變化需要急劇的修正來適應。人類在自然界已取得了廣泛的和不平衡的發展，現在我們必須花費精力從心理上、生理上和社會學上填平這個溝渠。透過運用新的教育方法，以及探索和發展人類的潛力，實現差距就能被消除。

　　強調知識結構的新教育過程，可見於新數學、語言、自然的、社會的科學計畫之中。從計算機制定計畫、循序漸進的教科書和機器以及新的視聽輔助手段的運用中，我們可以觀察到教育技術的產物。這些進步，加上對學習興趣的提高，將會產生一個在規模和程度上能與技術和信息激增相匹敵的教育發展。

　　人們越來越認識到，人類潛力之中只有一小部分得到了發揮。可以合理地下結論說：如果這種潛力的大部分得到實現的話，它將會導致尚未利用的才能和創造力的迅猛實現。

　　消除實現差距的努力，主要包括：提高教育水準、改進教育品質，以及開拓我們的社會和生理潛力。

摘要

　　本章根據「和諧的社會——整合人類共同的生活體驗」主題，討論包括三個議題項目：和諧社會的重要性、發展和諧社會的途徑、和諧社會的實踐。

第一部分：和諧社會的重要性。內容包括三個項目：做一
　　　　　個社會人、和諧的社會、需要和諧社會。
第二部分：發展和諧社會的途徑。內容包括三個項目：人
　　　　　在社會中、教育社會人、發揮社會潛力。
第三部分：和諧社會的實踐。內容包括四個項目：從自己
　　　　　開始、現在就開始、與人和諧相處、在和諧社
　　　　　會中。

思考問題

1.「做個社會人」是對每一個人的基本要求，請舉例說明。

2.「和諧社會」是人類發展的基石，請舉例說明之。

3.人類需要共同來維護和諧的社會生活，請舉例說明之。

4.請從「人在社會中」的觀點，舉例說明發展和諧社會的途徑。

5.請從「教育社會人」的觀點，舉例說明發展和諧社會的途徑。

6.請從「發揮社會潛力」的觀點，舉例說明發展和諧社會的途徑。

7.請舉例說明：如何「從自己開始」發展對和諧社會的實踐。

8.請舉例說明：如何「從現在就開始」發展對和諧社會的實踐。

9.請舉例說明：如何「與人和諧相處」發展對和諧社會的實踐。

10.請舉例說明：如何「在和諧社會中」發展對和諧社會的實踐。

附錄

個人性向測驗

本心理測驗的主題：個人性向測驗

這個測驗是針對一般人，特別是年輕人所設計。其目的是希望透過這個測驗結果，對自己的個性傾向有更進一步的瞭解。

本測驗分為三個部分：測驗部分、評分部分、諮詢部分。

一、測驗部分

請對下列題目作出最適合你的選擇。答案：是，不一定，否。

【 】1.我與觀點不同的人也能友好往來。

【 】2.我讀書速度較慢，力求完全看懂。

【 】3.我做事較快，但較粗糙。

【 】4.我經常分析自己、研究自己。

【 】5.生氣時，我總不加抑制地把怒氣發洩出來。

【 】6.在人多的場合，我總是避免引起他人注意。

【 】7.我不喜歡寫日記。

【 】8.我待人總是很細心。

【 】9.我是個不拘小節的人。

【 】10.我不敢在眾人面前發表演說。

【 】11.我能夠做好領導團體的工作。

【 】12.我常會猜疑別人。

【 】13.受到表揚後，我會更加努力地學習或工作。

【 】14.我希望過平靜、輕鬆的生活。

【 】15.我從不考慮自己幾年後的事情。

【 】16.我常會一個人想入非非。

【 】17.我喜歡經常變換生活的方式。

【 】18.我常常回憶自己過去的生活。

【 】19.我很喜歡參加集體的娛樂活動。

【 】20.我總是三思而後行。

【 】21.用錢時,我從不精打細算。

【 】22.我討厭在我學習時,別人在旁邊觀看。

【 】23.我始終以樂觀的態度對待人生。

【 】24.我總是獨立思考回答問題。

【 】25.我不怕應付麻煩的事情。

【 】26.對陌生人,我從不輕易相信。

【 】27.我幾乎從不主動訂學習或工作計畫。

【 】28.我不善於結交朋友。

【 】29.我的意見和觀點常會發生變化。

【 】30.我很注意交通安全。

【 】31.我肚裡有話藏不住,總想對人說。

【 】32.我常有自卑感。

【 】33.我不大注意自己的服裝是否整潔。

【 】34.我很關心別人會對我有什麼看法。

【 】35.和別人在一起時,我的話總比別人多。

【 】36.我喜歡獨自一個人在房內休息。

【 】37.我的情緒很容易波動。

【 】38.看到房間裡雜亂無章,我就靜不下心來。

【 】39.遇到不懂的問題,我就會去問別人。

【 】40.旁邊若有說話聲或廣播聲,我就無法靜下心來做事情。

【 】41.我的口頭表達能力還不錯。

【 】42.我是個沉默寡言的人。

【 】43.在一個新的環境裡,我很快就能熟悉。

【 】44.要與陌生人打交道,我常會感到為難。

【 】45.我常會過高地估計自己的能力。

【 】46.遭到失敗後我總是忘卻不了。

【 】47.我感到腳踏實地的做，總比探索理論原理更重要。

【 】48.我很注意同伴們的工作或學習成績。

【 】49.比起讀小說和看電影來，我更喜歡郊遊和戶外活動。

【 】50.買東西時，我經常猶豫不決。

二、評分部分

評分規則：

　　題號為奇數（1.2.3.5.）的題目，每選擇一個「是」記2分，每選擇一個「不定」記1分，選擇「否」記0分；

　　題號為偶數（2.4.6.8）的題目每選擇一個「否」記2分，每選擇一個「不定」記1分，選擇「是」記0分。

　　最後，請將各道題的分數相加，其總和即為你的個人性向指數。

你的總分：

　　性向指數在0～100之間。由性向指數的數值就可以瞭解一個人內傾或外傾的程度。

　　 0～ 1 9分：內向。

　20～ 39分：偏內向。

　40～ 59分：中間型（混合型）。

　60～ 79分：偏外向。

　80～100分：外向。

三、諮詢部分

瑞士心理學家榮格（C. G. Jung）根據他的「理比多學說」，把人的性格類型分爲兩類：外傾型與內傾型。在榮格看來，「理比多」是一種來自本能的力量。它是一種生命力，決定著個人的一切活動的方向。外傾型和內傾型取決於理比多的方向，是決定著個人對特定環境反應的兩種不同的態度形式。

每一種性格類型都有發展爲某種神經症或精神病的可能。外傾型的人容易患癮病，內傾型的人容易患神經衰弱。這些病症來源於嚴重的壓抑，通常由外界的巨大壓力所誘發。純粹的內傾或外傾的人是沒有的。每個人在不同程度上都有內傾、外傾這種對立的態度，只不過是某一種比另一種表現得更爲顯著而已。大多數人都屬於介於內傾與外傾之間的中間類型。

榮格認爲，人雖有內外傾之分，但因心理活動的機能不同，也可以表現出個別差異。這些機能包括：感覺、思維、情緒和直覺四種。這四種機能與內外傾型分別結合，從而形成八種不同的性格類型。榮格指出，這八種類型中，不能說某一種天生就好就壞。每種類型都對特殊的環境具有特定的適應性。如果某一個人的性格類型與他所處的環境相一致，那麼，他的心理就健康；否則，他就可能成爲神經症患者。這八種性格類型的人的特點如下所述。

（一）外傾感覺型

這種類型的人，主要是男子，熱衷於積累與外部世界相關的經驗。他們是現實主義者、實用主義者，頭腦清醒，但並不對事物過分地追根究底。他們按生活的本來面貌看待生活，並不賦予生活以自己的思想和預見。但他們也可以是耽於享樂的、追求刺激的。他們的情感一般是淺薄的，全部生活僅僅是爲了從生活中

獲得一切能夠獲得的感覺。他們是典型的極端者，或者成爲粗陋的縱慾主義者，或者成爲浮誇的唯美主義者。他們可以根據感覺傾向，沉溺於各種不同類型的嗜好，具有變態行爲和強迫行爲。

(二) 內傾感覺型

他們遠離外部客觀世界而沉浸在自己的主觀感覺之中。與自己的內心世界相比，他們覺得外部世界是平淡寡味、毫無生趣的。除了藝術之外，沒有別的辦法來表現自己，然而他們創作的作品又往往缺乏任何意義。在外人看來，他們可能顯得沉靜、隨和、自利，而實際上由於在思想和情感方面的貧乏，他們往往並不是一個十分有趣的人。

(三) 外傾思維型

這種類型的人使客觀思維上升爲支配他生命的激情。典型的例子就是科學家。這些科學家爲了儘可能多地認識客觀世界，奉獻了自己畢生的精力。他們的目標是理解自然現象，發現自然規律，創立理論體系。達爾文和愛因斯坦在外向思維方向上獲得了最充分的發展。這種類型的人常傾向於壓抑自己天性中情感的一面，因而在別人眼中，他可能顯得缺乏鮮明的個性，甚至顯得冷漠和傲慢。如果這種壓抑過於嚴重，情感就會被迫採取迂迴曲折甚至變態的方式來影響他的性格。他很可能變得專制、固執、自負、迷信，不接受任何批評。由於缺乏情感，他們的思想很容易變得枯燥無味。這種人最典型、最極端的就是所謂「科學狂」，或周期性地變成一個精神反常的怪物，即所謂「化身博士」。

(四) 內傾思維型

他們希望理解的是個人的存在。在極端情形下，他們探測自身的結果可能與現實幾乎不發生任何聯繫，最後甚至割斷與現實的聯繫而成爲精神病患者。爲隨時保護自己，以免遭受壓抑在無

意識中的情感的紛擾，他們往往顯得冷漠無情，因爲他們並不重視其他人。他們渴望離群索居，以便沉溺於玄想。他們並不在乎自己的思想是否爲別人所接受，儘管他們很可能有那麼幾個與他們屬於同一類型的人作爲自己忠實的信徒。他們容易變得頑固執拗、剛愎自用、不善於體諒他人，容易變得驕傲自大、敏感易怒、拒人於千里之外。

(五) 外傾情感型

榮格發現，這種類型的人多爲女性。由於她們的情緒隨外界的變化而變化，所以往往顯得反覆無常。外界的任何一點刺激都可能導致她們情緒的變化。由於思維功能受到過分的壓抑，外傾情感型的人的思維過程，通常是原始的、不發達的。

(六) 内傾情感型

這種類型的人也多見於女性。她們不像外傾情感型的人那樣炫耀自己的感情，而是把它深藏在內心。她們往往沉默寡言、難以捉摸、態度既隨和又冷淡，並且往往有一種憂鬱和壓抑的神態，但也往往給人一種內心和諧、恬淡寧靜、怡然自足的感覺。事實上，她們也確乎有某種深刻強烈的情感，這種情感有時會出乎親人朋友的意料而爆發一場情感風暴。

(七) 外傾直覺型

這種類型的人也多爲女性。她們從一種心境跳躍到另一種心境，藉以從外部世界中發現新的可能性。由於缺乏思維能力，她們常沒有解決一個問題前就又渴望解決另一個問題。她們忍受不了日常事物的煩瑣，她們賴以生存的營養是那些新奇的東西。她們容易把自己的生命虛擲在一連串的直覺上，最終卻一事無成。她們有許許多多的興趣愛好，但很快就會厭倦並放棄這些愛好。她們通常很難固定地從事某一種工作。

（八）內傾直覺型

　　這種類型的人中最典型的代表是藝術家，但也包括夢想家和充滿各種幻覺的古怪的人。和外傾直覺型的人一樣，他們也從一個意象跳躍到另一個意象，始終在尋找著新的可能性。但他們的全部努力，卻從來也沒有超出過直覺範圍而使自己得到進一步的發展。由於他們的興趣不能始終停留在一個意向上，因此就不能像內傾思維者那樣，對心理過程的理解作出深刻的貢獻。但不管怎樣，他們卻擁有可供別人思考、整理並加以發展的絢麗多彩的直覺。

參考文獻

第一章 社會心理學——掌握現代生活的必修課程

Aronson, Elliot; Timothy D. Wilson; Rpbin M. Akert, (2001) *Social Psychology*, Prentice Hall PTR.

Baron, Robert A.; Donn Byme, (1996) *Social Psychology*, Allyn & Bacon. Inc.

Taylor, Shelley E.; Letitia A. Peplau; David O. Shelley, (1999) *Social Psychology*, Prentice Hall PTR.

Myers, David G, (1999) *Exploring Social Psychology*, McGraw-Hill Higher Education.

第二章 健康的生活——發揮個人生活的美好境界

Lugo, James O. (1996) *Living Psychology*, McMillian Publishing Co.

Zimbardo, Philip G. (1996) *Social Psychology and Modern Life*, Alered A. Knopr.

Zimbardo, Philip G. (2001) *Psychology of Life*, Allyn & Bacon. Inc.

第三章 自我的發展——建立認識自己的成長基礎

Dweck, Carol (1999) *Self-Theories: Their Role in Modivation, Personality and Development*, Psychology Press.

Kegan, Robert (1989) *The Evolving Self: Problem and Practice in Human Development*, Harvard University Press.

Lugo, James O. (1996) *Living Psychology*, McMillian Publishing Co.

Magolda, Marrrcia B. Baxder; (2001) *Making Their Own Way: Narratives for Self-Developemnt*, Stylus Publishing, LLC.

第四章 人格的理解──塑造個人形象的無形力量

Dweck, Carol (1999) *Self-Theories: Their Role in Modivation, Personality and Development*, Psychology Press.

Lugo, James O. (1996) *Living Psychology*, McMillian Publishing Co.

Myers, Isabel Briggs; Peter B. Myers (1995) *Gifts Differing: Understanding Personality Tyoe*, Consulting Psychologist Press, Inc.

Taylor, Shelley E.; Letitia A. Peplau; David O. Shelley, (1999) *Social Psychology*, Prentice Hall PTR.

第五章 認知的理解──進行推測外界的判斷歷程

Bensley, D. Alan (1997) *Critical Thinking in Psychology: An Unified Skills Approach*, Wadsworth Publishing Co.

Lugo, James O. (1996) *Living Psychology*, McMillian Publishing Co.

Malim, M., (1997) *Cognative Precesses*, St. Martin's Press, Inc.

Myers, David G, (1999) *Exploring Social Psychology*, McGraw-Hill Higher Education.

Taylor, Shelley E.; Letitia A. Peplau; David O. Shelley, (1999) *Social Psychology*, Prentice Hall PTR.

第六章 思維的理解 ──反應外界刺激的活動基石

Dweck, Carol (1999) *Self-Theories: Their Role in Modivation, Personality and Development*, Psychology Press.

Lugo, James O. (1996) *Living Psychology*, McMillian Publishing Co.

Myers, David G, (1999) *Exploring Social Psychology*, McGraw-Hill
    Higher Education.

第七章 動機的理解——滿足人類需求的內在驅力

Dweck, Carol (1999) *Self-Theories: Their Role in Modivation,
    Personality and Development*, Psychology Press.

Golwitzer, Peter M. (ed); John A. Bargh (ed) (1995) *The Psychology
    of Action*, Guitford Publications, Inc.

Lugo, James O. (1996) *Living Psychology*, McMillian Publishing Co.

Myers, David G, (1999) *Exploring Social Psychology*, McGraw-Hill
    Higher Education.

第八章 態度的理解——建立衡量外界的價值觀念

Eagly, Alice H.; Shelly Chaiken; Dawn Youngblood (ed) (1993) *The
    Psychology of Attitudes*, Harcourt Brace College Publishers.

Lugo, James O. (1996) *Living Psychology*, McMillian Publishing Co.

Myers, David G, (1999) *Exploring Social Psychology*, McGraw-Hill
    Higher Education.

Zimbardo, Philip G. (1991) *Psychology of Attitude Change and Social
    Influence*, McGraw-Hill Higher Education

第九章 情緒的理解——建構情感管理的有效機制

Comelious, Randolph R., (1995) *The Science of Emotion: Research
    and Tradition in The Psychology of Emotion*, Prentice-Hall
    PTR.

Izard, Caroll E., (1998) *The Psychology of Emotions*, Perseus
  Publishing Co.

Kawasaki, Robin M. (ed); Mark R. Leary (ed) (1999) *The Social
  Psychology of Emotional and Behavioral Problems*, APA.

Lugo, James O. (1996) *Living Psychology*, McMillian Publishing Co.

Parrott, W. Gerrod (ed) (2000) *Emotion in Social Psychology: Key
  Readings in Social Psychology*, Psychologu Press.

第十章 學習的理解——挑戰自我發展的重要途徑

Mayer, Richard E.. (1998) *The Promise of Educational Psychology*,
  Simon & Schuster / A Viacom Co.

Myers, David G, (1999) *Exploring Social Psychology*, McGraw-Hill
  Higher Education.

Seifert, Kelvin L., (1999) *Constructing a Psychology of Teaching
  and Learning*, Houghton Mifflin Co.

Schwartz, Barry; Steven Robbins (1996) *Psychology of Learning and
  Behavior*, Norton W. W. & Co.

第十一章 和諧的社會——整合人類共同的生活體驗

Aronson, Elliot; Timothy D. Wilson; Rpbin M. Akert, (2001) *Social
  Psychology*, Prentice Hall PTR.

Baron, Robert A.; Donn Byme, (1996) *Social Psychology*, Allyn &
  Bacon. Inc.

Lugo, James O. (1996) *Living Psychology*, McMillian Publishing Co,

Myers, David G, (1999) *Exploring Social Psychology*, McGraw-Hill
    Higher Education.

社會心理學

心理學叢書 37

著　　者☞ 林仁和

出 版 者☞ 揚智文化事業股份有限公司

發 行 人☞ 葉忠賢

責任編輯☞ 賴筱彌

登 記 證☞ 局版北市業字第 1117 號

地　　址☞ 台北市新生南路三段 88 號 5 樓之 6

電　　話☞（02）23660309　（02）23660313

傳　　真☞（02）23660310

郵政劃撥☞ 14534976

法律顧問☞ 北辰著作權事務所　蕭雄淋律師

印　　刷☞ 鼎易印刷事業股份有限公司

初版一刷☞ 2002 年 5 月

I S B N ☞957-818-376-3

定　　價☞ 新台幣 400 元

網　　址☞ http://www.ycrc.com.tw

E-mail ☞ tn605541@ms6.tisnet.net.tw

國家圖書館出版品預行編目資料

社會心理學 = Social Psychology/ 林仁和著.
--初版. -- 臺北市：揚智文化，2002[民91]
面； 公分 . --（心理學叢書；37）
參考書目：面
ISBN 957-818-376-3（平裝）

1. 社會心理學

541.7   91002594